NATURE ET MORALITÉ

THÈSE POUR LE DOCTORAT

PRÉSENTÉE A LA FACULTÉ DES LETTRES DE PARIS

PAR

Charles CHABOT

Ancien élève de l'École normale supérieure,
Professeur agrégé de Philosophie au Lycée de Lyon.

PARIS

ANCIENNE LIBRAIRIE GERMER BAILLIÈRE ET Cie

FELIX ALCAN, ÉDITEUR

108, BOULEVARD SAINT-GERMAIN, 108

1896

NATURE ET MORALITÉ

Lyon. — Imp. Pitrat Aîné, A. REY Succ., 4, rue Gentil. — 13117

NATURE ET MORALITÉ

THÈSE POUR LE DOCTORAT
PRÉSENTÉE À LA FACULTÉ DES LETTRES DE PARIS

PAR

Charles CHABOT

Ancien élève de l'École normale supérieure,
Professeur agrégé de Philosophie au Lycée de Lyon.

PARIS

ANCIENNE LIBRAIRIE GERMER BAILLIÈRE ET Cie

FÉLIX ALCAN, ÉDITEUR

108, BOULEVARD SAINT-GERMAIN, 108

1896

A M. Emile BOUTROUX

Ancien Maître de Conférences à l'École normale supérieure,
Professeur de Philosophie à la Faculté des Lettres de Paris.

Hommage de reconnaissance et de respectueux dévouement.

NATURE ET MORALITÉ

PREMIÈRE PARTIE

LA FORME DE LA MORALITÉ

CHAPITRE PREMIER

EXAMEN DES PRINCIPES OBJECTIFS DE L'OBLIGATION

Moralité et obligation sont inséparables. Quelles que soient l'origine et l'histoire du sentiment d'obligation, qu'on l'explique ou qu'on l'analyse de telle façon que l'on voudra, il est essentiel à la moralité; il en est la condition indispensable, et comme la racine, que l'on ne saurait atteindre sans risquer de voir sécher la tige et la fleur se flétrir. Il est vrai que chacun lui donne un sens particulier, et, suivant les cas, telle ou telle valeur psychologique, sociale, métaphysique ou religieuse; c'est par là surtout que diffèrent les théories morales. Mais toutes parlent de loi et de devoir: toutes proclament que l'homme doit faire ceci, éviter cela; une morale ne se borne pas à conseiller ou à recommander : elle commande. Impératif catégorique, non conditionnel, a dit Kant. Les moralistes modernes, y compris les empiristes, acceptent malgré tout, quitte à l'interpréter, cette formule décisive. Ceux même qui écartent l'obligation parce qu'ils trouvent impossible de la justifier en admettent et en cherchent des équivalents : n'est-ce pas en reconnaître implicitement la nécessité idéale ?

Le devoir ordonne sans contraindre, enchaîne la volonté et pourtant la laisse libre, impose l'action sans déterminer le fait, règne en souverain qu'on peut insulter et bafouer sans qu'il perde rien de sa haute et incomparable majesté; tout a été dit sur le caractère sacré et impérieux de cette loi. Mais si l'on veut en chercher aussi méthodiquement que possible le fondement et la portée, il faut s'attacher à ces deux idées essentielles et qui semblent contradictoires :

1° L'obligation n'a de sens que si elle a prise sur la nature de celui qui doit agir. Si je dois, il faut que je puisse, a dit Kant; mais aussi : je ne dois que ce que je peux. La nature n'est pas une maîtresse à servir ; elle n'est pas non plus un ennemi à vaincre, et dans tous les cas il faut savoir s'y prendre: *non nisi parendo vincitur*.

2° L'autorité de l'obligation est telle qu'elle s'évanouirait si on prétendait en obtenir le respect par la violence ou la séduction. C'est ce que Kant a si hautement proclamé; c'est ce que déclarent avec lui ou après lui tous les idéalistes, même les eudémonistes ; c'est ce dont conviennent les utilitariens, qui finissent tous par prêcher l'altruisme et par se rallier au principe moral du désintéressement. Singulière autorité, étrange tyrannie qui ne peut sévir, pas même menacer, sans cesser d'être ! Despote inflexible, qui n'a de force que désarmé et impuissant! Tel est le devoir.

Comment concilier ces deux conditions? Comment fonder en raison une telle loi, qui semble porter en elle-même une radicale contradiction? On peut dire que c'est une question toute moderne. Les anciens n'ont guère séparé le bien de la loi, le contenu de la forme, l'idéal ou la perfection du devoir qui commande de le réaliser : le bien a en lui-même toute l'autorité nécessaire pour déterminer l'action : il suffit de le démontrer pour l'imposer, de le voir clairement pour le préférer à tout le reste. Au fond de presque toutes les théories morales de l'antiquité se trouve le paradoxe, ou la thèse socratique. C'est que la volonté n'avait pas encore été radicalement opposée à l'intelligence; elle était comme la raison vivante et agissante qui s'affranchit en s'éclairant. Les Stoïciens seuls, casuistes par tempérament ou par nécessité, ont entrevu cette difficulté comme beaucoup d'autres en morale : ils ne l'ont cependant ni résolue ni définitivement formulée. Aristote, qui a si admirablement parlé du bien, ne regarde comme loi impérative que la loi sociale; il n'est question de commandement qu'au moment où la contrainte apparaît, réelle ou possible. Ce sont donc les modernes qui ont posé ce problème capital; encore beaucoup d'entre eux ont-ils esquivé la difficulté : si l'on veut classer ceux qui se sont proposé de la résoudre, on verra qu'ils ont invoqué pour fonder le devoir :

1° Une autorité religieuse ou métaphysique ;
2° Une autorité sociale ;
3° Une autorité subjective.

Il arrive du reste qu'une même théorie réunisse plusieurs principes pour en faire la base du devoir.

§ 1. **Principes religieux et métaphysiques.**

Pourquoi, ou comment suis-je obligé ! Parce que Dieu commande, Dieu puissance infinie, amour infini ou raison parfaite. Trois hypothèses se présentent donc ; mais dans tous les cas, c'est de Dieu que vient l'autorité de la loi morale, comme toute autorité possible : lui seul peut régner sur les âmes. Il semble bien, en effet, *a priori*, que l'on ne saurait chercher trop haut la source ou le principe de la moralité, et que la loi morale ne peut être que d'essence divine. Si la société peut commander ou contraindre au nom de l'intérêt général, Dieu seul peut imposer à l'homme une loi supérieure qui exige au besoin l'abnégation et le sacrifice volontaires. En admettant que la raison puisse définir le bien, Dieu seul, par un ordre souverain, peut enjoindre à la volonté de le réaliser. Ainsi s'explique le caractère sacré de l'obligation.

S'il ne peut se justifier autrement, il faut déclarer qu'il n'y a pas de morale en dehors d'une religion, révélée ou naturelle, peut-être même qu'il n'y a pas de morale proprement dite. Mais examinons d'abord si vraiment ce postulat, une fois accepté, nous tirerait d'embarras en justifiant l'obligation. Il faut se demander non pas si Dieu peut commander, mais pourquoi l'homme doit vouloir ce que Dieu commande. Il ne suffit pas que l'ordre vienne d'en haut, car, de si haut qu'il vienne, il reste dans le vide s'il ne rencontre un sentiment humain capable de le transformer en un motif d'action. Il n'a de prise sur la volonté, et d'efficacité morale, que s'il se traduit pour elle en une raison d'agir positive et concrète. Supposons un instant que cette relation ne s'établisse pas, qu'il n'y ait pas dans notre nature un ressort qui réponde à cette pression divine, qu'importe alors que ce soit Dieu qui commande ? Supposons, plus simplement, que les motifs qui déterminent notre obéissance ne soient pas les plus nobles et les moins intéressés de nos sentiments, n'en sera-t-il pas de même ? Ce sont donc, en fin de compte, des éléments subjectifs, idées ou sentiments, qu'il faut apprécier pour juger la valeur morale de cette autorité objective.

Or, l'idée et, par suite, la valeur de cette autorité varient avec l'idée même de Dieu qui peut être conçu comme Puissance, Amour ou Raison infinis. Est-ce par sa volonté toute-puissante qu'il m'impose le devoir ? Sans doute, car la toute-puissance seule peut expliquer le caractère absolu de l'obligation. C'est bien ainsi que l'entendent la plupart des croyants. La loi sociale est relative ; elle peut être esquivée ou discutée parce qu'elle est humaine ; la loi morale est absolue parce que la toute-puissance de Dieu n'admet ni rébellion, ni faux-fuyant ; parce que rien ne peut prévaloir contre elle et que, si elle permet la faute pour laisser place au mérite, elle se réserve la punition qui, un jour ou l'autre, brisera la résistance. Mais alors si, librement d'ailleurs, j'obéis, c'est que ma révolte serait châtiée par cette volonté qui me récompensera de ma docilité. C'est donc à des menaces et à des promesses que je cède ; il ne s'agit plus que d'un calcul d'intérêt. *Initium sapientiæ timor Domini :* qu'est-ce à dire, sinon que la vraie sagesse est supérieure à la crainte, comme aussi à l'espérance égoïste qui en est inséparable? Et n'est-ce pas faire injure à la volonté divine que de comprendre ainsi son autorité? La moralité est d'un autre ordre.

A la puissance on substitue l'amour. C'est Dieu qui m'appelle à lui comme un père son enfant, et m'enveloppe de sa bonté infinie à laquelle il serait insensé de me soustraire ; c'est cet appel qui m'oblige, cette bonté qui me retient par le lien le plus doux et le plus fort tout ensemble, comme le réclame la moralité. Le mysticisme se plaît aux images et aux enchantements de la poésie plus qu'aux raisonnements rigoureux ; mais, en fin de compte, si je me sens tenu d'obéir, c'est qu'une foi, doucement impérieuse mais aveugle, m'entraîne ; c'est que je cède tout entier, abdiquant raison et volonté, à un élan d'amour passionné que je n'ai même pas à justifier. Il n'y a là qu'un fait à constater, fait très complexe et qui n'est pas du tout l'élément simple auquel tout le reste pourrait se réduire; il n'y a rien qui légitime et fonde en raison l'obligation.

Ou bien enfin c'est, en Dieu, la raison souveraine qui commande, c'est-à-dire qui inspire et dirige les ordres de la volonté ; c'est dans l'intelligence suprême que se trouve la source de toute perfection, et c'est elle qui me demande de m'associer par la moralité à l'universelle harmonie des choses qui est son œuvre. Mais cette raison divine, comment se manifeste-t-elle à mon esprit, et, surtout, comment a-t-elle prise sur ma volonté? C'est toujours là qu'il en faut revenir. Or, si l'on écarte, comme peu philosophique, l'idée d'une révélation miraculeuse qui, du reste, ne simplifierait guère la question de l'obligation, c'est en moi qu'il faut chercher l'équivalent de ce commandement divin, le motif clair et efficace auquel obéit ma bonne volonté. Et c'est ma raison en définitive qui me commande ; en s'associant autant qu'il lui est possible à la raison divine, en réclamant cette harmonie qui rend les choses intelligibles, elle exige aussi pour mes actions un ordre systématique qui s'accorde avec l'ordre idéal de la perfection. Si donc je comprends et accepte l'obligation, sans quoi elle ne serait que contrainte, si elle a pour moi un sens et une valeur, c'est par ma raison que je suis tenu, c'est son autorité que je reconnais, car toute autre, même la raison divine, ne m'est révélée ou garantie que par elle.

En résumé, même en admettant que mon devoir soit d'obéir à une puissance absolue, de me laisser gagner à la bonté divine, de me mettre d'accord avec la raison divine, ce n'est pas la puissance, la bonté ou la raison de Dieu, en tant qu'elles sont extérieures à moi, qui m'obligent ; c'est, en dernière analyse à mon sentiment, à ma volonté ou à ma raison qu'appartiennent l'autorité et l'efficacité décisives.

N'en est-il pas de même si l'on donne à l'obligation un fondement non plus théologique, mais métaphysique ? Beaucoup de rationalistes et d'idéalistes renoncent à invoquer, en tête de la morale, un Dieu personnel, ou s'entendraient avec ceux qui y renoncent, quitte à le réclamer à la fin comme postulat de la moralité. Mais quelques-uns seulement consentent à réserver de même pour le couronnement de l'édifice toute construction métaphysique ; c'est à la base que la plupart — explicitement ou non, sous forme de vérité établie ou de postulat nécessaire — veulent placer la métaphysique. En effet, si l'obéissance à une autorité personnelle risque d'être trop intéressée, il n'en est pas de même quand la loi dérive d'un principe métaphysique, et il est indispensable, dit-on, que l'homme se sente dominé et comme enveloppé par une réalité qui le dépasse infiniment. Comment comprendre qu'il se soumette, si ce n'est à une loi supérieure à lui ? Quand il sacrifie son plaisir ou son intérêt, n'est-ce pas qu'il s'incline devant le principe de la perfection, ou devant le mystère irrécusable de l'infini ? La moralité n'a pas d'autre sens : c'est « de la métaphysique en action ». C'est la traduction, dans la conduite de l'individu, de ses croyances sur le monde supra-sensible, sur l'infini et l'au-delà. Non seulement, il faut admettre qu'il y a des choses *meilleures* que d'autres, mais on ne peut l'admettre que s'il existe un ordre supérieur et métaphysique, dont la moralité est une manifestation spéciale. La science n'est rien si la Vérité n'est pas ; il n'y a pas non plus de morale si le Bien n'existe pas. Qu'on l'appelle Idée des Idées, Acte pur, Perfection, Fin suprême, Bien absolu, c'est toujours dans le domaine des réalités transcendantes qu'il faut chercher le principe de toute valeur qualitative, et spécialement de la valeur des actes volontaires. Tant que nous ne sortons pas du monde de la quantité, il n'y a pas de place pour le bien ni le mal. Mais si tout *se passe* mécaniquement, tout *est* métaphysiquement, suivant le mot profond de Leibnitz ; c'est la perfection qui est la raison de l'être, qui est l'être même, la substance ou cause éternelle, dont les mouvements de l'univers ne sont que de fragiles apparences. Et dès lors, non seulement il y a une différence entre le bien et le mal, mais le Bien est la réalité, tandis que le mal est le néant. Or, le Bien contient la raison nécessaire et suffisante du devoir ; poser le Bien, c'est poser le devoir de le réaliser, car il ne saurait être conçu sans être jugé préférable ; par essence, par définition, il est bon que le Bien soit [1]. C'est là un jugement analytique auquel personne ne peut se dérober. S'il y a un Bien, je dois le vouloir ; je ne puis, sans contradiction, ni en contester l'excellence, ni en récuser l'autorité. Voilà du même coup affirmée en fait et légitimée en droit l'obligation morale, le devoir qui, sans contraindre, « commande plus impérieusement qu'un maître ».

Si ces idées sont ici dépouillées de l'expression magnifique dont les ont revêtues les maîtres du Spiritualisme, il semble du moins qu'elles gardent dans leur enchaînement la rigueur logique dont elles sont susceptibles. Le devoir y est présenté, en effet, comme dérivant du Bien, soit en vertu du principe de raison suffisante, soit en vertu du principe d'identité ; il n'y a pas d'autre déduction possible. Mais, quel que soit l'attrait de cette métaphysique, il faut voir si cette hypothèse est 1° suffisante, 2° nécessaire pour fonder le devoir. Nous n'avons même pas à nous demander s'il est légitime d'identifier le Bien avec la perfection.

Or, il ne suffit pas de dire que le devoir se rapporte au Bien comme un effet à une cause ; un effet est toujours une résultante et ne s'explique que par le concours de plusieurs conditions. Il faut donc ici au moins un second terme, et ce sera nécessairement un élément subjectif. Dira-t-on que, précisément, la raison mise en présence de la perfection ne peut pas ne pas y reconnaître un objet à vouloir, de même que la Vérité lui apparaît nécessairement

---

[1] *Cf.* Fouillée, *Liberté et Déterminisme*, 1re éd., I, p. 57.

comme un objet à affirmer ? Mais, comment la raison ou plutôt ma raison se trouve-t-elle en face du Bien ? Ce n'est pas par accident, puisqu'il s'agit ici d'une loi universelle ; c'est donc que naturellement, et comme fatalement, ma raison se porte vers la perfection et la rencontre à coup sûr. Et de plus, pour fonder objectivement le devoir, il faut une perfection réelle, éternelle. Or, si elle existe, que signifie l'obligation de la réaliser ? Si elle n'existe pas, si l'idée que j'en ai est fausse, sur quoi reposera l'obligation ? On confond ici l'absolu, qui n'a nul besoin de ma bonne volonté pour exister, avec l'idéal que l'on peut me proposer, m'imposer peut-être de viser, mais qui n'existe qu'en idée et ne saurait être un fondement objectif du devoir.

Suffit-il du moins que ce bien idéal soit conçu par ma raison pour que le devoir en dérive analytiquement ? Ne puis-je penser le bien en tant qu'abstraction, comme le mal ou même l'impossible, sans souhaiter qu'il soit ? Ne puis-je souhaiter qu'il se réalise sans vouloir y prendre peine ? Il faudrait montrer entre ces termes un lien nécessaire, une démarche qui en ferait la synthèse ; car, s'ils sont seulement unis en fait, s'il arrive que je souhaite et veuille réaliser ce que je conçois, je puis croire que c'est une coïncidence heureuse mais contingente. Dira-t-on que ce lien est naturel quand il s'agit de mon bien propre, et que mon bien n'est qu'une partie du bien universel ? On ne fait alors que masquer le conflit des idées sous la similitude des termes ; ce que je conçois et veux réaliser comme mon bien peut n'être — et n'est souvent — qu'une satisfaction sensible où la raison ne reconnaît rien de l'idéale perfection. Il reste du moins que cette perfection même est le bien de ma raison qui la réclame et ne peut se reposer qu'en elle. Soit ; mais il est évident alors que la racine du devoir, comme la force de l'accomplir, doit être cherchée dans ce besoin même de ma raison et non hors de moi.

Mais ne convient-il pas de distinguer d'une part le ressort de l'action, de l'autre le fondement de l'obligation ? Si c'est une raison qui, en fait, exige cette soumission à un principe supérieur, c'est ce principe même qui est, en droit, l'autorité à laquelle ma volonté doit obéir ; et je ne fais que reconnaître à quelque signe manifeste celui que je devrai désormais prendre pour maître. L'objection serait valable s'il s'agissait de religion et non de morale ; mais l'agent moral ne saurait être ni un sujet qui tremble devant un despote, ni un fidèle dont la raison abdique, en avouant son impuissance, devant le Dieu qui s'est révélé. Si elle abdiquait ici, ce ne serait que devant sa propre autorité, car cette déférence vis-à-vis d'un principe supérieur à la raison ne se justifie que si elle est elle-même rationnelle. C'est toujours la raison qui fait la loi ; ce que la raison peut poser hors d'elle-même comme un objet et proposer à la volonté comme un but, c'est un bien idéal ; mais ce n'est pas l'idéal ni même l'absolu qui nous oblige ; c'est la raison même à laquelle nous ne pouvons échapper.

« Le Credo nécessaire de tous les justes et des bons est « celui-ci : « Je crois en une métaphysique[1]. » Ainsi parlent aussi les pessimistes doctrinaires qui semblent pourtant aux antipodes des théories précédentes. Leur métaphysique est autre, il est vrai ; ils ne la croient pas moins

---

[1] Schopenhauer, Fouillée, *Critique des systèmes de morale*, p. 243.

nécessaire à la morale ; car la moralité n'est rien s'il n'y a rien au-dessus du monde physique ; elle est pour les justes « la négation pratique de la réalité d'un tel monde ». — Mais pourquoi faut-il être juste ? ou pourquoi faut-il croire en cette métaphysique ? N'est-ce pas le premier article de foi d'une religion qui promet le salut à ses fidèles, mais ne veut pas être discutée ? Souvent on pourrait le croire, au langage de ses apôtres. « Ce ne sont pas les œuvres accom-
« plies qui assurent le salut, mais la foi, l'intention géné-
« reuse que seul l'esprit sain confère et que n'engendre pas
« la volonté libre et réfléchie qui n'a que la loi en vue [1]. »
Il n'y aurait plus de place alors pour une théorie du devoir ; Schopenhauer n'y voit qu'une absurdité, et réduit la morale à une éthologie avec la distinction du bon et du mauvais. Et pourtant le pessimisme prétend se justifier aussi par des raisons, et explique ses conclusions morales. Le monde est mauvais ; la vie, l'existence individuelle est un mal, et c'est dans la volonté de vivre ou d'être qu'est la racine du mal. C'est donc cette volonté même qu'il faut extirper ; on y réussit, non par le suicide de l'individu qui laisse après lui d'autres individus, mais par le suicide, progres-
sif ou instantané, de l'espèce, de l'humanité tout entière, mieux encore, par l'anéantissement de l'univers. Mais pourquoi suis-je astreint à un devoir ? C'est toujours à cette question plus précise et plus simple qu'il en faut revenir. Le pessimisme commande de travailler à la des-
truction de ce monde où le mal est sans remède, et de venir ainsi au secours de l'Absolu, « de l'Inconscient crucifié »,

---

[1] Schopenhauer, *Le Monde comme représentation...*, trad. Burdeau, II, 126.

(dit M. de Hartmann), qui ne peut trouver le repos dans cette existence phénoménale.

En quoi ce monde est-il mauvais ? Et si j'admets qu'il le soit, ai-je donc, *ipso facto*, le devoir de le réformer ? Le mal est multiple, en effet, et l'équivoque est possible. Veut-on dire que le monde, système mal conçu ou mal exécuté, ne satisfait pas aux exigences de la raison théorique, et que l'intelligence n'y reconnaît pas l'harmonie qui convient au libre jeu de ses facultés ? Outre que cela n'est rien moins qu'évident, et que la science ouvre à mon esprit des espérances toutes contraires, il se pourrait fort bien que cette ébauche informe, ce système mal équilibré suffît d'ailleurs à mon activité, à mes besoins, à mes caprices, et que j'en fusse, à tout prendre, pratiquement fort satisfait. Spectateur mécontent de l'ensemble de la pièce, je puis être enchanté comme acteur de la courte scène où je joue mon rôle, et c'est ce qui m'importe. — Mais précisément, dit-on, ce rôle n'est qu'un long tourment ; les maux de la vie, douleurs physiques ou peines morales, ne sont que trop réels, les biens ne sont qu'illusions décevantes ; le plaisir n'est qu'un mirage insaisissable, une bulle de savon qui s'évanouit aussitôt que touchée : voilà ce que nous poursuivons avec une ardeur puérile, sans relâche et sans profit, jusqu'à la mort. Et le pessimisme entonne l'hymne de la souffrance universelle que les poètes profanes ont si bien chanté après les poètes religieux de l'Orient, et que les métaphysiciens ont traduit en d'interminables déductions. Si belles que soient ces strophes, si profonds que soient ces raisonnements, des millions d'hommes ne demandent qu'à vivre longtemps cette vie misérable, heureux ou croyant l'être, ou s'accommodant de leurs maux et prêts à les oublier à la moindre éclaircie. — Troupeau d'insensés! — Qui sait? Et qu'importe? Il ne s'agit plus de dire s'ils sont sages, mais s'ils sont contents, si la vie est bonne pour eux ou s'ils la croient telle, car c'est tout un. Rien ne prévaut ici contre le désir et le plaisir de vivre, contre l'entrain et la bonne humeur, rien, si ce n'est l'affaissement organique dont ce pessimisme n'est souvent que l'expression, mais qui ne démontre rien.

Admettons cependant que je ne sois pas de ces heureux récalcitrants, de ces pauvres fous qui restent insensibles à l'attrait du nirvanâ; et que, souffrant réellement du mal de vivre, je reconnaisse aussi par la raison le mal universel qui tient à l'existence même du monde. Y a-t-il là de quoi fonder la moralité? Suffit-il donc d'être malheureux pour être assujetti à un devoir? Faut-il être désespéré pour être obligé d'agir? Singulière hygiène morale qui brise — pour lui rendre l'énergie — les ressorts de l'organisme! Etrange médecin qui commande au malade de marcher en lui paralysant les muscles! Si je suis convaincu du néant de toute chose, comment le devoir aura-t-il prise sur moi? Comment saisir et enchaîner cette volonté anéantie? Où donc mon cœur, « lassé de tout, même de l'espérance », trouvera-t-il le courage d'obéir ou de résister? Sans doute, on prétend tirer de ces prémisses la loi de l'altruisme, de la pitié et du sacrifice; mais ce n'est que par une inconséquence manifeste; si le bonheur n'est qu'une illusion, un mirage funeste, ne l'est-il pas aussi bien pour les autres que pour moi? Et quelle vertu y a-t-il donc à satisfaire en mes semblables — par une charité méprisante et féroce — des désirs qu'il faut arracher de mon cœur et qui sont la cause de l'universelle souffrance?

En définitive, s'il y a un ordre d'actions qui s'impose à moi ou seulement me soit proposé comme meilleur, s'il y a une loi du devoir et une moralité, c'est que l'on suppose en moi un reste d'ardeur, de confiance et d'invincible optimisme. De deux choses l'une, en effet. Ou bien c'est pour me soustraire moi-même à la souffrance que je dois suivre le précepte pessimiste ; alors il est évident que c'est la loi de l'intérêt, de l'égoïsme. Ou bien c'est pour satisfaire à ma raison et réaliser, autant qu'il dépend de moi, le retour ou l'avènement d'un ordre meilleur, cet ordre fût-il l'inintelligible nivarnâ de l'Inconscient ; alors c'est ma raison qui commande, et c'est par un acte de confiance en elle que je me détermine. Il est fort possible qu'elle me persuade ensuite que ce monde n'est ni le seul ni le plus réel, et qu'elle édifie, au nom même de la moralité, toute une métaphysique idéaliste. Mais c'est d'abord du fond même du sujet, non d'une réalité transcendante, que vient l'obligation morale ; M. de Hartmann reconnaît lui-même que la raison seule peut s'attribuer un pouvoir législatif sans condition. Et cette raison même, on ne saurait trop le redire, n'a d'autorité, soit pratiquement soit théoriquement, que si l'on a d'abord confiance en elle, ce qui revient à la considérer elle-même comme un bien. Voilà la foi nécessaire ; et elle nous relève de cet accablement de l'universel désespoir. La raison est outragée par l'organisation du monde ; mais on proclame du moins qu'elle a une valeur plus haute, et qu'elle doit triompher ; c'est de là, de cet optimisme rationnel (comment dire autrement ?), non pas du pessimisme, qu'est tirée dans la morale pessimiste l'idée d'obligation. Que la doctrine soit ensuite inconséquente avec elle-même en prescrivant un altruisme plus ou moins dédaigneux, que l'on doive renoncer à comprendre ce suicide obligatoire de la Raison s'anéantissant, aussitôt qu'elle se connaît, dans l'aveugle Inconscient, soit : c'est du moins en la raison, il nous suffit pour le moment de le constater, que l'on cherche la racine de l'obligation.

En résumé, le pessimisme absolu, qui atteint dans l'individu les sources du désir et de l'action, ne saurait fournir une loi des mœurs. Si tout est mal et n'est que mal, mon action elle-même ne peut être que mauvaise. A quoi bon délibérer, choisir, vouloir ? A quoi bon ? Voilà le dernier mot du pessimisme. Le sceptique dit : Que sais-je ? Et le pessimisme n'est logiquement que le scepticisme dans l'action, si toutefois ces termes peuvent être associés, et si l'action n'est pas, suivant le mot profond de Hume, le destructeur du scepticisme. On peut concevoir, à la rigueur, que le pessimisme relatif et théorique fournisse à la moralité son contenu et que le devoir nous prescrive de nous détacher de cet univers phénoménal ; mais il ne saurait donner la forme du devoir et justifier un commandement. S'il y a une loi, c'est que le système des actions qu'elle commande vaut mieux que tout autre ; c'est que la raison qui l'exige est bonne ; c'est aussi que ma volonté est supposée capable de le réaliser ; cela encore est un bien. C'est donc toujours sur un optimisme et sur un principe subjectif qu'est fondée l'obligation. La métaphysique n'est pas au point de départ ; et l'affirmation morale comme l'affirmation logique est d'abord imposée par une nécessité subjective.

Cependant, n'est-il pas vrai qu' « une action morale est une hypothèse métaphysique en action [1] », « l'applica-

---

[1] Fouillée, *Critique des systèmes de morale*, 82.

« tion à la conduite d'une thèse complexe de psychologie,
« de cosmologie et de métaphysique[1] », et que la morale
est la métaphysique du bien ? Ainsi s'exprime un philosophe contemporain qui, brisant du reste la rigueur de
l'obligation, veut fonder la moralité non sur un dogmatisme
ou un absolutisme métaphysique, mais, au contraire, sur
le « mystère métaphysique. » « La moralité consiste à
« vouloir agir dans le doute même, en présence d'un bien
« aussi certain comme idéal que sa réalisation est incer-
« taine, à préférer le meilleur sous l'impulsion de l'espé-
« rance et de l'amour : c'est le sens du pari, qui porte, non
« sur une chose à affirmer, mais sur une chose à entre -
« prendre[2] ». Il n'y a ainsi qu'un idéal limitatif et persuasif,
non impératif, puisque sur cet au-delà rien ne peut être
démontré ; c'est le principe assuré de la relativité de la
connaissance avec le fait irréductible de la conscience qui
devient le fondement de la morale, suffisant à limiter
rationnellement l'égoïsme et à exciter rationnellement à la
fraternité. « La seule loi absolue c'est de ne jamais agir
« comme si on possédait certainement l'absolu[3]. »

En restant sensible à tout le charme très persuasif de
ces formules et des livres auxquels elles sont empruntées,
ne peut-on signaler ici une hésitation ? Le motif de l'action
morale est-il cette espérance métaphysique et l'amour d'un
beau risque ? Est-il cette loi absolue de ne pas agir comme
si on tenait l'absolu ? autrement dit, cette limitation et
cette excitation rationnelles ne sont-elles pas des impératifs
catégoriques ? Sans une certitude rationnelle comment

[1] Fouillée, *Avenir de la Métaphysique*, 273.
[2] Id., *ibid.*, 272.
[3] Id., *Critique des systèmes de morale*, XII.

justifier et déclarer bonne cette espérance même, comment repousser l'égoïsme et attribuer à la fraternité une valeur véritable ? D'autre part, sous quelle forme se trouve dans tout agent moral cette thèse complexe de psychologie, de cosmologie et de métaphysique ? Faut-il que chacun en ait expressément conscience pour que son action soit bonne ? Ce serait écarter de la moralité tous les simples de bonne volonté. Et si l'on peut bien agir sans concevoir tout ce système d'idées, c'est que la moralité n'en dépend pas. En réalité, il faut encore distinguer ici la forme de la loi et son contenu. La persuasion peut être utile, ou même nécessaire pour obtenir le retour à la raison ou l'adhésion à tel ou tel contenu de la loi morale. Mais la raison, sans laquelle il n'y a plus de discussion, une fois donnée, l'obligation est donnée, comme la certitude scientifique. Celle-ci est garantie non par la relativité de la connaissance, mais par la stabilité de cette connaissance limitée et relative ; le devoir n'est pas fondé non plus sur la limitation de la raison, mais sur la valeur que cette raison conserve dans son étroit domaine ; car, pour elle, c'est encore affirmer sa valeur que de reconnaître ses propres limites. Ceci établi, chaque action morale peut prendre ensuite une signification métaphysique; chacun de nous peut même, pour déterminer le *contenu* idéal de la loi faire intervenir une thèse métaphysique ; mais, au point de départ, ce n'est pas cette thèse, ou hypothèse, qui l'enchaîne au devoir, c'est sa raison.

Suivant la méthode de Socrate, c'est donc sur la terre, non dans le ciel qu'il faut d'abord regarder. La moralité jaillit de nous-même, du fond de notre être. Elle s'élance vers le ciel, nous le révèle peut-être et nous y attire, mais c'est par une illusion que nous croyons l'en voir descendre.

§ 2. L'autorité sociale.

Tout autrement se présentent ces systèmes qui, cherchant cependant aussi un fondement objectif au devoir, l'ont cru trouver dans l'autorité sociale. Ici, du moins, nous sommes sur un terrain solide ; nous avons affaire à l'expérience et à des notions positives que chacun de nous peut contrôler et rectifier ; nous ne risquons pas d'être abusés par le mirage ou, suivant le mot de Bacon, par les fantômes de la représentation métaphysique. L'empirisme a du moins ce mérite, et qui est grand, d'étudier de près la nature de l'homme et celle de la société, dont il est inséparable, avant de formuler les règles de la conduite humaine; mieux encore, c'est de la nature même qu'il prétend dégager ces règles par une méthode rigoureuse, scientifique. Aussi y a-t-il beaucoup à retenir, pour une morale rationnelle et vraiment pratique, de ces analyses de l'utilitarisme moderne où se manifeste un sentiment profond de la réalité concrète et de la vie. Mais, en revanche, la théorie de l'intérêt n'a jamais réussi à établir une véritable obligation morale ; c'est le résultat le plus net de toutes les discussions qu'elle a soulevées.

Constater, en effet, comme première donnée essentielle que la recherche du plaisir est la loi naturelle de tous les êtres sensibles, ce n'est pas fonder l'obligation ni même la définir. Et quand M. Spencer, exprimant en somme la même idée, dit que le plaisir est « une forme aussi néces-
« saire de l'intuition morale que l'espace est une forme né--

« cessaire de l'intuition intellectuelle [1] », il ne prétend pas encore parler du devoir. Tant qu'il n'y a pas de choix à faire entre les plaisirs, il n'y a pas de devoir. Il ne suffit pas non plus pour décider de ce choix et justifier un commandement moral de faire l'histoire de nos associations d'idées supérieures. On nous montre comment s'est formée par une lente cristallisation, soit dans l'individu, soit dans l'espèce, cette erreur salutaire, comparable à celle de l'avare, ou cette heureuse hallucination que nous appelons la Conscience morale. Cela ne suffit pas : il s'agit justement de savoir si cette hallucination est salutaire, si la Conscience est valable pour l'avenir. Et n'a-t-on pas reproché à ces analyses de compromettre, d'énerver le sentiment du devoir en le ramenant à ses origines et à ses éléments inférieurs ? Il n'en est rien sans doute logiquement, car ces analyses ne sauraient changer la nature des choses : si elles sont exactes et complètes, si la conscience n'est, sous un masque imposant qu'un égoïsme raffiné, quel profit moral peut-il y avoir à prolonger cette attitude de parade au lieu d'avouer franchement la vérité ? Et s'il y a dans cette conscience quelque chose de plus relevé, et d'inébranlable, c'est que ces explications si longues et si ingénieuses sont trop courtes et que, suivant la pétition de principe familière à l'empirisme, on compte parmi les résultats du progrès ce qui en est au contraire la condition première. Dans ce cas, il faut pousser jusqu'au bout l'analyse pour faire éclater la vérité.

Quoi qu'il en soit, ce ne sont là que des questions de fait, non de droit ; nous ne sortons pas de la physique des

---

[1] Spencer, *Les données de la morale*, p. 38.

mœurs ou, si l'on veut, de la chimie psychologique dont le domaine n'est pas celui de la morale. Mais en vient-on à déclarer qu'il *faut* préférer aux autres certains plaisirs plus intenses, plus durables, plus purs ou plus nobles ? qu'il faut se soumettre et, au besoin, se dévouer au bien de la société ? ou enfin qu'il faut réaliser, préparer tout au moins, dans la mesure de ses forces, l'homme parfait adapté à une société parfaite ? Alors seulement se pose le problème du devoir : il y a un commandement et des raisons pour le légitimer. Que valent ces raisons? Laissons de côté pour le moment celles qui ne parlent à l'individu que de son plaisir ou de son intérêt, et qui donneraient à l'obligation, si elle subsistait, un principe subjectif. Les autres font appel, exclusivement ou surtout, à une autorité sociale. L'idée n'est pas neuve, mais elle semble de jour en jour s'affermir et prendre le caractère d'un dogme, ou mieux d'une vérité assurée, parce qu'elle est présentée comme un résultat de la science positive. En fait, un grand nombre de savants, surtout naturalistes, la proclament avec autorité, et leur parole est recueillie avec empressement par les partisans d'un socialisme plus ou moins bien défini. En théorie, ces inductions ou plutôt ces hypothèses de la biologie semblent confirmées par les conclusions d'une science récente, la sociologie [1]. On montre que la morale varie avec la constitution et les éléments du groupe social, que le type de la moralité est toujours celui que réclame la solidarité sociale, c'est-à-dire la conservation et le déve-

---

[1] V. entre autres, outre Spencer, Durkheim, *Division du travail social;* Houssay, La sociabilité et la morale chez les animaux *(Rev. philosophique,* mai 1893) Belot, L'utilitarisme et ses nouveaux critiques *(Rev. de métaphysique,* juillet 1894).

loppement de la collectivité ; on montre encore que la crise de la morale tient à ce que nos sociétés, de type segmentaire, ont rapidement changé de structure grâce à la division du travail, et que « certains devoirs ne correspondent « plus à la réalité des choses. » Nous devons donc attendre une morale nouvelle qui résultera, non pas de raisons intellectuelles et d'un système philosophique, mais d'une coordination nouvelle des forces sociales, d'une nouvelle discipline sociale.

Il y a là une grande part de vérité, et toute cette théorie peut être reprise quand il s'agit de déterminer le contenu de la loi morale ; mais ce n'est que la moitié, et la seconde, de la vérité morale. L'intérêt social ne résout pas les difficultés qui concernent le principe ou la forme de la loi. Les exigences sociales peuvent indiquer à l'individu qui croit au devoir ce qu'il a de mieux à faire ; mais ce n'est pas l'autorité sociale qui peut commander le devoir. Quels sont en effet les titres de cette autorité ? Le bonheur de tous, nous dit-on, vaut plus et mieux que le bonheur d'un seul : « il faut mettre en première ligne le bien-être de la Société « considérée comme un tout, et la vie de l'organisme « social doit, en tant que fin, prendre rang au-dessus des « existences de ses unités[1]. » Voilà, à travers l'abondance des formules plus ou moins nettes, tout ce qu'allègue l'Utilitarisme, non plus pour expliquer les faits, mais pour établir et justifier l'obligation. Sans doute on prend soin de montrer que l'obligation n'est qu'un phénomène transitoire, et que, dans cette société idéale prédite par la mécani-

---

[1] Spencer, *Les données de la morale*, ch. VIII; *cf.* Paulhan, *Rev. philosophique*, t. XVII.

que rationnelle des mœurs, le devoir aura disparu puisque la conduite morale sera la conduite naturelle. Mais que m'importe ! C'est du présent qu'il s'agit, non d'un avenir plus ou moins chimérique; c'est aujourd'hui que l'on m'impose la gêne du devoir. Je ne vivrai jamais dans cette cité des bienheureux ; je n'entrerai jamais dans la terre promise, je ne verrai même pas l'étoile qui l'annoncera. Et c'est pour ce rêve de purs esprits que je devrais renoncer au plaisir présent, m'infliger mille peines et privations, sacrifier à l'intérêt général mon intérêt et jusqu'à ma vie même ? Étrange folie ou étrange naïveté de dupe aveuglée ! Et par quel sophisme, par quelle prestidigitation a-t-on substitué au bonheur que l'on faisait miroiter à mes yeux le bonheur des autres et mon propre anéantissement ? Dira-t-on, pour rester fidèle au principe utilitaire, que le progrès se réalise tous les jours et dès maintenant à mon profit, ou que le bonheur de tous coïncide nécessairement, naturellement tout au moins, avec celui de chacun ? Mieux encore, et avec plus de pénétration — car cette coïncidence n'est hélas ! ni si manifeste ni si nécessaire — me dira-t-on que je ne serai vraiment heureux qu'en prenant plaisir au bonheur des autres, en travaillant à réaliser petit à petit cet équilibre rationnel d'une société parfaite ? Cela peut être, et cela est sans doute, à la condition toutefois que j'obéisse déjà à un principe rationnel ; mais à quoi bon discuter plus longtemps ? Il n'est plus question de l'autorité sociale : elle s'est évanouie, par la force des choses, devant le principe même qu'elle avait un instant servi à masquer, devant l'intérêt particulier. Ainsi, de deux choses l'une. Ou bien, pour conserver l'obligation, on pose en principe un idéal tout rationnel de société parfaite : alors c'est la raison qui commande, ce n'est plus la société. Ou bien, pour conserver une autorité positive, on en revient à l'intérêt, qui ne peut être que l'intérêt de celui à qui on commande d'agir ; alors on sacrifie l'obligation ; ou du moins, ne préjugeons rien, on lui donne une valeur toute subjective.

En réalité, l'erreur radicale de cet utilitarisme scientifique tient à la confusion qu'il établit entre une société animale et une société humaine. Sans doute, il y a de telles ressemblances qu'il faut étudier les animaux pour comprendre l'homme ; mais il y a une telle différence que l'on ne comprendra jamais l'homme si l'on n'étudie que les animaux. La différence est que l'homme, en tant qu'individu, se pose en face de la collectivité comme un spectateur et comme un juge. Il ne se borne pas à suivre, comme une cellule de l'organisme ou comme un mouton du troupeau, les mouvements de la masse, et à ressentir en accomplissant sa fonction les agitations qui la travaillent. Il peut à chaque instant, grâce à la réflexion, se demander s'il est bon pour lui d'obéir à la société, et demander à la société si elle a le droit de lui commander. En discutant cette autorité il la brise, parce qu'elle est fragile, ne reposant que sur la force. Il s'y soustrait idéalement, il y soustrait sa volonté ; ce n'est donc pas une autorité morale. Qu'il soit ensuite contraint, violenté, assimilé ou éliminé de force, peu importe ; cela n'intéresse plus la moralité. Au point de vue de la loi morale, la puissance sociale est un colosse aux pieds d'argile ; c'est une masse, non une autorité. Sa force morale ne peut être faite que de la cohésion de bonnes volontés dont chacune reste libre de se donner ou de se refuser ; mais, à qui ne commande qu'au nom de l'intérêt social, je refuse le droit de commander, et je désobéirai si j'y trouve profit ou plaisir : voilà l'anarchie, dernier terme inévitable d'une théorie qui prend le fait pour le droit.

En résumé, il faut renoncer à chercher un fondement extérieur à la loi morale, et il faut écarter ces diverses formes de l'hétéronomie, selon l'expression de Kant. Mais Kant se borne à montrer que le désintéressement, condition de la moralité, est incompatible avec la crainte d'une autorité extérieure, même avec l'attrait d'une perfection idéale. Il convient d'aller plus loin, ou plutôt d'invoquer d'autres raisons encore. Non seulement, en effet, l'hétéronomie altère la moralité, mais elle est toujours illusoire. En fait, consciemment ou non, c'est toujours sur un principe subjectif que l'on établit l'idée d'obligation. Logiquement il n'est pas possible d'en trouver un qui ne le soit pas, puisque le ressort de l'action, surtout de l'action réfléchie, est toujours subjectif. Non seulement les partisans de l'hétéronomie se trompent sur l'essence de la moralité ; mais ils sont inconséquents en demandant au sentiment ou à la raison d'établir une autorité objective, et en refusant de reconnaître dans la raison ou le sentiment le principe initial de notre obéissance et par suite de l'autorité elle-même.

CHAPITRE II

EXAMEN DES PRINCIPES SUBJECTIFS DE L'OBLIGATION

§ 1. Les mobiles sensibles.

Quel est maintenant ce principe interne ? Il n'y pas lieu, dans cette discussion, de s'arrêter à l'hédonisme. S'il s'en tient, comme il le faudrait logiquement, au pur caprice du moment présent, ce n'est qu'un parti-pris irraisonné, un scepticisme que nous retrouverons plus loin ; c'est la négation pratique de toute loi, de tout problème moral. Si l'on entreprend de justifier cette négation, on sort du pur hédonisme.

La morale du sentiment, plus respectable à coup sûr, n'est pas davantage une théorie de l'obligation. Elle nous offre tout au plus un critérium commode, souvent insuffisant du reste, de la moralité, mais non pas un fondement du devoir ; car les divers sentiments que l'on invoque, pratiquement très efficaces ou même indispensables, ne font que traduire plus ou moins confusément les exigences d'une raison latente, où il faut toujours en fin de compte chercher le principe des jugements et des actions. Cela est manifeste dans les conclusions et jusque dans les analyses ingénieuses d'Adam Smith et de ceux qui l'ont imité. Et ceci s'applique aussi bien aux émotions de la conscience morale, pour précieuses qu'elles soient et évidemment nécessaires ; car, ainsi comprise elle n'est qu'un sentiment variable et aveugle comme tout autre, incapable de jouer le rôle d'un principe ; et il est illusoire, pis encore, dangereux de prendre ces données de fait, si souvent contradictoires à travers les âges et les pays, pour point de départ de la morale. On confond, en effet, sous le nom de conscience morale, deux éléments, solidaires, sans doute, mais très différents : une émotion ou un groupe d'émotions, phénomènes affectifs mobiles avec les circonstances, et un instinct rationnel, forme spéciale et constante de l'activité humaine, où l'on peut découvrir la racine de l'obligation.

La théorie de l'intérêt particulier ne mérite pas ici un plus long examen. Si puissant que soit ce motif dans la pratique de la vie, il manque d'autorité et de prestige. Les Utilitariens eux-mêmes l'ont abandonné pour lui substituer, nous l'avons vu, d'abord l'intérêt général, puis un idéal tout rationnel ; et l'Utilitarisme rationnel n'est plus l'utilitarisme. Après tout, l'intérêt n'est pas un principe ; ce n'est qu'un moyen dont la fin est le plaisir. Admet-on tous les plaisirs ? Il n'y a plus de morale. Choisit-on ? Le devoir est possible, mais ce n'est plus le plaisir ni l'intérêt qui commandent. Idéaliste malgré tout, Stuart Mill nous parle de plaisirs dignes et comme obligatoires ; mieux encore, il déclare qu'il faut, pour être heureux, faire autre chose que de chercher le plaisir, poursuivre un noble but sans arrière-pensée égoïste ; il faut marcher, et le bonheur s'offrira sur la route, semblable aux fleurs que l'on cueille en passant. C'est une belle idée, juste et profonde; mais qui commande de marcher, et pourquoi? Pour rencontrer le plaisir ? — Je ne le rencontre que si je l'oublie ; il échappe à qui le vise, et le dilettantisme subtil qui ferait du devoir un artifice est le plus maladroit des calculs, s'il ne finit par prendre le devoir même au sérieux et revenir à la naïveté. La raison ne peut donc être, même en fait, la docile servante et comme l'intendant des plaisirs supérieurs : elle est la condition, le principe de ces plaisirs qui sont les seuls assurés. Il faut qu'elle commande ; il faut que sous sa loi s'accomplisse cet acte sans lequel le plaisir n'est pas, et auquel le plaisir viendra, dit Aristote, s'ajouter par surcroît; la fraîcheur n'est donnée qu'à la jeunesse. Et si d'avance je suis, autant qu'un homme peut l'être, certain d'être heureux ainsi, c'est que je me confie entièrement, franchement à la raison ; c'est que, dans l'élan même de l'activité, je lui reconnais une haute et souveraine autorité où ne peuvent atteindre ni le plaisir ni l'intérêt.

§ 2. La Raison pratique.

Nous voilà donc de proche en proche réduits et comme acculés à un seul terme : la raison. Mais ce terme lui-même est double : autant vaudrait dire qu'on l'a dédoublé en séparant jusqu'à les opposer l'une à l'autre la Raison théorique et la Raison pratique.

Le domaine de la Raison pratique n'est autre que le domaine moral. Rien ne semble donc plus légitime que d'aller droit à la doctrine de Kant, qui a si hautement proclamé l'autonomie pratique de la Raison pure. Personne n'a analysé avec plus d'autorité la notion du devoir ; personne n'en a mieux senti, je dirais presque chanté la grandeur incomparable. Et, puisque nous cherchons une théorie du fondement de l'obligation, sa Critique n'est-elle pas un examen de nos facultés, de leur valeur et de leur portée ? Appliquée à la Raison pratique, ne doit-elle pas nous dire ce que vaut cette raison, quels sont ses titres, de quel droit elle commande ? Kant n'a pas résolu la question ainsi posée ; ou plutôt il a expressément refusé de la poser ainsi. Dans l'ordre théorique, il s'agit, non seulement de séparer la Raison pure de la matière sensible, mais encore de réfréner ses audaces métaphysiques pour l'empêcher de « se perdre au milieu d'objets insaisis- « sables». Il y a donc une Critique de la Raison *pure* théorique. Dans l'ordre pratique, le problème est autre ; il faut encore séparer, par une sorte de chimie analytique, la Raison pure des mobiles empiriques, mais il suffit ensuite de savoir si la Raison pure *peut* être pratique, c'est-à-dire déterminer à elle seule la volonté. « Son existence « une fois établie, elle trouve en elle-même la règle critique « de tout son usage[1], » car c'est elle qui crée son objet, c'est-à-dire les actions morales, au lieu d'avoir à compter avec les choses extérieures et données. Il n'y a donc pas de Critique de la Raison pure pratique, mais seulement une Critique de la Raison pratique en général, devant « ôter à

---

[1] *Critique de la Raison pratique*, tr. Barni, 148.

« la raison en tant qu'elle est soumise à des conditions em-
« piriques la prétention de vouloir fournir exclusivement à
« la volonté son principe de détermination [1] », c'est-à-dire,
sans doute, devant montrer que la Raison *pure* est aussi
pratique et même est seule « pratique dans un sens
« absolu », enfin en rechercher les conditions ou postulats
comme les applications.

Que la Raison pure soit pratique, c'est ce qui est manifeste par ce fait même que le devoir commande sans conditions, catégoriquement, absolument. Il y a là un jugement synthétique *a priori*, un fait *a priori* de la Raison pratique, une nécessité première et irréductible contre laquelle vient se briser tout effort d'analyse. Semblable à un chimiste qui isole un corps simple, Kant pense avoir découvert une faculté spéciale, faculté unique ayant le privilège de saisir l'absolu, sinon comme objet et dans son contenu, du moins dans sa forme. Le devoir est vraiment, en effet, une révélation de l'absolu : il s'impose ; il ne peut pas être expliqué et il ne doit pas l'être.

Le devoir ne peut être expliqué. « La philosophie se
« trouve ici dans cette position difficile que, cherchant un
« point d'appui solide elle ne le peut trouver ni dans le ciel
« ni sur la terre. Il faut donc qu'elle montre toute sa pureté
« en portant elle-même ses lois [2]. » D'une part, en effet, il ne
faut pas songer à tirer par abstraction cette idée de l'expérience sensible, de la connaissance des bonnes actions ;
car on ne sait même pas si l'expérience nous offre une seule
action bonne, et on n'en peut d'ailleurs juger que si on

---

[1] *Critique de la Raison pratique*, tr. Barni, 148.
[2] *Fondement de la métaphysique des mœurs*, tr. Barni, 15.

possède déjà le principe du devoir. « Il serait absurde
« aussi de vouloir dériver la réalité de ce principe de la
« constitution particulière de la nature humaine[1] », car
on ne trouverait jamais ainsi qu'une maxime de conduite,
non un principe objectif, une loi valable pour tous les sujets
raisonnables. D'autre part, il ne faut pas, comme le ferait
un dogmatisme aveugle, essayer de déduire le devoir d'un
principe supérieur, tel que la liberté par exemple, dont il
serait une conséquence : ce serait supposer une intuition de
la liberté, et cette intuition est impossible. C'est le devoir
au contraire qui, une fois établi, servira à une sorte de
déduction de la liberté et en garantira la réalité transcendante. Le devoir est donc bien le terme premier, et il ne
faut pas s'étonner qu'il soit inexplicable.

Surtout, il ne faut pas le regretter ; l'expliquer ce serait
le détruire. Ce serait, en effet, le subordonner à un objet,
empirique ou transcendant, et l'impératif cesserait d'être
catégorique; la volonté la meilleure céderait toujours dans
ce cas à l'attrait ou à la crainte d'un objet extérieur, jamais
à la loi pure et simple; « la conduite de l'homme dégéné-
« rerait en un pur mécanisme[2] », l'autorité du devoir se
serait évanouie avec le mystère qui l'enveloppe aujourd'hui.
Le devoir est donc heureusement inintelligible, et Kant se
félicite que « les facultés de l'homme soient sagement
« proportionnées à sa destination pratique ».

En résumé, il est juste de dire de la morale de Kant,
avec l'un de ses interprètes les plus autorisés : « C'est
« l'apothéose du devoir se suffisant à lui-même, et tirant sa

---

[1] *Fondement de la métaphysique des mœurs*, tr. Barni, 15, 64.
[2] *Ibid.*, 370.

« valeur de l'obscurité impénétrable qui règne sur sa
« source et sur son but [1]. » Prenons garde cependant de
dépasser ou plutôt de fausser sa théorie en faisant de Kant
un pur mystique. « La loi morale, a-t-on dit, est comme
« le *deus abscondilus* qui ne se révèle qu'à ses adorateurs[2]. »
Cette formule d'un kantisme nouveau risque de ne plus
traduire exactement la pensée de Kant. Elle conduit facilement à une théorie assez étroite de la grâce que n'accepterait pas le piétisme du philosophe protestant. Cette doctrine du pur amour, ce quiétisme moral ne convient en
vérité qu'à une élite de fidèles et de privilégiés, c'est-à-dire
ici à des désabusés qu'a touchés la faveur céleste et la
grâce pessimiste. L'impératif catégorique, au contraire,
s'adresse à tous les hommes, à tous les êtres raisonnables,
et réclame de tous également l'obéissance à la loi morale.
La Raison pratique n'est pas une faveur réservée à quelques-
uns : c'est une faculté qui appartient à tous. Et voilà précisément, il y faut insister, le point essentiel : Kant a voulu
mettre en évidence une faculté jusque-là méconnue bien que
primordiale. « L'homme trouve réellement en lui-même une
« faculté par laquelle il se distingue de toutes les autres
« choses, même de lui-même, en tant qu'être affecté par des
« objets, et cette faculté est la raison[3] » — spontanéité
pure, supérieure à l'entendement comme à la sensibilité, et
qui ne fait défaut à aucun homme, pas même au scélérat
endurci. Mais cette Raison par laquelle l'homme se considère comme membre du monde des noumènes et saisit

---

[1] M. Boutroux, *Cours inédit.*
[2] Vallier, *De l'Intention morale.*
[3] *Fondement de la métaphysique des mœurs*, tr. Barni, 107.

quelque chose d'absolu, ce n'est pas, nous le savons, la Raison théorique. Seule la Raison pratique, immédiatement législative, indépendante de tout objet empirique, manifeste l'existence de l'intelligible pur : c'est là le terme inexplicable mais inébranlable que les philosophes n'avaient pu isoler encore. « On peut appeler la conscience de cette loi « un fait *(factum)* de la raison... fait unique de la raison « qui se proclame par là originairement législative. *Sic* « *volo, sic jubeo*[1]. » Il ne faut donc pas faire de Kant un pur mystique : n'a-t-il pas lui-même très vivement, à plusieurs reprises, combattu le mysticisme et flétri, avec le xviiie siècle, le fanatisme qui en est la conséquence ? La source pure à laquelle il veut remonter, et d'où jaillit la moralité, ce n'est pas cet amour mystique qui reste une inclination pathologique; c'est un amour pratique, qui réside dans la volonté ; c'est cette inspiration rationnelle qui retrouve Dieu par dessus les dogmes et les formules, et qui avait donné la vie à la Réforme. Les scolastiques du moyen âge s'étaient efforcés de coordonner en un système rationnel les dogmes de l'Eglise catholique issus de la révélation. Kant, esprit religieux, et scolastique lui aussi, veut faire une œuvre philosophique semblable dans le protestantisme ; prenant comme donnée la révélation intérieure qui est présente en chaque homme, il y découvre, au lieu d'un sentiment fragile et plus ou moins égoïste, la raison même qui seule nous rattache à la Cité des Esprits.

Quoi qu'il en soit de l'interprétation historique, reprenons la théorie proprement dite du devoir. Il faut accepter sans réserves l'idée de la souveraineté de la Raison

---

[1] *Critique de la Raison pratique*, tr. Barni, 175.

pure en général; les discussions précédentes nous l'ont montré. C'est le seul maître moral possible, puisqu'en lui désobéissant pour en servir un autre, non seulement on est un sot, mais encore on est malheureux. Ceci entendu, il faut examiner de plus près la conception de Kant sur la Raison pratique et sur son indépendance vis-à-vis de la Raison théorique. Est-il vrai que l'obligation 1° ne puisse pas, 2° ne doive pas être justifiée théoriquement?

I. Sur le premier point, il semble, d'après les textes, surtout d'après la *Métaphysique des mœurs*, que Kant lui-même ait hésité. Il est assurément facile de trouver des déclarations très nettes où il affirme que le devoir seul, absolument, mais exclusivement est posé *a priori*. Il semble alors qu'il n'y ait pas d'ambiguïté possible. Et cependant il est dit, par exemple, que nous avons conscience de la loi « dès que nous nous traçons des maximes pour notre « volonté[1] ». Mais cette réflexion même, cet acte de l'esprit qui fixe ou mieux qui cherche des maximes pour la volonté, n'est-ce pas un fait antérieur à la conscience même de la loi, simultané tout au moins? Il faudrait relever aussi les arguments empruntés à la finalité : la Raison serait un non-sens si elle n'avait d'autre destination que de servir l'intérêt[2]. Enfin, en maint passage, Kant regarde comme identiques la conscience de la loi morale et la conscience de la liberté (p. 201), la conscience d'une raison pure pratique et le concept positif de liberté (p. 172-194). Or, après un long exposé où il s'agit seulement des conditions nécessaires d'un impératif qui pourrait n'être pas

---

[1] *Fondement de la métaphysique des mœurs*, tr. Barni, 173.
[2] *Ibid.*, p. 16, 17, 18, 67-70.

réel, après ce passage : « Il semble que nous ne fassions
« que supposer la loi morale, et que nous ne puissions
« démontrer en elle-même la réalité et la nécessité objec-
« tive de cette loi ou de ce principe... Nous ne pouvons
« encore voir d'où vient que la loi morale oblige[1] »; la question, dis-je, étant ainsi posée, Kant invoque la distinction
de fait entre les représentations où nous sommes passifs
et celles que nous produisons nous-mêmes ; et il conclut à
la nécessité d'admettre le noumène derrière le phénomène,
le moi derrière ses sensations. Ne dit-il pas dans la *Critique de la Raison pratique*, à la fin de l'apostrophe au
devoir : « Où trouver la racine de ta noble tige ?... Elle
« ne peut être que dans la personnalité, c'est-à-dire dans
« la liberté, et cette idée de la personnalité est naturelle à
« la raison commune qui la saisit aisément[2]. » Il semble
donc bien que la conscience de l'autonomie, la nécessité
d'admettre le noumène est posée comme fait *avant* la loi.
Le raisonnement n'est-il pas le suivant :

L'homme a, par la Raison pure, non pas aperception du
noumène, mais conscience que le noumène existe : il ne
peut pas ne pas se concevoir comme noumène et autonome.

Il a, d'autre part, grâce à l'expérience, conscience d'être
phénomène : il ne peut pas ne pas se concevoir comme
phénomène et hétéronome.

Donc il est soumis à l'obligation qui est la synthèse de
ces deux conceptions ; donc il y a une loi morale.

Ceci ne serait pas, notons-le, une véritable déduction

---

[1] *Fondement de la métaphysique des mœurs*, tr. Barni, 103, sqq.
[2] *Critique de la Raison pratique*, tr. Barni, p. 269.

qui, posant un principe supérieur directement connu par intuition, ferait apparaître le devoir comme une conséquence ou un cas particulier. La liberté, qui est ici ce principe, n'est pas prise comme un objet donné par intuition ; le point de départ du raisonnement n'est que le fait de l'existence de la Raison pure, théorique aussi bien que pratique, la nécessité de fait où nous sommes de concevoir *qu'il y a* des noumènes, inconnaissables d'ailleurs. Et l'on va, suivant un procédé familier à Kant, du conditionné à la condition. On alléguera, sans doute, que le concept de noumène reste ici tout négatif, qu'il ne devient positif que par l'affirmation de la loi morale, qu'enfin la seule démonstration véritable serait une déduction directe. Mais, d'une part, ce concept tout négatif est bien difficile à concevoir ; de l'autre, si la démonstration par l'absurde est moins satisfaisante, elle est pourtant valable ; enfin, on pourrait maintenir que, dans certains textes, quelque chose est posé avant l'affirmation de la loi. Quoi qu'il en soit, n'insistons pas sur ces hésitations de la pensée de Kant ou sur ces équivoques des textes : il suffit qu'elles soient possibles et discutables ; elles nous avertissent que la conscience de la loi morale n'est peut-être pas psychologiquement et logiquement irréductible, et qu'il y a peut-être dans la conscience même un fait antérieur, enfin un passage de la Raison théorique à l'autre. Kant ne dit-il pas lui-même qu'il n'y a qu'une raison ?

Nous reviendrons sur ces idées. Admettons pour le moment, malgré ces scrupules, que la doctrine kantienne est sur ce point parfaitement homogène ; qu'il faut distinguer entre la conscience de la liberté formelle qui est donnée, mais pourrait n'être qu'illusoire, et l'affirmation de la liberté objective qui ne peut venir qu'après la conscience *a priori* de la loi ; qu'enfin la liberté, *ratio essendi* de la loi, trouve dans la loi seule sa *ratio cognoscendi*. Cela revient toujours à affirmer la suprématie de la Raison pratique, et c'est ce qui reste à examiner. La Raison théorique, dit Kant, n'a qu'un rôle négatif, lever la contradiction apparente entre la liberté et la nature et s'effacer ensuite. En réalité, doit-elle, ou même peut-elle s'effacer? peut-on, après mieux qu'avant, se passer d'elle? Qu'est-ce que Kant nous présente, sinon une *théorie* du devoir ? Bon gré mal gré, le devoir y est pris comme objet d'affirmation, de jugement, de connaissance en un mot. La volonté n'est-elle pas pour lui « la faculté de se « déterminer d'après la connaissance ou la représentation « de la loi » ? Cette connaissance n'est-elle pas par là-même assujettie, comme toutes les autres, aux conditions de la Raison théorique? Ce fait *a priori* ne devient-il pas, quand on y réfléchit, objet de spéculation? — Mais c'est précisément un fait singulier que cette connaissance qui atteint la forme de l'absolu sans embrasser l'absolu même ; elle échappe aux conditions de l'expérience, aux catégories de l'entendement : c'est une connaissance pratique, non théorique. — Disons plutôt alors que ce n'est pas une connaissance ; car, comment concevoir une connaissance qui ne comporte pas matière et forme, objet et sujet ? Qu'est-ce que saisir la forme de l'absolu, sinon faire de cette forme même un objet auquel s'appliquent les cadres ou les principes, quels qu'ils soient, de notre faculté de connaître? Plus on y réfléchit et moins on peut admettre d'autre hypothèse. Dira-t-on que la Raison pratique impose à la Raison théorique une nécessité, un jugement synthétique *a priori* dont le caractère singulier est précisément d'être inapplicable aux intuitions de l'expérience? Mais pourquoi cette nécessité pratique est-elle singulièrement impérieuse? Est-ce une contrainte brutale, une impossibilité de faire autrement? Non certes, puisque l'action est libre. Qui sait si cette prétendue nécessité n'est pas une illusion? Aussi Kant s'applique-t-il à montrer :

1° Que cette conscience *a priori* de la loi existe réellement, qu'elle se trouve, malgré les apparences, chez tous les hommes, même dans le scélérat le plus endurci, qu'il y a bien là un fait universel et nécessaire, et non pas une fleur exceptionnelle de civilisation raffinée;

2° Que la contradiction n'est pas insoluble entre les exigences de l'entendement et celles de la loi morale, que la distinction du noumène et du phénomène lève la difficulté.

Qu'est-ce donc que cette double démonstration, sinon une œuvre de raison théorique ? Et si ces considérations sont fragiles, que devient l'autorité de la Raison pratique ? Sans doute elles n'ajoutent rien à une connaissance des noumènes, mais elles ajoutent à la connaissance des nécessités subjectives où nous sommes enfermés. Cela aussi, c'est-à-dire la Raison pratique elle-même, devient, par la réflexion, objet de connaissance, de spéculation, de théorie enfin. Il en faut dire autant de toutes ces connaissances pratiques dont Kant s'efforce de déterminer la valeur et la nécessité même. Sans doute, il n'applique pas aux noumènes les cadres de la connaissance empirique et de la science, et le mot de connaissance risque d'être équivoque; ce que nous connaissons, c'est seulement la nécessité d'admettre ces postulats. Mais peu importe ; cette nécessité devient ainsi objet de représentation et de raisonnement, et c'est par un enchaînement d'idées théoriques que la conclusion nous est imposée ; la Raison pratique ne vaudra donc que ce que vaudra la Raison théorique.

Ainsi Kant a bien écarté les explications jusque-là proposées du devoir, et il a montré les inconvénients de toute explication. Mais il n'a pas vraiment montré, comme il l'a cru, que le devoir fût inexplicable et réel tout ensemble. Et s'il l'est en vérité, ce n'est pas en vertu d'une suprématie trop mystérieuse de la Raison pratique. Kant dit lui-même qu'il n'y a qu'une raison ; il faut aller plus loin et ajouter qu'elle est d'abord théorique puisque la moindre réflexion, démarche théorique, soumet la Raison pratique elle-même aux exigences de l'autre. De deux choses l'une, en effet. Ou bien l'ordre de la loi est arbitraire comme celui d'un despote brutal ; alors ce n'est pas la loi morale ; les esclaves du devoir ne peuvent être que volontairement esclaves. Ou bien cet ordre s'adresse à une volonté capable d'agir d'après une représentation ; alors il est intelligible et n'est, après réflexion, accepté que comme tel ; car, si mis en doute, examiné, discuté il n'était pas compris, que vaudrait-il ? Tout au moins est-il reconnaissable à ses caractères d'universalité et de nécessité qui satisfont la Raison théorique. Poser ces questions, c'est entrer dans le domaine de la théorie ; et si la Raison théorique n'y trouvait pas une solution quelconque, celle de Kant ou une autre, il faudrait, pour sauver le devoir à tout prix, se réfugier dans le mystère, dans la sublime folie de la foi, renoncer à la morale pour s'enfuir dans la religion. Kant sans doute déclare qu'il veut faire place à la foi ; encore s'agit-il d'une foi rationnelle, et s'il prétend démontrer qu'il le faut, que cela est raisonnable, c'est la Raison théorique qui décide et commande au moment même où elle semble courber la tête.

Tout cela s'explique mieux encore si l'on examine le parallélisme méthodiquement établi par Kant entre l'une et l'autre raisons. Esprit systématique et scolastique, il n'a pas manqué de chercher des analogies et des oppositions, une symétrie rigoureuse où les différences se trouveraient mises en relief. Les trois parties de la *Critique* sont toujours: *Analytique, Dialectique, Méthodologie*; mais le plan de l'*Analytique* est renversé quand on passe à la Raison pratique, parce que, dans la théorie, la connaissance empirique est donnée en fait, tandis que la moralité des actions n'existe pas mais *doit* exister. Il n'y a donc pas ici, comme données, des intuitions actuelles, desquelles il faille conclure à la réalité de conditions transcendantes. Ce n'est pas une matière qui est donnée en fait, c'est une forme pure; et il faut partir des principes pour descendre aux intuitions. Ces oppositions et celles qui suivent semblent séduisantes; pourtant la construction pèche par la base. La moralité qui est une certaine forme d'action, n'est pas l'analogue de la connaissance en général, mais d'une certaine connaissance qui est la science; toute représentation n'est pas exacte, toute affirmation n'est pas légitime; de même toute action n'est pas morale. Et de même que les intuitions sensibles sont une matière pour la science, il y a pour la moralité aussi une matière; ce sont les actes spontanés ou habituels; cela aussi est un multiple, un divers qui peut être ramené à l'unité; et cette unité c'est la loi qui la fournit comme les Catégories la fournissent pour la science. La Déduction de la loi morale devrait donc correspondre à la Déduction des Catégories. De plus ces données de la spontanéité elles-mêmes présentent déjà une certaine unité, tout comme les intuitions sensibles dans lesquelles se trouve déjà l'action de l'entendement, plus ou moins mystérieusement présent dans la sensibilité et dans ses formes *a priori*. Nous dirons donc que les impulsions de l'instinct et de l'habitude sont déjà en quelque façon raisonnables, qu'elles tendent à l'être, et que la moralité, comme la science, consiste à unifier ce divers en une synthèse supérieure. Et c'est de même l'unité de l'aperception qui des deux côtés crée la forme pour une matière donnée ; c'est l'esprit qui est « le législateur de la nature ». Objectera-t-on, au nom de Kant, que, dans un cas, le succès même prouve la légitimité des Catégories, tandis que nous ne savons pas s'il y a en fait une seule action morale ? Mais s'il en est ainsi, comment donc savons-nous que la Raison pure peut être pratique et déterminer à elle seule une action ? Il faut donc en revenir là pour établir la symétrie. Pratiquement comme théoriquement, il y a : d'une part une matière donnée, de l'autre une forme pure, et enfin une œuvre qui consiste en une synthèse de la matière et de la forme. Et cette œuvre est d'abord une démarche de l'intelligence puisqu'il faut coordonner des idées avant de coordonner des actions. Là est le point essentiel; à moins, nous l'avons déjà dit, que l'on ne transporte cette démarche dans le pur noumène, dans l'inintelligible; mais alors il n'y a plus de théorie morale et l'on ne saurait concevoir ce qu'est l'obligation pour le noumène.

II. L'obligation ne doit-elle pas être justifiée théoriquement ? « La moralité, a-t-on dit, est un grand mystère que l'on détruit, comme le silence, en le définissant ». Kant le définit pourtant, mais il estime qu'elle ne *doit* pas être expliquée, car toute justification affaiblirait ou briserait l'autorité de la loi. Il est superflu d'insister ici encore sur les hésitations de Kant, sur les obscurités si souvent reprochées, en particulier par Schopenhauer, à son formalisme. Si le formalisme peut, à la rigueur, se défendre quand il s'agit d'une action isolée, on ne peut assurément pas, dans une théorie d'ensemble, ne pas poser la loi elle-même comme un bien et le respect continu de la loi comme un idéal attrayant. «La bonne volonté seule est bonne comme « une pierre précieuse qui tire d'elle-même toute sa valeur». Mais cette valeur même, cet éclat si pur ne seraient rien dans l'obscurité ; d'où vient donc la lumière que la bonne volonté reflète en rayons étincelants ? Et surtout le formalisme rigoureux est-il nécessaire, est-il seul compatible avec l'idée de moralité, est-il seulement préférable ou souhaitable ? Kant compare volontiers le devoir à la consigne du soldat : le soldat n'a qu'à obéir, qu'il faille rester ou partir, parler ou se taire, épargner ou tuer ; il n'a ni à donner un avis ni à discuter, ni même à comprendre ; s'il comprenait, il hésiterait peut-être ou brouillerait tout en voulant mieux faire ; qu'il obéisse donc de confiance, aveuglément, jusqu'au sacrifice et jusqu'à la mort ; voilà le devoir, et sa grandeur incomparable est à ce prix.

Rien n'est plus net, ce semble ; en vérité rien n'est plus fragile que ce rigorisme. De quel soldat parle-t-on ? S'agit-il de l'homme qui n'est dans le rang qu'un numéro, ou du capitaine, ou du général ? Du dernier au premier échelon de la hiérarchie tous sont soldats, mais quelle différence entre la consigne de l'un et celle de l'autre ! Le capitaine, par exemple, n'a-t-il qu'à exécuter l'ordre sans comprendre ? et de même le sergent ou le caporal ? Ne réclame-t-on d'eux aucune initiative ? ne doivent-ils pas souvent dans la bataille prendre le commandement ? ne commandent-ils pas tous les jours ? Et ne fait-on donc jamais appel à l'intelligence, à l'initiative, au savoir-faire du simple soldat ? que dire enfin du général, qui est soldat aussi, et qui donne les ordres à tous ? A mesure qu'elle descend vers les rangs inférieurs, la consigne se précise, se rétrécit en des formules de moins en moins flexibles ; et cependant elle laisse toujours une certaine part à l'initiative sans laquelle on n'obtiendrait pas la bonne volonté, et elle réclame jusque dans la discipline rigoureuse des actes de discernement. Quel est le grand capitaine qui souhaiterait d'avoir pour soldats des mécaniques bien réglées et remontées comme des automates ?

Soit, dira-t-on : chacun, pour exécuter l'ordre donné, doit appliquer toute son intelligence, mais il faut prendre l'ordre tel qu'il est, sans le modifier ni même le critiquer ; de même le devoir : il faut l'accepter sans discussion et déployer ensuite toute son initiative à son service. La distinction est juste, mais elle ne suffit pas ici, car le débat porte sur le principe même de l'obligation. Il ne s'agit pas de savoir comment il faut accomplir le devoir, mais s'il y a un devoir. L'homme n'est pas comme le soldat en face d'une consigne déjà acceptée ou acceptée d'avance ; il se demande précisément s'il en acceptera une, autrement dit, s'il sera soldat. Et la question est celle-ci : A-t-il le droit de savoir pourquoi il doit s'enrôler ? Sera-t-il meilleur soldat s'il ne le sait pas ? D'après Kant, c'est la volonté qui se donne à elle-même sa loi : elle est autonome. Ce soldat est donc aussi le général qui commande, que dis-je ? le souverain que le général lui-même doit servir? — Mais cette volonté souveraine, c'est celle du noumène, et c'est la volonté phénoménale qui doit obéir. — Reste à savoir comment celle-ci peut obéir n'étant pas libre, ou comment l'homme est à la fois noumène et phénomène, souverain et sujet.

Revenons à la question générale : Vaut-il mieux que celui qui obéit ne sache pas pourquoi il doit obéir? Dans quel cas sera-t-il plus désintéressé? Pour être ce soldat d'élite qui sert sans crainte et sans ambition, qui s'oublie pour prendre volontairement intérêt à la discipline et se dévouer par respect de la loi, faut-il ignorer les raisons qui justifient la discipline elle-même? Pour avoir confiance en ses chefs n'est-il pas bon de savoir qu'ils tiennent de la nation tout entière leur autorité? Pour accepter toutes les besognes, même les plus répugnantes, est-il défendu de tenir son regard fixé plus haut, sur une loi souveraine qui est ici le salut de la patrie, son honneur ou sa gloire? Il y a là un attrait sensible : soit, mais cet attrait est aussi rationnel ; et il y a aussi l'oubli de soi, le mépris de la mort, le dévouement enfin. Si le désintéressement n'est pas là, ce n'est qu'un mot vide de sens.

Il faut donc que le soldat sache à qui il obéit et pour quoi il meurt. Il faut de même que le soldat du devoir en comprenne la discipline pour la pratiquer ; car il doit non la subir mais l'accepter, non s'y résigner, mais la vouloir ; et l'on ne veut pas sans raison, sans des raisons au moins. Obéissance absolue mais non aveugle, voilà les termes du problème. Kant a rendu ce problème insoluble dans son système en laissant le devoir suspendu entre ciel et terre, entre l'homme phénomène qui est obligé mais n'est pas libre, et le noumène qui est libre mais ne saurait être obligé. S'il en est ainsi, que devient le fait même du devoir? N'est-ce pas l'objet d'une illusion, une idole de la tribu ou de la caverne ? Ou, selon les termes de Kant qui a lui-même posé la question, « le concept de moralité ne serait-« il pas faux et sans objet¹? » A ce doute il répond par une proposition synthétique *a priori*, par un fait *a priori* nécessaire et universel. Mais, à qui douterait encore, au douteur résolu de Descartes, il ne montre ni que ce fait est universel, ni qu'il est *a priori* et irréductible.

Or, il n'est pas évident que cette conscience pratique de l'intelligible soit universelle. D'une part, chez certains hommes vicieux, criminels de nature ou d'habitude, la notion du devoir paraît bien éteinte si elle a jamais existé. Ce que dit Kant du scélérat endurci semble bien superficiel, et la psychologie du criminel nous révèle une profondeur d'égoïsme et de corruption où la conscience du noumène est plus difficile à dégager. Sans aller jusque-là, il n'est pas rare de trouver dans la vie courante des égoïstes féroces, par prudence plus sociables, qui pratiquent sans arrière-pensée, avec la plus grande tranquillité d'esprit, la théorie du chacun pour soi. D'autre part, certains philosophes ont prétendu montrer que ce sens de l'intelligible manque aux hommes inférieurs, comme il manquait aux premiers hommes, et que l'universalité tout idéale à laquelle tend la conscience actuelle ne peut être prise comme un fait ni dans le passé ni dans le présent. Sans doute ces analyses peuvent être discutées : sans doute on peut démêler jusque dans les lueurs fragiles de

---

[1] *Fondement de la métaphysique des mœurs*, tr. Barni, 37.

l'inconscience morale, et surtout jusque dans les négations les plus obstinées, la présence d'une raison obscure qui réclame la moralité et qui oblige bon gré mal gré. Mais il faut aller soi-même plus loin dans l'analyse, et ne pas prendre comme universellement et évidemment donné un sentiment conscient de la puissance pratique de la Raison pure.

De même, il n'est pas évident que ce soit un fait *a priori* et irréductible. S'il l'était, il serait universel, mais il pourrait être universel sans être nécessaire. Je suppose donc que je trouve en moi, comme en n'importe quel homme, cette voix impérieuse du noumène inconnu. Ne puis-je, pour m'en affranchir une bonne fois, égoïste impatient, entreprendre de la faire taire et y réussir? Ne puis-je très sincèrement, philosophiquement, me persuader avec les Évolutionnistes que je suis le jouet d'une illusion, d'une hallucination plutôt, et, au lieu de m'en féliciter avec Spencer, au lieu de m'y abandonner, de la prolonger comme on essaie de retenir le charme d'un rêve ou d'une extase, ne puis-je me soustraire à cette obsession maladive pour reconquérir, avec l'indépendance de mes actions, la santé de mon esprit? Ne puis-je encore, avec Schopenhauer, déclarer que ce devoir n'est qu'un « spectre « en bois, sorte d'épouvantail pour les naïfs et les faibles « d'esprit qui se laissent prendre à cette contradiction [1] »

Il faut bien l'avouer : on ne trouverait pas dans Kant la solution de ces difficultés, et son impératif catégorique se soutiendrait mal contre les conclusions de l'empirisme évolutionniste. Il n'est pas nécessaire pour l'ébranler que

---

[1] *Le monde comme représentation...*, tr. Burdeau, II, 122.

ces conclusions soient actuellement démontrées; il suffit qu'elles contiennent une part de vérité, et que la conscience morale puisse, par hypothèse, être considérée comme une résultante. Dirait-on, pour concilier les deux thèses, que rien n'empêche d'admettre une révélation graduelle, progressive du noumène qui, restant immuable en son éternité, se dévoilerait petit à petit dans le temps à nos consciences phénoménales? Mais Kant ne l'a pas entendu ainsi, et il resterait, même alors, à montrer la nécessité d'une telle conciliation.

En résumé, Kant a voulu fonder sur la Raison même la religion du devoir. Mais il ne satisfait ni la Raison ni le sentiment, parce qu'il les a trop radicalement opposés l'un à l'autre, et qu'ils sont l'un et l'autre nécessaires à la morale. A force d'éliminer comme éléments impurs les inclinations et affections les plus naturelles, voire même rationnelles, il ne laisse plus aucun principe actif au fond du creuset; la pierre philosophale lui échappe comme aux alchimistes. Le désintéressement qu'il exige n'est en fin de compte que l'insensibilité, puisque le respect, dont il parle en si beaux termes, ne comporte aucun attrait capable de soutenir la volonté. Où donc est la foi qui nous mènerait à la religion du devoir?

On ne voit pas davantage la démonstration qui nous mènerait à la science du devoir, et la raison non plus n'y trouve pas son compte. Le noumène est inintelligible, et l'on ne sait où prendre la volonté soumise au devoir. Enfin Kant n'a bien établi ni la suprématie mystérieuse de la Raison pratique, ni la nécessité d'affirmer le noumène. Le devoir est comparé à l'Espace et au Temps. A tort, car le devoir est la forme non de toute action possible, mais de toute action bonne. Convient-il, faut-il qu'il y ait des actions bonnes? Poser la question, si claire que puisse paraître la réponse, c'est invoquer l'autorité de la Raison théorique ; et la question se pose nécessairement à quiconque réfléchit, au moraliste plus qu'à personne. Il faudrait trouver dans la négation même du devoir de quoi imposer le devoir à celui qui le nie, au sceptique le plus résolu, à l'égoïste obstiné. Kant n'est pas allé jusque-là et son impératif catégorique n'est pas inébranlable au scepticisme.

Mais ne serait-il pas comme un Christophe Colomb dont le navire aurait sombré à quelques lieues du Nouveau-Monde, et ne devons-nous pas, avec le continuateur ou le réformateur de sa doctrine « assister à ce grand naufrage « et chercher ensuite le vrai Nouveau-Monde [1] » ? Pour y aborder, il faut renoncer aux noumènes et à toutes les vieilles chimères de l'ontologie; il faut s'en tenir aux phénomènes qui sont, avec les lois qui les régissent, les seules réalités ; il faut enfin, pour être plus fidèle que Kant lui-même à l'esprit de la Critique, subordonner absolument la Raison théorique à la Raison pratique, l'entendement à la volonté, la science à la morale : « Une seule philosophie « peut fonder la morale comme science... c'est le Criticisme « qui est précisément la primauté de la morale dans l'es- « prit humain [2]... C'est une affirmation morale qu'il nous « faut; toute autre supposerait aussi celle-là [3]. » « En fait, « c'est une Raison pratique qui dirige Kant dans sa cri-

---

[1] Renouvier, *Essai de psychologie*, III, 134.
[2] Id., *Morale*, 14.
[3] Id., *Essais...*, II, 322.

« tique de la Raison pure[1]... Nous devons avouer franche-
« ment la suprématie des principes pratiques et moraux de
« la Conscience humaine[2]. » N'insistons pas davantage sur
les textes : on connaît cette thèse originale si souvent et si
nettement formulée dans les écrits de M. Renouvier ; on
sait comment il montre que toute certitude est volontaire
et libre ; car « la raison n'est autre chose que l'homme, et
« l'homme n'est jamais que l'homme pratique. » S'il en est
ainsi, le devoir ne peut être qu'une donnée première, vraiment *a priori* et absolument impérieuse, non seulement
supérieure mais antérieure à toute discussion théorique et à
toute vérité; il est impossible de le « déduire d'aucune notion
« antérieure ». Le devoir est donc posé en fait ou plutôt en
principe « sérieux autant que réel ; » il n'est pas démontré,
et nepeut ni ne doit l'être. On a vivement reproché à M. Renouvier de n'avoir pas fait la critique et l'analyse de cette
idée d'obligation, et de la prendre paresseusement comme un
fait qu'il suffit de constater. Il semble pourtant qu'en toute
rigueur le néo-criticisme ne peut soumettre le principe de
la morale aux discussions de la science et de la Raison
théorique[3]. On doit plutôt, en gardant toute la déférence
que réclame cette grande philosophie morale : 1° lui reprocher d'en avoir tenté parfois une explication ou justification théorique ; 2° et surtout, apprécier cette thèse fondamentale de la certitude et de la suprématie de la Raison
pratique.

[1] Renouvier, *Essais de psychologie*, 226.
[2] Id., III, 193.
[3] *Cf.* M. Sécrétan : « Finalement nous ne savons rien de rien : nous ne comprenons rien de rien, nous ne comprenons rien à rien : nous devons croire et nous croyons au mépris de toutes les apparences contraires. »

Dans une telle doctrine, en effet, la loi morale devrait être la première affirmation, le premier acte de foi volontaire auquel toutes les affirmations, toutes les démonstrations seraient suspendues. Et pourtant, il semble que le Criticisme hésite et reste plus d'une fois équivoque sur ce point. Il est sûr que certains passages nous offrent des essais d'une déduction du devoir. Par exemple : « La loi « morale ne peut être comprise ni définie sans la notion « du bien et du mal... Si la morale prétend s'établir dans « l'*a priori* pur, elle se rend étrangère à la raison prati- « que dont elle veut être l'interprète[1] »; « la notion d'un « devoir-faire est constitutive de l'état le plus élémentaire « de moralité d'un agent. Il suffit que celui-ci soit un être « prévoyant, raisonnable, qu'il ait des fins à poursuivre et « que tous les biens ne soient pas équivalents à ses yeux[2]. » Sans doute, il faut écarter ici une confusion. M. Renouvier distingue devoir et obligation. Ce qui doit être, c'est ce qui est conforme à une fin rationnelle, ce qui est rationnellement souhaitable; l'obligation, c'est l'impératif catégorique qui ordonne de l'accomplir. « Toutes les fois que la raison « envisage une fin comme *devant être* atteinte en vertu « de ses lois, elle l'envisage en même temps comme *devant* « *être* recherchée par l'application de la volonté[3]. » Et il faut précisément, pour relier ces deux termes, le jugement original et irréductible, le jugement synthétique *a priori* dont il a été question. Voilà la contradiction levée, en même temps que le problème de l'obligation est clairement posé.

[1] *Essais*, III, 137.
[2] *Morale*, 16.
[3] *Ibid.*, 26.

Mais qu'est-ce donc que ces fins, dont les unes doivent être recherchées, les autres rejetées ? Pour choisir, et s'y sentir obligé, il faut les connaître et il faut avoir une notion du bien ; il y a donc des vérités antérieures à l'obligation, ou simultanées tout au moins, et la moralité n'est pas avant la science, ou au moins avant une certaine science. On sait, du reste, que M. Renouvier a nettement repoussé le formalisme « paradoxal » de Kant; il admet seulement que la loi, comme générale, se subordonne tous les cas particuliers, mais non pas qu'il faille écarter de l'acte moral la tendance à la fin universelle ou au bonheur. Il a même admirablement montré cette solidarité étroite qui réunit toutes les fonctions morales, et il n'a pas cru pouvoir imposer à l'individu le respect de la loi morale sans y attacher le bonheur. « Il faut que l'agent croie la loi bonne, « non seulement comme obligatoire, mais en tant que la « plus propre de toutes à assurer le bonheur de celui qui la « suit... Cette croyance est l'hypothèse propre de la mo- « rale[1]. » Sans cela, « au nom de quoi lui enjoindrons-nous « d'opter pour le devoir[2] ? » C'est là le postulat irréductible. On nous dit bien que, si on le refuse, la loi reste entière; cela n'est pas bien sûr, et, dans tous les cas la loi reste illusoire, *vox clamantis in deserto ;* je ne l'entends pas, et, j'ai le droit de ne pas l'entendre ; voilà l'obligation devenue bien fragile.

Quoi qu'il en soit, si l'acte de foi reste nécessaire, il ne suffit pas à tout, et il n'est pas au-dessus de tout; il implique la connaissance de la nature humaine, de ses fins diverses,

---

[1] *Morale*, 172.
[2] *Ibid.*, 176.

des conditions du bonheur, de l'impuissance de l'égoïsme à nous rendre heureux, etc., en un mot, tout un ensemble de données théoriques, de vérités, d'affirmations qui ne sont pas une œuvre de volonté pure, une science enfin, antérieure à la morale. Et sans aller si loin, ne suffit-il pas de constater que M. Renouvier essaie de prouver par des arguments, théoriquement, cette nécessité de s'en tenir à la certitude morale. Si ces raisons ne sont pas solides, si elles peuvent toujours, comme on l'admet ici pour toute démonstration théorique, être ébranlées par un doute pratique, voilà compromise l'autorité impérieuse du devoir. Ou bien faudra-t-il un nouvel acte de foi pour garantir cette démonstration même, et ainsi de suite ? Il faut croire au devoir ; et pourquoi ? Par devoir : il n'y a vraiment pas d'autre réponse ; il n'y a pas de raisons à donner.

Mais c'est là, sans doute, une façon trop étroite d'entendre le néo-criticisme, et ces objections passent à côté. Raison théorique et Raison pratique ne doivent pas être ainsi opposées l'une à l'autre, et mises en conflit sur un même plan ; ce ne sont pas deux ennemis qui se menacent et que l'on ait à réconcilier en obtenant des concessions réciproques. En réalité, la Raison théorique est au service de l'autre ; elle lui est, par nature, subordonnée. « Nous « devons réunir les deux raisons, l'homme théorique et « l'homme pratique » comme cela arrive dans la croyance, et n'oublions pas que « toute certitude est une assiette « morale et se compose d'actes de croyance[1] ». Au-dessus de la certitude qui s'attache aux objets de l'expérience ou de la science se trouve un domaine supérieur de certitude,

---

[1] *Essais de psychologie*, III, 314-311.

domaine moral et de la Raison pratique, où règne la croyance à la liberté. «Cette croyance une fois admise, elle « se subordonne l'homme tout entier, les doctrines aussi « bien que la vie ¹. » Ainsi, tel est le sens de cette réunion des deux raisons ; tout l'ordre théorique n'est qu'un élément, tantôt plus, tantôt moins important, mais toujours absorbé dans la synthèse supérieure, et primordiale, de la volonté et de la Raison pratique.

Qu'est-ce donc, au juste, que la Raison pratique ? car il faut enfin dissiper là dessus toutes les équivoques, puisque M. Renouvier lui-même reproche à Kant de n'avoir pas fixé la nature, déterminé les éléments intérieurs de cette foi, indépendamment des objets auxquels elle s'applique. La formule la plus nette semble être celle-ci : « La raison « théorique est la raison raisonnante; la raison pratique « est la raison raisonnable, sagesse dont le trait capital « est l'ordre qu'une conscience établit dans la suite et le « choix des affirmations d'où dépend la conduite de la vie². » Ailleurs le désir semble être substitué à la raison et à la conscience : « Avouons donc le raisonnement; nous affir- « mons ce que nous désirons parce que nous le désirons ; « vaut-il mieux désirer ce que nous affirmons chaque fois « qu'il nous a plu de faire un système et puis un autre³? » Mais laissons cette incertitude dans les termes. Il est très vrai que dans leur conduite beaucoup d'hommes sont raisonnables sans philosopher, naturellement, on dirait même inconsciemment, par une sorte d'instinct qu'on appelle le bon sens pratique, et dont la force se trouve déjà

---

¹ *Essais de psychologie*, 317.
² *Ibid.*, II, 240.
³ *Ibid.*, III, 105.

chez les enfants et même chez les animaux. Mais il est certain aussi qu'on ne s'en aperçoit qu'en raisonnant, que ces hommes eux-mêmes raisonnent, sinon sur les principes, du moins sur chacun des cas où l'action dépasse le réflexe, puisqu'ils peuvent expliquer cette action ; enfin, que la sagesse de cette conscience qui ordonne et *choisit* ses affirmations ne va pas sans la raison raisonnante. Ainsi : 1° l'instinct n'est pas la raison qui commande le devoir ; 2° celle-ci n'est qu'une application de la Raison théorique.

Il est certain que toute idée est un acte, une force même si l'on veut. Trop souvent on ne considère une idée que par rapport à un objet, réel ou non, dont elle serait la photographie plus ou moins ressemblante, mais inerte, sorte de fiche de collection dans les catalogues de l'esprit. Si l'idée est image ou représentation, elle est aussi en elle-même la manifestation d'une énergie vivante, une démarche de l'intelligence, un acte enfin, et c'est pour cela qu'elle est puissante et féconde. A ce titre, toutes les opérations, même les plus abstraites, de l'entendement sont des formes de l'action ; raisonner c'est agir, toute raison, en ce sens, est pratique, et la coordination des idées n'est qu'une coordination d'actions. Soit ; mais cet ordre même des actions n'est révélé et donné à la conscience que par l'ordre des idées qui le représentent, et l'on abuse ici d'une équivoque sur les termes de Raison pratique. Tantôt, en effet, ils désignent cette activité consciente et réfléchie qui délibère, qui choisit, qui veut enfin, car « la raison a de tout autres caractères que « l'instinct...parce qu'elle ne se sépare point de la volonté[1] ».

---

[1] *Essais de psychologie*, II, 116.

Voilà bien la raison agissante et libre, la raison qui ordonne, qui commande, qui impose le devoir ; mais n'est-ce pas d'après des idées, des conceptions ? Tantôt il s'agit, sous les mêmes termes — nous venons de le voir — de toute activité équilibrée et ordonnée, qu'elle soit spontanée ou réfléchie, consciente ou non, celle de l'animal aussi bien que celle de l'homme. Voilà la Raison pratique qui envelopperait la Raison théorique ; mais il est évident que ce n'est pas celle qui nous donne la loi étroite et impérieuse du devoir. Il faut donc revenir à la première : en quoi consiste-t-elle ?

En réalité, c'est la synthèse morale en sa plus haute expression, la personne maîtresse d'elle-même, la volonté autonome et souveraine, le λόγος ἡγεμονικός des Stoïciens ; ou plutôt, car cette domination n'est guère qu'intermittente, c'est l'effort, souvent impuissant, vers la cohésion et l'équilibre moral ; ou encore, suivant le langage même du Criticisme, une *loi* supérieure mais rarement manifestée de l'organisation morale. Quoi qu'il en soit, idéale ou réelle, c'est une forme plus haute de la conscience, quelque chose de plus et de mieux que les systèmes de froides abstractions où se complaît l'intelligence pure. Cela est certain, mais cela ne prouve pas que la Raison pratique soit d'une autre essence que la Raison théorique et lui puisse imposer silence. Il n'y a qu'une raison, et si ses démarches peuvent être plus ou moins efficaces, elles ne sauraient être contradictoires entre elles et inintelligibles. On a beau distinguer « l'ordre intellectuel où le représen-
« tatif est subordonné au représenté dans la représenta-
« tion, et l'ordre de finalité et de causalité, disons de

« l'action, où le représenté est subordonné au représen-
« tatif[1] ». Si toute affirmation est pratique, le représentatif devra dominer aussi bien dans l'ordre intellectuel et au besoin violenter certaines représentations pour les plier à la conclusion choisie ; et si certaines représentations sont, pratiquement, automotrices, pourquoi ne pas admettre aussi bien et déjà dans l'ordre intellectuel, dans les représentations imaginatives en particulier cette spontanéité et cette initiative ? Le mystère ou le postulat ne sera pas supprimé pour autant ; mais du moins il n'y en aura qu'un, au point de départ, et on aura chance de mieux comprendre ensuite les rapports de la théorie et de la pratique.

Dans tous les cas, il est hors de doute que les actes volontaires sont ceux qui impliquent connaissance de cause et clairvoyance, ceux que nous pouvons expliquer, qui sont théoriquement raisonnables, intelligibles enfin. Agir sans savoir pourquoi, fût-ce dans l'emportement du génie, ce n'est pas vouloir, ce n'est pas agir par devoir. Et s'il faut, pour bien faire, réfléchir, comparer, apprécier les motifs, discerner le motif moral, c'est bien la Raison théorique qui juge et prononce, avant comme après l'action. L'assurance que j'ai de bien agir est justifiée non par le sentiment variable qui s'y mêle, mais par une certitude théorique et par le besoin d'un ordre intelligible ; elle part d'une certitude et tend à une certitude théorique.

Erreur, dit M. Renouvier : c'est cette certitude même qui n'est qu'une assurance ou, suivant son expression, une assiette morale. Voilà le point central du système. Il n'est pas inébranlable et nous allons voir d'abord qu'on ne peut

[1] *Essais de psychologie*, III, 284.

se passer d'un minimum de certitude théorique, ensuite que celle-ci reste le type et le modèle de l'autre. M. Renouvier admet lui-même, comme premier fait, comme vérité immédiatement saisie « le phénomène comme tel au
« moment où il s'aperçoit dans la conscience. Là, point de
« doute possible : toute incertitude serait contradictoire,
« car il faudrait penser que peut-être on ne pense pas ce
« qu'on pense, ce qui est précisément le penser. Si jusqu'ici
« je n'ai pas fait mention de ce type premier et irré-
« fragable de l'évidence, je l'ai constamment supposé ;
« mais je ne devais pas lui donner le nom de certitude,
« car il est le refuge de ceux qui n'en admettent aucune,
« les sceptiques. Au delà de ce point précis et très étroit
« de la conscience qui est le *phainetai* des Pyrrhoniens,
« commence l'application du jugement aux réalités de
« l'imagination et de la mémoire, aux lois universelles
« de la raison et aux êtres de l'univers ; c'est le véritable
« champ de la certitude. Là aussi le doute spéculatif com-
« mence [1]... » Hé bien ! dans ce champ même de la certitude et de la liberté, il y a une première nécessité. « Le
« monde et la conscience ne seraient qu'illusion pour
« nous si nous résistions à cette passion unique et
« radicale qui nous porte à affirmer la nécessité des lois,
« conditions formelles du témoignage que nous rendons
« de notre existence et de toute connaissance possible. La
« nécessité est donc le caractère d'un groupe de juge-
« ments qui forment... et l'ossature et le système circu-
« latoire... de la conscience et de ses rapports. Je dis la
« nécessité, parce que nous y cédons tous en tant que nous
« sommes et vivons, et que, moralement, nous devrions

[1] *Essais de psychologie*, II, 154.

« encore nous y attacher en admettant qu'un doute
« sérieux pût nous y atteindre. Elle n'est pas tellement
« rigoureuse toutefois qu'un doute extrême et spéculatif
« et, en quelque sorte, hypothétique lui-même, ne
« nous trouve accessibles... Une réflexion réelle précé-
« dant l'affirmation fait toujours de celle-ci un mode
« volontaire, autrement l'homme ne se connaîtrait pas.
« Oserait-on dire que la certitude n'a pas besoin
« d'être réfléchie [1] ? » Qu'on excuse cette citation un peu
longue ; voilà qui est très clair et très acceptable. Ainsi je
ne puis pas, par exemple, ne pas affirmer que deux et trois
font cinq ; ou, si je puis en douter hyperboliquement, je
dois l'affirmer ensuite, librement, dit-on, mais inévitable-
ment, sous peine de n'être qu'illusion pour moi-même. La
volonté, la Raison pratique ne vient donc ici que pour
maintenir son droit, pour éviter la prescription, par une
simple formalité qui ne peut changer le fond des choses ;
elle ne paraît que pour avoir paru, prendre conscience des
nécessités de la Raison théorique et y acquiescer ensuite.
Il y a donc un ordre, un type de jugements théoriques
auxquels il faut consentir, sous peine d'abdication ou de suicide intellectuel, et même moral. Il n'en faut certes pas davantage pour établir l'autorité de la Raison théorique. Mais
au delà ? Si l'on veut philosopher, sortir du sens commun
pour aborder ce deuxième ordre d'affirmations où se pose
la question de la certitude de la certitude, que trouve-t-on ?
— Au delà, il n'y a pas de certitude : il n'y a que des hommes certains ; ce sont ceux en qui un objet de pensée « est
« compris, aimé, voulu de toutes les forces de la conscience,

---

[1] *Essais de psychologie*, II, 149, cf. 247.

« et qui affirment alors la réalité de l'objet ; mais cette vérité est relative à l'individu », qui n'en a d'autre garantie que « la force du sentiment qui le possède ». Et cependant, cette assiette morale est tout autre chose que « la foi mystique, variable, arbitraire que l'imagination enfante [1] ». Elle est œuvre de volonté libre — qui veut croire croira — et elle s'oppose ainsi à l'aveugle obstination de la passion ou de la folie, qui ne doutent pas.

Ici, il faut bien l'avouer, l'embarras est grand. Qui donc discernera entre cette foi volontaire et la foi mystique ou passionnée ? Qui en jugera ? sinon la raison, cette raison qui compare des objets pour en saisir les différences ou les rapports, qui comprend, raisonne et conclut, la Raison théorique enfin. Comment savoir que l'on a affaire à la raison raisonnable sans user de la raison raisonnante ? Mieux encore, qui donc décide que cette certitude volontaire et morale doit être préférée à la confiance aveugle de l'emportement ou du mysticisme ? Est-ce un acte de croyance encore ? Mais il n'est qu'individuel, et un autre acte, non moins libre, peut décider autrement. Je fais ma vérité, vous faites la vôtre aussi consciencieusement que moi. « Il n'y a pas de certitude ; il n'y a que des hommes « certains. » Nous voilà à la foi de sentiment variable, et arbitraire. Laissons de côté cette hésitation de la doctrine néo-criticiste ; il faudra dans tous les cas admettre que ce qui est variable et arbitraire vaut moins ici que ce qui est fixe et déterminé ; et cela n'est pas concevable sans l'idée d'un ordre objectif, impersonnel, intelligible enfin, qu'il soit idéal ou réel, et satisfaisant la Raison théorique. La

---

[1] *Essais de psychologie*, II, 153.

première certitude reste donc le type auquel tend la libre et volontaire affirmation. Il faut admettre aussi que la certitude morale doit être non seulement stable dans l'individu, mais valable pour tous, ou qu'elle tend à l'être ; autrement elle ne se distinguera pas de l'arbitraire. Et si la liberté de chacun tend et doit tendre vers un ordre d'affirmations qui vaille pour tous les hommes, s'il y a là un irrésistible besoin d'universalité, n'est-ce pas toujours la Raison théorique qui garde la décision d'appel et la véritable autorité ? Ne faudra-t-il pas dire purement et simplement, avec M. Renouvier, lui-même, que « la raison « pratique est l'usage moral de la raison théorique[1] » ?

Mais nous oublions qu'il faut distinguer dans l'affirmation deux éléments : « une forme, la détermination même « d'affirmer, puis l'objet qui d'une manière générale est la « réalité[2]. » Sans doute l'acte est libre, peut ou doit l'être ; il faut affirmer volontairement, et non à l'étourdie ; et quand on le fait consciemment, étant maître de soi, on fait *pour le moment* tout ce qu'il faut. Mais cette volonté, moralement irréprochable, est peut-être, de bonne foi, dupe d'une apparence et d'une illusion. Ce qu'elle affirme, elle le pose comme vrai, non seulement pour elle-même, mais objectivement et pour tous ; et ce qui est vrai ou faux, ce n'est pas l'acte de juger — appelé aussi *jugement* — c'est l'affirmation une fois posée et comme refroidie, cristallisée, objectivée, quand on la compare à un type objectivement fixé lui aussi, ou qu'on cherche sa place dans un système déjà établi et cristallisé d'affirmations. Et c'est un tel système que recherche ma volonté, avide de raison ; et, dès

---

[1] *Essais de psychologie*, II, 240.
[2] *Ibid.*, 232.

qu'il s'agit de juger un système objectivement posé, c'est la Raison théorique qui est en cause. Nécessité fâcheuse peut-être, mais très réelle, qu'il faudra au besoin interpréter, mais que l'on ne saurait nier.

En résumé, et pour conclure sur cette primauté de la Raison pratique, c'est-à-dire sur le mystère de l'obligation, ou bien l'acte de foi morale n'est qu'un acte de foi religieuse, un élan de sentiment mystique et peut-être déraisonnable ; alors il n'y a pas de place pour une morale avec ou sans le noumène : il n'y a qu'une religion ou des religions. Ou bien cet acte de foi est une démarche rationnelle impliquée dans toute volonté et dans toute réflexion, le parti pris d'user de sa raison et d'en reconnaître l'autorité dans la pratique comme dans la théorie ; alors la morale est légitime et nécessaire, mais c'est la Raison théorique qui, avant l'action, commande et, après l'action, juge, d'après une vérité plus ou moins clairement aperçue. Et la Raison pratique n'est que l'activité réfléchie toujours en marche vers un ordre rationnel et théoriquement intelligible où elle se reposerait, disons mieux, où elle se retrouverait tout entière. Elle doit sans doute désespérer d'y atteindre, mais il est certain qu'elle y vise.

Concluons donc. Nier l'obligation, même en y substituant un persuasif plus ou moins catégorique, c'est méconnaître le sens des jugements moraux et dénaturer la moralité, car c'est toujours en fin de compte laisser libre le goût individuel.

Se contenter de prendre comme un fait donné l'idée actuelle d'obligation, postuler simplement l'obligation, invoquer une foi purement pratique et peut-être mystique, c'est commettre une pétition de principe ou s'exposer à toutes les négations; car l'analyse risque bien de dissoudre cette donnée sans doute complexe, et le scepticisme aura beau jeu contre une affirmation que rien ne montre nécessaire.

Fonder, théoriquement, l'obligation sur la puissance d'une autorité extérieure, sociale ou transcendante, c'est en somme y substituer la contrainte, soit de la force, soit de la grâce. Poser en principe la connaissance positive, intuitive ou non d'un objet métaphysique, c'est se fier à de fragiles hypothèses et oublier que la connaissance pure ne suffit pas au devoir. Enfin, invoquer seulement l'existence nécessaire de l'absolu, inconnaissable d'ailleurs, et la relativité nécessaire de nos connaissances, est une méthode légitime, mais insuffisante encore : cette négation ne suffit pas à commander l'action, et il faut supposer, chez celui à qui on s'adresse, une volonté déjà décidée à suivre les ordres ou les conseils de la raison.

Ainsi, maintenir l'obligation, mais trouver pour la fonder, quelque chose qui soit à la fois un *fait* universel, irréductible aux variations individuelles, et un *acte* élémentaire et nécessaire, une démarche inévitable qui lie la volonté et enchaîne l'avenir : voilà le problème. Cette démarche, cet acte universel existe. Nous le déterminerons mieux en comparant le problème moral au problème logique.

CHAPITRE III

LA RAISON THÉORIQUE ET LE PRINCIPE LOGIQUE DE L'OBLIGATION

Lorsque la pensée, d'abord trop confiante, en vient par un retour inévitable à se prendre elle-même comme objet et à s'analyser, elle s'aperçoit de sa faiblesse et de sa présomption. Limitée de toutes parts, puisqu'elle est devenue un objet qui prend sa place au milieu des autres, et en même temps impuissante à trouver un appui hors d'elle-même, elle est saisie d'un vertige qui semble irrémédiable; c'est l'état de scepticisme. Si, pour la pratique, on garde, au moins en apparence, une assurance de parti pris ou d'habitude, on se refuse, dans la théorie, à toute préférence, à toute conclusion, à toute affirmation. Il le faudrait du moins, et l'on sait avec quelle souplesse les sceptiques se sont ingéniés à garder l'équilibre si instable du doute absolu. Cela est impossible pourtant, et il n'y a jamais eu, comme dit Pascal, de Pyrrhonien effectif. Plus on veut résolument être sceptique, plus on sort du scepticisme en affirmant son doute même ; il est inutile d'y insister après Descartes et après tant d'autres. Ainsi la pensée, qui semblait par la réflexion avoir ébranlé ses propres assises, trouve précisément dans cette réflexion une assurance nouvelle. Plus elle travaille à se ruiner elle-même, mieux encore, plus elle paraît y réussir, et plus elle fait éclater sa puissance et proclame sa valeur. Dira-t-on, en effet, qu'un effort nouveau de réflexion réprimera cette révolte du dogmatisme? qu'en analysant le *Cogito* lui-même, on y découvre le même vice irrémédiable, puisque c'est encore un phénomène, désormais semblable à tous les autres et non le pivot de tous les autres ? Mais qui ne voit que, dans cette démarche nouvelle, la pensée n'a pu contester la valeur d'un acte passé qu'en affirmant celle de l'acte présent, et en se posant elle-même au-dessus de tous les phénomènes et de tous les objets ? Le véritable destructeur du scepticisme c'est l'action, a dit Hume; or, toute réflexion, comme toute pensée, est une action, théorique sans doute, mais positive et réelle. Ce pouvoir d'analyse est terrible et menace de réduire toutes les constructions de la pensée en une poussière insaisissable; mais — retour merveilleux — cette force, c'est la pensée encore, et, comme toute force, c'est une synthèse qui se superpose indéfiniment à l'analyse, et qui, lui offrant toujours un nouvel objet, échappe chaque fois à ses prises.

Il ne faut donc pas dire que la réflexion est un simple fait de souvenir, une répétition affaiblie d'un état récemment disparu, et qui disparaît à son tour aussitôt, puisque le présent est insaisissable, ou, en vérité, n'est rien. On méconnaîtrait ainsi la différence, si heureusement établie[1], entre la durée subjective et le temps objectif, et l'on ne fait, en parlant de répétition ou de reproduction du passé, que masquer sans l'éliminer cette mystérieuse continuité. Sans doute, pour faire de l'état présent et de la réflexion même un terme distinct, on brise cette continuité, on projette hors de soi l'action qui devient un fait, c'est-à-dire une chose passée et morte, de même que la photographie, impuissante à saisir le mouvement, fixe les positions successives d'un mobile. Mais, dans un cas comme dans l'autre, on mutile la réalité et on l'appauvrit sous prétexte de l'analyser et de l'expliquer. L'acte de réflexion n'est pas un phénomène juxtaposé, sans liaison interne, à d'autres phénomènes ; l'homme y est à la fois, et sans qu'on puisse isoler chacun de ces deux termes, sujet qui sent, pense ou agit, et spectateur de ses émotions, idées ou actions : et chacun des deux, sujet et spectateur, n'est pas ce qu'il serait s'il restait étranger à l'autre. Qu'on imagine entre eux une influence, mieux encore une pénétration de plus en plus étroite, que l'on reconnaisse encore un effort, un acte du sujet pensant dans cette démarche qui le rend spectateur de soi-même, et, à la limite, on concevra sans la comprendre peut-être, leur identité qui pratiquement est si vivement sentie ; et l'on éclaircira, sans lever tout le mystère, l'idée de ce libre-arbitre par lequel l'homme prend, théoriquement d'abord puis pratiquement, possession de soi-même. Autrement dit, l'analyse de la pensée réclame un objet et un sujet ; lorsque, dans le fait vraiment singulier de réflexion, l'esprit semble faire de soi-même un objet, il reste du moins le sujet qui s'observe et s'étudie.

[1] V. Bergson, *Essai sur les données immédiates de la Conscience*.

Or, l'objet, c'est la chose désormais inerte et froide, comme un cadavre que le scalpel va émietter ; bien naïf qui considérerait ensuite chaque fibre à la loupe pour y découvrir le principe de la vie, ou qui le nierait ensuite pour ne l'avoir pas trouvé dans sa dissection. Là est précisément l'illusion des sceptiques. Soit que, à la manière des sophistes, ils jouent avec les concepts ou avec les mots qui les traduisent, soit que par une critique plus profonde, ils dénoncent l'impuissance de la raison à se justifier elle-même ; c'est toujours et malgré tout la pensée objectivée et comme éteinte qu'ils considèrent. L'image en peut être fidèle comme une photographie ; mais ce n'est qu'une image et non la réalité vivante ; une réflexion nouvelle nous le montre en comparant l'objet primitif et son image. La vie est maintenant dans la pensée du sceptique, qui analyse, qui discute, qui conclut, et dont la moindre démarche est un acte de foi en sa propre valeur et autorité ; la vie est dans le sujet qui ne saurait s'échapper à soi-même.

Dira-t-on qu'il s'agit non de constater une nécessité subjective, mais de trouver un fondement objectif à la valeur de la raison et que, justement, le problème est insoluble ? L'argument vaudrait si la nécessité n'étreignait que le sujet individuel comme une hallucination maladive ou passagère. Mais l'hallucination même ne se conçoit que comme exception par rapport aux autres sujets ou aux autres états du même sujet. De plus, connaître ou sentir son hallucination ce n'est déjà plus être pleinement halluciné, puisqu'on ne croit plus à la présence réelle des fantômes de l'imagination. Une réflexion nouvelle devrait donc tôt ou tard m'affranchir de l'illusion, comme elle m'affranchit, quand elle est possible, d'une illusion sensible. Or, ici, je puis répéter indéfiniment ces efforts de réflexion critique sans y parvenir. Je ne puis arriver à nier ma pensée en me croyant halluciné parce que cela même en serait une affirmation ; et si je conçois d'autres sujets, je ne puis les concevoir que comme astreints à la même nécessité, car autrement ils n'existeraient pas pour moi. N'avons-nous pas là, au vrai sens des termes, une nécessité objective, un fondement objectif, puisque des objets ne peuvent exister que pour un sujet ? Et quand bien même il ne serait pas chimérique de chercher hors de la pensée, dans la chose en soi, un point d'appui initial à la raison, quelle assurance aurait-on jamais de l'avoir trouvée, ou de l'avoir écartée, sinon précisément une nécessité qui s'imposerait à la pensée et qui devrait la poursuivre jusque dans les efforts qu'elle ferait pour s'y soustraire ? C'est bien ce que nous présente la réflexion, puisque, tout en faisant de la pensée un objet d'analyse, elle est elle-même un acte de la pensée qui s'affirme.

Quoi qu'il en soit, ne suffirait-il pas à la morale d'établir qu'il existe pour toutes les volontés une semblable nécessité, et qu'elle étreint obstinément celles-là même qui font les efforts les plus audacieux ou les plus désespérés pour s'y soustraire ? Et c'est bien ainsi, en ces termes étroits et précis, que se pose le problème moral : Scepticisme ou Dogmatisme ? Doute ou Certitude ? Anarchie morale ou Obligation ?

C'est donc la volonté même, en son essence, comme tout à l'heure la pensée, qu'il faut analyser ou critiquer. Mais il faut ici, cela est évident, prendre la volonté au sens étroit du mot, c'est-à-dire comme forme *spéciale* de l'activité. Ce ne sera ni le principe métaphysique caché sous toutes les manifestations de l'être, ni même la spontanéité des êtres conscients. Qu'elle soit libre ou non, elle est autre chose que l'emportement de la passion ou le simple élan d'un désir irréfléchi ; les actions volontaires ne sont pas celles qui nous échappent, mais celles que nous produisons ou tout au moins que nous laissons aller après y avoir consenti et de notre plein gré, ce qui revient au même ; et si les autres relèvent dans certains cas de l'appréciation morale, c'est qu'au point de départ, ou à un moment quelconque de la série, se retrouve un consentement qui aurait pu être refusé. Vouloir, c'est agir exprès, et non malgré soi ; sur cette idée très simple, quelles que soient les discussions ultérieures, les psychologues sont d'accord aussi bien que les données du sens commun.

Agir en sachant ce que l'on fait, c'est agir avec réflexion ou après réflexion, car on ne peut attribuer qu'à la réflexion cette connaissance, vague ou précise, d'un état intérieur, des motifs ou mobiles de l'action. Et c'est bien par un retour sur soi-même que le sujet ému d'un désir sait qu'il désire, et visant un but sait qu'il le vise. Mais cette connaissance de soi n'est-elle pas ici un résultat d'un acte de volonté, au lieu d'en être la condition? N'a-t-il point déjà fallu arrêter l'élan de ce désir pour en prendre connaissance, interrompre l'action pour penser un but? Et la volonté n'est-elle pas d'abord, peut-être même uniquement, un pouvoir d'arrêt? Il y a là une équivoque. Sans doute la réflexion est déjà un acte, mais ce n'est pas toujours un acte déjà volontaire et qui résulte d'une intention consciente, puisque cette intention même impliquerait une réflexion antérieure. Chacun peut ensuite prendre l'habitude de réfléchir et rendre cette démarche plus fréquente, mais la réflexion est d'abord un effort naturel du sujet qui cherche à se saisir, c'est-à-dire à prendre possession de soi; et cet effort s'exerce d'abord, ceci encore est essentiel, dans le domaine théorique, parce que les idées sont plus maniables que les tendances et les désirs. La réflexion, qui est ainsi en principe une démarche intellectuelle, s'arrête souvent là, parce que les idées qu'elle a groupées ne peuvent se traduire en actions, ou parce que l'on se contente, pour la fantaisie ou pour la science, d'un jeu de représentations ou de concepts; il faut à la pensée un moindre effort pour combiner des représentations que pour combiner des mouvements ou des actions. Si elles se trouvent en conflit avec une foule d'autres idées ou d'images qui assiègent l'esprit, cependant la lutte est moins vive que sur le terrain plus étroit et plus encombré de la pratique ; des millions de germes coexistent là où il n'y aurait pas de place pour l'être adulte que chacun d'eux peut devenir. Et, chaque idée étant comme une tentative qui n'aboutit pas, l'esprit, qui en essaie ainsi des milliers en quelques instants, peut toujours reprendre l'une d'elles après l'avoir abandonnée ; au contraire, l'action une fois achevée est irrévocable. Les pensées abstraites n'échappent pas à cette loi : chacune d'elles est aussi un effort pour passer à l'acte ; chacune d'elles tend à devenir un centre d'attraction, accaparant les idées voisines, puis d'autres plus éloignées, puis des images, puis les mouvements qui y sont associés : conception, imagination, désir, action enfin ne sont que les étapes d'une même démarche progressive. Toutes les démarches commencées n'aboutissent pas, cela est certain; à chaque pas de nouveaux conflits surgissent; chacun des éléments sollicités, étant un centre possible d'attraction, résiste à ce progrès avant d'y contribuer. Aussi la plupart de ces essais en restent au premier effort, attendant une issue favorable sans pouvoir franchir les limites de la théorie proprement dite. Peu importe; le principe garde toute sa valeur; il y a continuité de la théorie à la pratique; une machine est un théorème ou une formule en action, comme le dit un philosophe contemporain. Quelle que soit la valeur du système philosophique des idées-forces, cette conception élémentaire confirmée par les inductions psychologiques et physiologiques les plus légitimes, exprime non une hypothèse, mais une loi de fait. Qu'on l'applique aux idées ou principes de la raison, et l'on verra se résoudre l'antinomie apparente entre Raison pratique et Raison théorique. La raison chez l'homme en effet, au sens propre du mot, est une activité spéciale, un effort supérieur; à l'origine, au point de départ pour ainsi dire, cet effort reste dans la théorie pure, c'est-à-dire ne réussit qu'à la mise en ordre, à la systématisation d'idées et d'images très simples ou très habituelles : sa puissance ne va pas au delà tout d'abord mais elle tend plus loin dans le même sens jusqu'aux actions et aux mouvements qui traduiraient ces idées et n'en seraient que le prolongement. Elle y réussit mieux de jour en jour, accaparant, attirant dans le système des éléments de plus en plus nombreux et complexes; ainsi s'ordonnent et se rangent sous sa loi non plus des mouvements inconscients, non plus seulement des représentations et des concepts, mais des actions complexes que ces concepts précèdent et expliquent, des actions réfléchies et volontaires. Voilà à l'œuvre la Raison pratique et voilà pourquoi elle est la Raison. Sans doute elle est plus à l'aise dans le domaine des idées où elle n'est pourtant pas, tant s'en faut, souveraine maîtresse;

souvent impuissante à conquérir l'action elle s'arrête à la contemplation ; toujours militante elle est rarement triomphante, ou ne remporte que de partielles victoires. Et comme les actions sont toujours, grâce à l'agitation des désirs, moins bien ordonnées que les idées, nous finissons par opposer ces deux ordres l'un à l'autre, et les deux raisons comme hétérogènes ou même contradictoires. C'est là qu'est l'erreur ; la Raison théorique est toujours, surtout quand les idées concernent directement l'avenir, tendue vers la pratique ; et c'est le même effort qui se continue des idées aux actes. A quel moment en effet aurait-elle donc changé de nature ? Où trouver cette substitution d'une raison à l'autre ? et s'il y avait substitution, pourquoi appeler du même nom des choses hétérogènes ? Faut-il voir dans la raison pratique une synthèse d'éléments dont chacun aurait perdu ses propriétés pour entrer dans un nouveau composé ? Cela ne serait vrai que s'il n'y avait pas un passage naturel de l'idée à l'action, et dans ce cas, on ne verrait pas comment l'action serait intelligible et comment elle mériterait le titre de raisonnable, voire même de rationnelle.

Ainsi la moindre volition, même réduite à ce minimum qu'il faudra dépasser, implique réflexion, tandis que toute réflexion n'est pas volontaire. Disons encore, si l'on veut, que la volonté commence là, dans ce premier effort, que cet effort n'est sans doute que la manifestation consécutive d'une raison qui se cherche ; et appelons volonté au sens large du mot cette spontanéité d'une raison d'abord inconsciente. Pourvu que l'on s'entende, les mots importent peu ; mais ceci va plus loin que l'analyse psychologique des conditions immédiates de l'action morale. Si l'on veut s'en tenir à cette analyse, il faudra parler seulement de cette volonté qui agit en sachant ce qu'elle fait, et qui ne serait rien sans la réflexion ; hors de là, il n'y a pas d'action qui intéresse l'œuvre morale.

Que l'on ne dise pas que la volonté ainsi définie ne saurait être libre, ni par conséquent, sujette du devoir. Sans doute, le déterminisme *a priori* prétend être l'expression de la Raison théorique elle-même ; n'est-ce pas au nom des principes de la science, c'est-à-dire d'un mécanisme rigoureux de concepts, qu'il exclut toute contingence ? Sans doute, le déterminisme *a posteriori* élimine le libre arbitre en expliquant chacun de nos actes, c'est-à-dire en montrant les raisons ou les idées plus ou moins complexes dont il est la résultante. Cela est fort spécieux. Acceptez le problème tel qu'il le pose, engagez-vous dans cette voie d'analyse, vous irez avec lui jusqu'au bout, vous n'y rencontrerez jamais le libre arbitre ; une fois objets de l'intelligence, les actions comme les idées ne sont plus que des faits, c'est-à-dire des termes prenant place dans un système d'autres termes, choses fixées et irrévocables, parce qu'elles sont passées, et qu'il n'y a pas de contingence dans le passé. Si nous y introduisons la contingence, ce n'est qu'en nous plaçant idéalement, par réflexion, au moment où l'action n'était pas encore un fait, où elle était à venir. Et inversement, quand l'avenir devient, grâce à l'induction, ou mieux aux prédictions de la science, objet d'idée arrêtée, terme explicable et expliqué, intelligible enfin, il est tout semblable au passé ; il ne peut plus être motif, ou si l'on veut, but de notre action ; c'est pure folie que de travailler à empêcher ou à réaliser une éclipse de soleil. Si tout l'avenir pouvait être prévu par chacun de nous comme les mouvements d'une planète par l'astronome, ce serait à la fois le triomphe de l'intelligence et la ruine de la volonté. Tout cela est assuré, et l'on ne comprend guère que le déterminisme rigoureux, intransigeant et décidé parle d'actions à faire ou à éviter, de préceptes, de conseils, de devoirs, de morale enfin ; tout déterminisme va logiquement jusqu'au fatalisme. Mais, et c'est ce qui explique cette inconséquence toujours renouvelée, ce n'est là qu'un côté des choses et il est impossible de s'y tenir indéfiniment. Tout est objet pour l'intelligence qui juge et raisonne, mais la volonté du plus déterministe des hommes est un sujet qui agit, et cette intelligence même, cette pensée, supérieure aux objets sur lesquels elle raisonne, est, elle aussi, un sujet agissant. L'idée est d'abord un acte ; je ne peux la penser sans en faire un objet, mais tout à l'heure elle n'était pas encore ; elle pouvait donc ne pas se produire. Pour le nier, il faudrait prendre comme établie une philosophie du continu qui effacerait toute différence entre le passé et l'avenir, comme entre le conscient et l'inconscient. C'est donc la production de l'idée même qui est contingente, et c'est d'abord dans le domaine de la pensée, de la Raison théorique qu'il faut placer la contingence et la création. Sans doute, on ne fait que reculer le mystère, et l'acte restera en sa source inintelligible, puisque le comprendre serait en faire un objet. Mais on voit du moins que le mystère est le même pour une raison que pour l'autre, et qu'il n'y a pas lieu de les opposer radicalement l'une à l'autre.

Lorsque l'imagination s'applique à l'art ou à la science au lieu d'être livrée aux hasards des ricochets d'idées, ne voyons-nous pas dans cet effort de création l'œuvre de la raison même qui se cherche, c'est-à-dire qui cherche un système intelligible et invente pour le construire? Quelques matériaux sont donnés, mais il faut trouver le plan, l'idée capitale et les pièces complémentaires. Et cette invention n'est pas de pur hasard, car elle ne serait pas ce qu'elle est sans cet effort de la raison tendue, et pour ainsi dire impatiente, raison vraiment impérieuse qui se sert du hasard au lieu d'y être absolument asservie. Cet acte est une réflexion; la raison, d'abord spontanée, simple instinct de systématisation, y prend conscience de soi. Elle a pour objets des termes déjà fixés, mais c'est pour faire jaillir quelque chose de nouveau qu'elle les mêle ou les sépare, les reprend, les combine, les tourmente de mille façons. La réflexion n'est donc pas ici la stérile et inerte contemplation d'un spectacle intérieur réglé d'avance. Voilà d'où il faut partir pour comprendre ou sentir en quoi consiste la volonté, et en quoi elle est libre. C'est là, dans le travail d'imagination, que nous saisissons le mieux l'acte inventeur et créateur de la raison; et ce sont des idées, des groupements d'idées qu'il faut inventer pour créer ensuite des actions, pour vouloir enfin. N'est-ce pas dans l'évocation ou invention des motifs que se trouve le libre arbitre d'après ses défenseurs les plus autorisés ? Concluons donc; c'est dans l'ordre théorique d'abord que le moi est cause ; ce sont mes idées, non ma vie, que ma conscience intellectuelle, autrement dit ma réflexion, rencontre tout d'abord. Elle est d'abord « la forme de ma connaissance » ; c'est ensuite qu'elle deviendra « la règle de ma vie [1] ».

---

[1] V. Rauh, *Essai sur les fondements métaphysiques de la morale*, et *Rev. de métaphysique*, I, p. 37-41-43, où ces termes sont présentés inversement par l'auteur.

Autrement, on ne saurait soutenir sans contradiction que la conscience morale, hiérarchiquement supérieure, n'est que le prolongement de la conscience logique, et que la certitude morale est justifiée par l'analyse des conditions de la connaissance. Sans doute, on peut essayer de lever la contradiction en disant que cette antériorité est idéale et que les deux consciences, coordonnées, non subordonnées, s'appliquent l'une à l'ordre inférieur de la connaissance, l'autre à l'ordre supérieur de la moralité ; on peut concevoir que, dans l'absolu, la nécessité logique soit l'œuvre d'une liberté à laquelle elle apparaît ensuite, dans le temps, comme nécessaire, enfin, que l'absolument premier nous échappe. Mais si l'on prétend en même temps se tenir à l'ordre positif de la moralité, il faut écarter ces conceptions plus ou moins mystiques. En effet, on ne voit plus ce que signifient les mots de liberté morale si nos actions ne sont pas voulues et réfléchies, ou pourquoi on appellerait morale une liberté qui ne serait que l'arbitraire, une conscience dont on ne sait plus si elle est raisonnable. Si la sainteté n'est pas comme une exaltation de la sagesse, si elle n'est pas intelligible ou concevable, pourquoi la déclarer respectable et supérieure à la sagesse ? La négation brutale venant de l'immoralisme ou de l'amoralisme, aura autant de droits que la foi arbitraire à une moralité inintelligible.

Sans doute, le postulat commun de la science et de la vie, de la vie morale pour mieux dire, c'est que le sujet est supérieur à l'objet, l'acte au fait. Mais cela même, nous n'en sommes assurés qu'en le pensant, en posant, ou mieux en rencontrant comme un objet cette nécessité même, non pas pénible, mais salutaire, sur laquelle s'appuiera ensuite avec confiance l'initiative du sujet. L'acte absolument premier nous est interdit ; pour nous élancer, il nous faut poser le pied sur le sol ; il faut la résistance de l'air aux ailes de la colombe légère. Autrement, comment parler de certitude ? Être certain sans l'être de quelque chose ou sans savoir de quoi, cela n'a plus de sens, et l'on ne sait plus où prendre la science ni la moralité. Si la conscience se contraint, c'est en s'opposant à une nature d'où elle semble émerger, et en lui résistant pour affirmer sa suprématie ; si la raison se veut elle-même, c'est qu'elle est devenue pour elle-même un objet ; l'acte de connaissance précède et conditionne l'autre. Et la difficulté consiste, non pas à montrer qu'il y a un acte supérieur, mais qu'il *faut* l'atteindre en partant de l'acte de la connaissance, et à convaincre celui qui prétendrait s'en tenir à la théorie pure et n'être que sage, capable ainsi de devenir fort savant en restant fort immoral. En d'autres termes, il faut se placer d'abord au point de vue du sage, parce que la morale est une théorie, non une prédication, un système d'idées, non un mystique entraînement. Que l'on aperçoive *ensuite* cette idéale communion du sage et du saint — auxquels il faudrait peut-être joindre l'artiste — cela est souhaitable, et même si l'on veut, inévitable, mais ils pourraient rester étrangers l'un à l'autre, ennemis peut-être — cela s'est vu — si l'on ne trouvait dans les conditions de la sagesse le point de départ commun. A l'un il faut montrer que la sagesse ou science est quelque chose ; à l'autre, il faut montrer qu'elle n'est pas tout, et que la pensée même qui la crée réclame davantage. Ce qui les rapprocherait le plus sûrement, ce serait donc une démonstration logique ; le saint ne peut y refuser son assentiment, et doit s'en réjouir au contraire ; et sans cela, le sage pourrait refuser son consentement à la moralité; n'est-ce pas précisément, aux époques de crise, l'inquiétude qui nous tourmente ? Et que sont, après tout, ces efforts pour faire accepter soit la primauté, soit l'équivalence de la Raison pratique et de la certitude morale, sinon des essais de démonstration, inutiles pour le saint, et destinés à convaincre le sage en lui présentant un système plus rationnel de pensées? Comment reconnaître qu'une volonté est raisonnable, sinon par la théorie? Comment surtout être certain du devoir et faire partager cette certitude, si l'on ne rencontre et si l'on ne fait toucher, comme un roc inébranlable, une *nécessité* devant laquelle le plus opiniâtre doive s'arrêter ? Cela ne suffira pas pour faire agir, mais cela devra suffire pour conclure et convaincre.

Évidemment il est possible, et fort souhaitable qu'au terme où au cours de cette démarche, le logicien pur découvre en soi-même ce dieu intérieur ou cette conscience plus haute qui, une fois donnée, implique la conscience logique comme condition ; alors seulement, il ira plus loin que la pensée ; il agira, parce qu'il aura la foi qui n'a plus besoin de la démonstration. Mais ceci n'est pas assuré d'avance et, surtout, dépasse la tâche d'une théorie morale; il faut distinguer, encore une fois, l'exposé méthodique des principes et l'entraînement des âmes, qui peut fort bien y être associé, mais qui peut aussi réussir par de tout autres moyens. A la théorie cherchée, que les exigences de l'esprit d'analyse et de critique réclament de plus en plus, il suffirait d'établir que, logiquement, c'est-à-dire pour la conscience intellectuelle, telle que la moindre affirmation la suppose, l'*idée* de devoir est nécessaire.

Il semble pourtant que ce soit, au contraire, la réflexion à outrance, l'analyse toujours plus aiguë et plus pénétrante qui ait ruiné ou ébranlé les dogmes moraux et découragé les âmes. Ne faut-il pas, pour croire et pour pratiquer, une simplicité de cœur, une force de sentiments naïfs, un élan spontané que vient paralyser l'observation trop curieuse de soi-même? N'est-ce pas cette manie de la réflexion qui détourne de l'action, et brise le ressort des volontés les plus robustes, en amusant l'esprit au pur spectacle des choses, et en le persuadant de la vanité de toute entreprise? Et ne faut-il pas, si l'on tient au devoir, dissuader les hommes de la réflexion, et retrouver, en soi et dans les autres, pour la faire jaillir plus vive et plus fraîche, la source des sentiments ingénus? Pensez le moins possible : la pensée est une dépravation ; agissez avec votre cœur : voilà le devoir. — De tels arguments ne persuadent que les convertis. Et le sentiment a ses faiblesses, ses accidents, ses dépravations, aussi bien que la pensée, et souvent pires. Si l'homme dont la pensée est fatiguée, comme anémiée par l'analyse, trouve le calme et un renouveau de vie en revenant au sentiment, il n'a pas encore recouvré la santé parfaite; il faudra pour cela qu'un jour ou l'autre cette pensée même reprenne son équilibre et sa force dans un système d'idées plus large et plus vrai; car le mal, qu'elle comprend en y réfléchissant, vient de l'étroitesse de cette analyse, non de la constitution de l'esprit. Si l'usage trop prolongé du microscope engendre des troubles de la vision, faut-il en accuser l'organe? Qu'au lieu de s'enfermer en soi-même et surtout dans la sensation présente, l'homme, par une réflexion nouvelle, se considère comme un élément dans un vaste ensemble, où d'autres êtres, objets de pensée eux aussi, réclament son attention ; mieux encore, que, dans l'analyse même, il reste et se sente un sujet actif et non un objet inerte ou un spectateur indolent ; c'est alors qu'il fera vraiment, pleinement, œuvre de pensée réfléchie, c'est-à-dire de synthèse aussi bien que d'analyse ; il mettra chaque terme à sa place dans le système de ses idées. Que d'autres remèdes, moraux et même physiques, soient souvent nécessaires pour rendre à la vie normale l'esprit atteint de ce mal d'analyse, cela est incontestable ; mais ils ne suffisent pas, puisqu'ils ne résolvent pas la contradiction logique, la souffrance ou le malaise de la pensée. C'est donc la réflexion qui sera ici salutaire, et qui seule retrouvera ou achèvera le véritable équilibre de l'esprit.

La réflexion, en effet, n'est-elle pas, dans le moindre de ses actes, un effort pour coordonner, en leur imposant la forme de la raison, d'abord des idées ou peut-être des mots, puis les tendances qui y sont associées et enfin les mouvements qui les traduiraient. Plus on prend des termes simples et bien définis, semblables par exemple aux abstractions mathémathiques, plus on a chance d'aboutir ; mais, que le succès soit plus ou moins facile, la démarche reste la même à tous les degrés. On trouverait sans doute dans les perceptions sensibles la première œuvre d'une réflexion encore mal assurée, d'une conscience qui tend à la réflexion et qui réussit déjà, sinon à se saisir elle-même, du moins à coordonner les pures sensations et à s'en donner le spectacle. Mais laissons toute discussion sur ce travail obscur où l'on doit chercher le passage du sensible à l'intelligible. Il est certain que réfléchir sur ces perceptions elles-mêmes, sur ces images que la vie courante accumule dans la mémoire, c'est tâcher de les coordonner, de classer tous ces matériaux, d'en faire un objet de spectacle de plus en plus satisfaisant, c'est-à-dire un ensemble de plus en plus intelligible; c'est s'efforcer, comme fait un enfant avec les pièces d'un jeu de patience, de construire un système où chacun ait sa place; c'est imposer autant que possible la forme de la raison à cette matière de la connaissance vulgaire. Voilà le commencement de l'œuvre de la science ou du moins la condition de tous les progrès; si l'expérience vient fournir incessamment de nouveaux matériaux, le travail scientifique est celui de la réflexion qui s'en empare pour élargir ou redresser le système, mieux encore qui les transforme au point de les rendre méconnaissables (comme il arrive pour certaines notions mathématiques) afin d'obtenir des symboles plus maniables, éléments d'un système plus rigoureux. Et l'expérience elle-même n'est-elle pas autant que possible organisée par cette réflexion qui y cherche avidemment, au risque de mécompte, les preuves d'une théorie, c'est-à-dire les pièces d'un système dont les cadres sont tout prêts? Si un système est substitué à un autre, n'est-ce pas parce qu'il offre à l'esprit un spectacle mieux ordonné, ou parce qu'il pourra seul faire partie de ce système idéal, et chimérique, qui serait la vérité totale.

Voilà, dans l'ordre théorique, le rôle de la réflexion, effort incessamment renouvelé de la raison pour prendre de plus en plus possession de tous les objets de la connaissance, ou mieux de toutes les images ou idées qui les représentent. Et s'il en est ainsi, quiconque entreprend de réfléchir sur ces représentations, accepte par là même la loi de la raison et témoigne du besoin de l'appliquer. De là la vanité, non seulement des théories, mais de toutes les tentatives de scepticisme radical. Le *Cogito* reste le point de départ nécessaire; nier la vérité ou en douter, c'est encore l'affirmer; cette condition idéale, cette obligation enchaîne l'esprit à chaque nouvelle démarche de réflexion. Il lui arrivera de se tromper, de prendre pour vérité un fragile échafaudage d'hypothèses : du moins il restera fidèle à sa loi; car c'est toujours la vérité qu'il cherche; il n'est avide et heureux que de vérité. N'est-ce pas la seule obligation absolue qui s'impose à celui qui est entré dans le domaine de la science, la loi de conscience inflexible aussi bien pour le savant qui domine son siècle de sa gloire que pour le plus humble des étudiants? L'erreur est moins funeste au progrès de la science que le parti pris de faire servir la vérité comme l'erreur à une fin étrangère. Et personne ne tenterait de justifier théoriquement un tel parti pris, c'est-à-dire de poser comme règle, qu'il n'y a pas de règle à respecter. Le contenu de nos affirmations, même légitimes, peut être fort variable; la vérité d'un siècle est l'erreur du suivant; mais la forme, qui en est la loi, est absolue. Et cette loi, c'est l'acte même de la réflexion qui la pose.

Il en est de même au point de vue de l'art ou de la critique esthétique. Réfléchir, au lieu de s'y abandonner, à ses émotions et à ses sensations en tant qu'elles sont affectives, s'en donner le spectacle et y chercher ou y mettre un ordre qui plaise à l'esprit, c'est faire œuvre de critique et exercer son goût. Soumettre l'imagination à la réflexion ou plutôt les unir étroitement, en s'efforçant de construire des systèmes nouveaux d'images, de sensations, d'idées, d'émotions ou de mouvements, c'est faire œuvre d'art. Dans l'un comme dans l'autre cas, on dépasse la spontanéité pure; et par là, par cette réflexion, on accepte une condition, on se donne une loi qui domine toutes les démarches ultérieures. On déclare en quelque sorte qu'on ne recherchera pas simplement le plaisir, quel qu'il soit, mais un plaisir d'un certain ordre où l'intelligence a sa part, plus ou moins bien définie mais incontestable, le plaisir que donne le beau. C'est comme la règle de ce jeu esthétique; quiconque se proposera d'être artiste, critique, ou simplement amateur se soumettra à cette loi de conscience esthétique. Rien ne serait funeste comme l'oubli de ce devoir, et le parti pris d'asservir ses jugements et ses œuvres à un intérêt étranger, à la mode, à un succès de vanité ou d'argent : ce serait la négation même de l'art. Le contenu de ces jugements peut être infiniment variable sans qu'ils cessent d'être légitimes ; mais la forme, c'est-à-dire la loi, reste constante, et c'est la réflexion qui le pose. Ici encore il y a une véritable obligation, relative puisqu'on peut refuser d'entrer dans le domaine de l'art comme dans celui de la science, mais obligation réelle et impérieuse pour celui qui en a franchi le seuil.

Enfin, il en est de même pour la pratique proprement dite. Si l'homme, pressé par les nécessités de la vie, ou posant sans discussion préalable l'intérêt comme règle, y subordonne toutes ses facultés, si la raison réfléchie est servante au lieu d'être libre, la pratique se réduira tout entière à l'art utilitaire, à l'industrie. Mais si l'industrie est légitime et nécessaire, il n'est ni évident ni démontré qu'elle le soit seule et qu'elle ne doive pas être, comme un système partiel, subordonnée à un système d'actions plus large et qui serait vraiment rationnel. Il suffit, pour l'y réduire, d'appliquer la réflexion en toute liberté ou en toute rigueur à la pratique. D'abord, il est évident que réfléchir sur le souvenir des actions passées, des siennes ou de celles des autres, c'est chercher à les expliquer comme des faits, à les rendre intelligibles, à les présenter en un tableau bien ordonné, comme se le proposent le juge ou l'historien. Mais ce n'est pas tout ; ni le juge, ni même l'historien, ni surtout l'auteur d'une action passée ne peuvent écarter cette idée qu'elle aurait pu être autre, et que toute une partie du tableau eût été différente ; et de même pour chacune des actions qui forment les pièces de ce système. Et voilà que d'autres systèmes apparaissent, œuvres d'imagination sans doute, mais entre lesquels l'esprit qui y réfléchit choisit celui qui semble le mieux conçu, le plus rationnel, pour le substituer idéalement à celui des faits. Le contraste, souvent violent, entre cet idéal qui aurait pu être et le réel qui a pris la place, est pénible pour la raison, convaincue ainsi d'impuissance pratique. Voilà encore l'œuvre naturelle de la réflexion, ou plutôt voilà ce que serait cette œuvre si elle n'était gênée ou asservie par les impulsions sensibles.

Appliquée à l'avenir, elle est aussi manifeste et d'un intérêt plus saisissant parce que les actions à venir apparaissent, non pas rétrospectivement, mais actuellement, comme contingentes. Penser à mon propre avenir, ce n'est donc pas seulement, comme fait l'astronome, chercher la suite nécessaire d'un ordre idéal de phénomènes ; ce n'est pas seulement penser à ce qui m'arrivera et essayer de le deviner ; c'est aussi penser à ce que je ferai, c'est réfléchir sur mes tendances, désirs ou intentions; spectateur et acteur sont ici inséparables. Mais c'est en même temps chercher, pour ces intentions et pour les actions à venir, l'arrangement le plus satisfaisant, celui qui offrirait le spectacle le plus rationnel. Si réfléchir aux images déjà fixées ce n'est pas se contenter de les photographier isolément, mais s'efforcer de les systématiser, nous ne pouvons, à plus forte raison, réfléchir à nos intentions sans travailler déjà à les coordonner. Mais regardons les choses de plus près. Dans l'œuvre de la science, des éléments sont fournis par l'expérience; le rôle de la réflexion est de chercher, pour les assembler, des hypothèses de plus en plus satisfaisantes. Ici, les éléments donnés et fixes semblent manquer, puisque nos intentions et même nos désirs sont modifiables. Il y a des données pourtant, c'est-à-dire des limites : ce sont le tempérament physique, la constitution intellectuelle et morale, le passé de l'individu, certaines habitudes invétérées et presque immuables, le milieu physique ou social, enfin tous les éléments de cette solidarité morale que l'individu ne peut espérer transformer.

Le parallèle se poursuit donc ; et si le succès est souvent plus difficile parce que les éléments sont plus complexes et moins maniables, si la vérification objective paraît faire défaut, ou plutôt si elle est moins facile à saisir, cette démarche de la réflexion tend toujours au même but : systématiser. Ici encore, celui qui l'a une fois entreprise ne peut, sans inconséquence, s'arrêter en chemin ni, sans absurdité, supprimer toute loi ou en substituer une autre à celle de la raison. Ces tentatives mêmes, comme celles du sceptique, ne feraient qu'affirmer encore, par un nouvel effort de réflexion, l'inévitable autorité de la raison dont on prétendait s'affranchir. Réflexion et raison, raison militante tout au moins, sont indissolublement liées. Poser comme seule règle des actions le plaisir, l'intérêt individuel ou social, c'est donc introduire arbitrairement un principe à côté d'un autre, un *credo quia absurdum*. Le sceptique moral, c'est-à-dire presque toujours, en fait, l'égoïste peut donc se laisser aller à toutes les fantaisies de ses désirs ; il ne saurait démontrer son scepticisme, ni s'y tenir, s'il raisonne et réfléchit. Une condition s'impose à quiconque juge de la valeur des actions ou y réfléchit pour agir lui-même, c'est d'accepter la forme de la raison. Le contenu de ces jugements et de ces intentions pourra être infiniment variable, et les erreurs ou divergences innombrables ; du moins la forme reste la même, invariable, impérieuse, parce qu'elle est logiquement nécessaire. Et cette loi, n'est-ce pas précisément le minimum essentiel de la conscience morale, n'est-ce pas l'obligation? Mais cette obligation est-elle encore relative et conditionnelle, s'imposant seulement à qui prétend franchir le seuil d'un domaine réservé? Non pas, car si un homme peut, à tort ou à raison, refuser d'être savant ou artiste, il ne peut pas, en fait, s'abstenir d'agir avec réflexion, de juger ses actions et celles d'autrui, de vouloir enfin ; il faudrait pour cela qu'il cessât d'être homme, comme il arrive dans l'aliénation. La limite, dira-t-on, est difficile à fixer. Peu importe; il suffit manifestement que l'obligation morale tienne au caractère principal, à la différence spécifique de l'homme, ou encore qu'elle apparaisse à mesure qu'apparaît la réflexion ; car ainsi elle s'impose d'une façon d'autant plus rigoureuse et pressante à celui qui, par une réflexion plus subtile, essaie de s'y soustraire.

Semblera-t-il qu'ainsi la moralité a une base trop étroite et qu'on enferme l'individu en lui-même? Non, car il ne s'agit jusqu'ici que de la forme de l'action morale, et pas encore de ses objets ou de son contenu ; et nous verrons que la réflexion même, en vertu de sa propre loi, doit considérer l'homme avec tous les éléments de sa nature et toutes ses relations sociales, afin de lui donner sa place, ni plus ni moins, dans le système plus large de la société ou même de l'univers [1].

L'essentiel, en ce qui concerne l'obligation, est qu'elle tient aux mêmes conditions que la loi de la science ou celle de l'art. On voit l'erreur de ceux qui ont pensé la nier au nom de la science, ou la faire dériver des résultats acquis, du contenu de la science. Ainsi posée, la question serait insoluble ; disons plutôt qu'elle n'a pas de sens. Constater ce qui est ou l'expliquer ne peut ni dispenser d'une règle d'action, ni commander d'agir ; cela est d'un autre ordre. A diverses reprises, et récemment encore, sinon aujourd'hui même, l'humanité cultivée a vécu sur cette foi à la science objective, au contenu idéal de la science. Au nom de la science on lui promettait pour l'avenir, ou on lui annonçait comme découverte une règle de conduite qui serait aussi une garantie du bonheur, règle définitive, bonheur infaillible, puisque l'un et l'autre ne seraient que des applications de l'immuable vérité. Rapports des nombres ou des figures, lois des mouvements, lois des combinaisons ou dissociations des éléments, lois de la vie, lois des faits de conscience enfin scientifiquement établies, lois des faits sociaux : à mesure

---

[1] V. Kant, *Considérations sur la nature du sentiment du Beau et du Sublime* : « L'homme, dit-il, doit s'aimer seulement comme partie d'un « tout. »

que la science conquérait ces différentes étapes de la réalité, il semblait qu'elle dût trouver dans ces lois de faits la loi de l'action. Et, cela va de soi, jamais cette assurance n'a paru plus légitime qu'au moment où les études morales et sociales semblaient se transformer en véritables sciences. Pourtant, cette fois comme les autres, ces espérances étaient téméraires. Il y a en effet, dans l'esprit de ceux qui demandent au contenu de la science le principe de la moralité, une double illusion. D'une part, prenant le plaisir comme seule donnée subjective irréductible, ils en viennent — étrange contradiction — à définir le bien par l'utilité sociale ou, si ces mots peuvent avoir un sens, par un intérêt cosmique, comme si tous les individus étaient déjà en fait et devaient toujours être avides de dévouement et de sacrifice. De l'autre, ils semblent compter que la connaissance de la vérité positive suffirait à la moralité, comme si tous les hommes étaient ou devaient être des Spinosa, désireux de contempler les choses *sub specie æternitatis*, impuissants à y rien changer et heureux de cette impuissance même. Si le mécanisme social, mental, biologique ou physique réalise une série de mouvements dont l'avenir est à chaque instant aussi bien fixé que l'est son passé, l'action, l'initiative ne sont qu'illusion, et il n'y a pas de règle à chercher. Si, au contraire, l'homme reste un sujet, limité mais non paralysé par ce mécanisme, ce n'est pas la constatation de ces limites qui dira comment il doit se mouvoir dans l'espace laissé libre, ni s'il doit s'y mouvoir. Il n'y a donc pas à espérer de ce côté une solution au problème moral. Tout s'arrange au contraire et se concilie si l'on cherche, non dans les produits, mais dans les racines de la science les conditions de la moralité, quitte à reconnaître ensuite, s'il le faut, que la science n'est elle-même qu'une tige de la moralité. En effet, prendre conscience de cette loi subjective du travail de l'esprit qui est la forme de la science, c'est saisir en même temps la racine de l'obligation pratique qui est la forme de la moralité. La loi pratique du savant c'est le respect et l'amour de la vérité; la règle logique du sage, c'est l'accord idéal des actions entre elles. La vertu dans sa forme est un effort de logique en action; la science est une moralité dans les idées et les jugements. Et l'on rencontre ainsi, après être parti d'un autre principe, et avec l'espoir de les coordonner entre elles, les théories modernes qui ont aussi rapproché la logique et la morale[1].

A mesure que le parallèle se poursuit, ces idées se confirment. Pour l'homme de science comme pour l'homme de bien — ou celui qui veut l'être — l'obligation est double:

1° Il faut qu'ils soient sincères. L'un doit, même au dedans de soi, n'affirmer que ce qu'il croit vrai et affirmer tout ce qu'il croit vrai; l'autre doit ne faire que ce qu'il croit bon, et faire tout ce qu'il croit bon. Restent, sans doute, des risques d'erreur et peut-être de faute; mais cela n'intéresse que le contenu du jugement ou de l'action. Le manque de droiture, la fausseté pratique ou théorique atteindrait la forme même, l'essence de l'action; ce serait la négation de la science comme de la moralité. Ainsi, l'accumulation des connaissances ne suffit pas, cela est évident pour la moralité; cela n'est pas moins vrai pour la science;

2° Il faut qu'ils travaillent à s'instruire. L'un doit contrôler, rectifier, éclaircir ses jugements par des connais-

---

[1] Par exemple celles de M. Littré, de M. Paulhan, de M. Tarde, etc.

sances nouvelles ; ne plus rien apprendre, c'est manquer à son devoir de savant et risquer de s'enfermer volontairement dans l'erreur, car la science n'est jamais achevée ; elle est dans un perpétuel devenir vers un idéal qui recule indéfiniment : il n'y a pas de science morte. L'autre, l'homme de bien, doit aussi sans cesse s'ingénier et apprendre pour mieux faire ; la routine n'est pas vertu, et l'excitation à de nouveaux efforts ne peut venir que d'idées nouvelles. L'homme de bonne volonté qui se connaît davantage et connaît davantage les autres et la nature même, peut mieux faire aussi ; j'entends non seulement qu'il peut rendre plus de services, être plus utile, mais qu'il peut mieux agir au sens étroit du mot ; son effort est plus large, plus complet ; il est plus près d'agir avec son âme tout entière, σὺν ὅλῃ τῇ ψυχῇ ; il est plus près de la possession de soi, de l'autonomie. Son acte a plus de valeur, non parce qu'il a plus de sincérité, d'intégrité, mais parce qu'il enveloppe dans une même unité une multiplicité plus grande ; il se rapproche ainsi de l'idéal où la forme l'emporterait sur la matière, où il n'y aurait plus rien en lui de mort ni de virtuel. Il est donc meilleur en soi-même étant plus instruit ; il est aussi meilleur pour les autres ; et, réciproquement, faisant plus de bien aux autres il vaut plus en soi-même ; les deux choses ne se séparent pas. L'ascète solitaire n'est pas pleinement vertueux ; il ne vaut pas celui qui reste dans la mêlée pour donner l'exemple du courage ; et celui qui est bienfaisant devient aussi meilleur ; lui seul, à vrai dire, est vraiment bon. Mais, pour faire plus de bien aux autres, il faut plus de savoir : donner l'aumône de bon cœur est bien ; pratiquer et organiser l'assistance par le travail est infiniment mieux ; on vaut plus déployant plus d'initiative et plus d'efforts ; on fait plus de bien, et c'est même seulement ainsi qu'on est assuré de faire le bien. En résumé, la volonté ne va pas sans intelligence, ni l'effort de la bonne volonté sans un effort pour s'instruire sur soi-même, sur les autres, ou sur les données matérielles des actions. Tout cela semble clair et se manifeste tous les jours dans la vie sociale ; il suffit de le rappeler, mais il faut le rappeler pour écarter un formalisme dont l'apparente rigueur logique a séduit tant d'esprits. Que, d'autre part, s'il s'agit d'estimer le mérite de chacun, on ne tienne compte que de l'écart entre son point de départ et son point d'arrivée, cela sera sans doute équitable ; mais l'idée même de ce progrès ne se conçoit que si un but ou du moins une direction est fixée ; l'intelligence a donc toujours un rôle nécessaire, la sincérité toute nue ne suffit pas ; cela est évident pour la science, mais cela est vrai aussi pour la moralité.

L'analogie ne se dément pas jusqu'ici, et les conditions essentielles, formelles de la moralité comme de la science, se trouvent impliquées dans l'acte de réflexion qui est le principe de l'une et de l'autre. Pareille comparaison pourrait être faite de la moralité et de l'art, et l'on verrait de même apparaître pour l'artiste une double obligation. Il faut que lui aussi soit sincère, affranchi de tout artifice, décidé à ne réaliser ou à n'admirer que le beau, c'est-à-dire ce que loyalement il jugera tel, et à le saluer partout où il le rencontrera. Il pourra se tromper, mais il restera un artiste ; hors de là, même avec du talent, il ne sera qu'un habile faiseur ou un industriel. Il faut, d'autre part, qu'il apprenne, qu'il s'instruise pour trouver mieux ou autre chose, pour se renouveler et créer sans cesse ; s'arrêter ou s'en tenir à la routine d'un métier acquis, se répéter en des œuvres ou en des formules fixées que rien ne vient rajeunir et vivifier, ce n'est plus être artiste. L'art c'est la vie, surtout la vie chez celui qui crée par le génie ou le talent, ou qui jouit, par un sentiment toujours curieux, de ces créations.

Ainsi, dans chacun de ces trois domaines, l'homme est lié dès les premiers pas par sa propre démarche; on est en droit d'attendre ou de réclamer de lui quelque chose pour l'avenir; il *doit* au double sens du mot. Et cela tient à ce que, réfléchissant à ses affirmations, œuvres, ou actions, il tend, par là-même, à les systématiser et s'engage à les soumettre à un critérium de raison. Si varié que soit le contenu ou l'objet de l'activité réfléchie, la forme reste subjectivement la même, et c'est l'inévitable nécessité de cette forme qui constitue le fait de l'obligation.

Reste toujours une différence qui oppose la moralité à l'art et à la science, ou plutôt qui tient à ce que le domaine de la pratique, plus vaste que ceux de la théorie et de l'art, les embrasse l'un et l'autre. Nous l'avons dit, en effet ; chacun de nous peut ne pas prétendre à devenir un savant, un artiste ou un homme de goût, et échapper ainsi aux liens de la conscience scientifique ou esthétique ; libre à lui de s'en tenir aux préjugés, d'en changer à chaque instant, d'affirmer le miracle, de nier les lois de la nature, de croire à la toute-puissance du hasard, ou plutôt d'être indifférent à toute découverte ou démonstration de la vérité ; il devra seulement ne pas se prétendre savant et le savant ne s'adressera pas à lui. Libre à lui de passer sans émotion, ni curiosité devant les merveilles de la nature ou les chefs-d'œuvre de l'art, à plus forte raison de n'être ni artiste ni critique ; les critiques et les artistes ne compteront pas avec lui. Mais il n'est pas libre d'agir ou non, ni d'agir sans réflexion ; il ne peut surtout pas essayer de réclamer cette extrême et extravagante liberté, puisqu'il se lierait ainsi pour tout l'avenir.

Et de ces conditions impérieuses de la pratique, où il est imposible de s'abstenir, résulte entre les obligations une autre différence. Le savant peut suspendre indéfiniment son jugement, et l'artiste son œuvre ; à prendre les choses strictement, ils ne doivent donc pas affirmer ou livrer au public ce qu'ils ne jugent que partiellement vrai ou beau. Il ne suffit pas d'avoir fait son possible de bonne volonté ; il faut avoir réussi et rencontré une vérité et une beauté objectives ou que l'on juge telles, car, si on en doute encore, il faut travailler encore jusqu'à démonstration ou achèvement. Autrement dit, la valeur du contenu est ici nécessaire autant que celle de la forme. Il n'en va pas de même dans la pratique ; le moment venu, même si l'on est assuré qu'on pourrait objectivement mieux faire en étant plus instruit ou en différant l'action, il faut agir et se décider ; et c'est de cette décision seule, de cette intention qu'il pourra être demandé compte. Faire de son mieux suffit donc ici. Sans doute, on pourra regretter que l'auteur de l'action n'ait pas été plus savant, il pourra se reprocher de n'avoir pas auparavant travaillé à s'instruire, et il devra se sentir pour l'avenir obligé à cet effort ; il reste donc établi que le contenu de l'action n'est pas indifférent et que la volonté et l'obligation de toujours mieux faire impliquent volonté et obligation de chercher à savoir davantage. Mais aussi, pour une action prise à part, au moment où elle va être faite, c'est à la forme seule que s'applique l'obligation ; et comme, pour l'avenir même, chacun de nous ne peut pas garantir qu'il aura toute la science souhaitable, mais seulement qu'il s'efforcera de l'acquérir. comme il faudra encore agir avant de connaitre toutes les conditions et toutes les conséquences de ses actions, c'est toujours des intentions seules qu'il est question ; il faut à chaque instant viser un bien objectif et idéal; mais il n'y a d'autre devoir que de le viser en y mettant tout son effort ; celui qui ensuite manque de l'atteindre peut réaliser du moins un bien moral et satisfaire à toute l'obligation, être un homme de bien. Au contraire, pour être un savant, ce n'est pas assez de cet effort d'étudiant qui est humainement nécessaire; les affirmations loyales ne suffisent pas à la science ; il faut des affirmations vraies ; c'est un contenu déterminé, et celui-là seul qui est nécessaire.

Ces différences sont nettes. Elles sont moins profondes aussi qu'il ne semble ; ou plutôt il faut distinguer. Il est vrai que le savant doit atteindre un succès objectif qui n'est pas nécessaire à l'homme de bien. Cependant, de cette bonne volonté qui suffit à la moralité, même si elle manque son objet, il reste quelque chose, un résultat désormais fixé, une habitude qui facilitera une autre fois le succès et qui est déjà socialement utile. D'autre part, la vérité fixée en des résultats et des formules n'est rien sans l'action et l'initiative toujours présente d'un sujet qui la pense et ne la peut comprendre qu'en la créant à son tour ; la science n'est rien sans le savant ; on l'oublie trop quand on oppose le contenu positif de la science au mystérieux effort de la moralité. Mais s'il faut, d'un côté comme de l'autre, un objet représenté et un effort d'action, le rapport entre ces deux termes est, de l'un à l'autre, renversé. Ici c'est l'acte, c'est-à-dire l'avenir; et là c'est l'objet, c'est-à-dire le passé, qui reste au second plan. Mais si l'on veut trouver la source, aussi bien de la science que de la vertu, c'est dans le sujet qu'il la faut chercher, dans un acte qui tend à l'avenir. Et la démarche du savant lui-même est un acte qui doit être apprécié comme tel, et qui tombe sous la loi de l'obligation *morale*. Cet homme que tout à l'heure nous déclarions libre vis-à-vis de la science, qui pouvait rester hors de son domaine et échapper à sa loi, ne va-t-il pas, par cet acte même, manquer à sa propre dignité, manquer à la raison qui réclame la systématisation la plus haute de ses actions et ne devra-t-il pas, au nom de la moralité, c'est-à-dire de la loi *générale* des actions, accepter l'autorité de la science, peut-être travailler à son œuvre ? Voilà comment l'obligation morale est la garantie la plus sûre du respect que réclament la science et l'art, qui ne saurait ici en être séparé. Ainsi se résout cet apparent conflit entre la science et la moralité. Le contenu de la science et ses résultats ne sauraient être subordonnés aux commandements de la moralité ; il faut les prendre comme ils sont donnés, et, à mesure qu'ils sont déterminés, ils deviennent des éléments nouveaux pour une action morale de jour en jour plus complexe ; mais, d'autre part, la place à faire dans la vie à la recherche scientifique, le temps à lui consacrer, le rôle qu'il faut assigner au savant, tout cela dépend des lois et règles de l'action ; et, pour fixer ces lois, les résultats de la science peuvent être des conditions utiles, nécessaires même, jamais suffisantes.

Ainsi, enfin, peut se résoudre le conflit entre la Nature et la Moralité. Il est vrai qu'en un sens ces deux termes s'opposent ; se laisser aller sans effort aux désirs naturels, aux appétits, aux habitudes, en un mot au mécanisme de la nature innée ou acquise, c'est tout le contraire de la vertu. Non seulement il faut supprimer ou réfréner en soi certains penchants, ou en développer d'autres par l'effort comme le réclament, à des degrés divers, toutes les morales, même les plus naturalistes ; mais les bons instincts, la nature socialement bonne n'est pas morale par elle-même ; elle ne le devient que par l'effort réfléchi du sujet qui en prend possession et lui imprime la marque de sa personnalité. Mieux encore, les habitudes qu'on appelle morales parce qu'elles sont œuvres de volonté et laborieusement conquises, perdent cette valeur quand elles deviennent routine et qu'elles ne sont plus à chaque instant renouvelées, vivifiées par un nouvel effort. C'est la volonté vivante et créatrice qui est morale, ce n'est pas un mécanisme inerte, ni même une facile spontanéité qui ne sait que recommencer les mêmes actes. Tout cela est hors de doute ; c'est ce qui fait la valeur du formalisme, chrétien ou kantien ; et l'on a raison d'opposer en ce sens l'homme nouveau au vieil homme, la vertu à l'instinct ou à la passion, la Moralité à la Nature. Qui ne trouve rien, qui ne crée rien en soi-même n'est pas vertueux. Mais n'oublions pas que ce formalisme risque d'aboutir à un étroit et stérile parti pris mystique, pour tourner facilement à une forme de l'égoïsme ; et regardons de plus près cette opposition entre la Nature et la Moralité.

1° Le terme de *Nature* est assez équivoque. D'après ce qui précède, la Nature, même en y faisant rentrer l'habitude, pourrait être considérée comme une matière donnée, et, en somme, indifférente ici, puisque la vigueur de l'effort moral ou créateur ne dépend pas du point de départ. Pourtant, le formalisme va plus loin, et au risque d'inconséquences ultérieures, déclare que la Nature est mauvaise. N'est-ce pas avouer qu'elle pourrait être bonne, en disant que tout mal, par conséquent tout bien aussi, n'est pas dans l'acte formel du sujet? Ne faudra-t-il pas, au moins humainement, reconnaître qu'il y a des degrés et des différences? que tous les instincts et toutes les habitudes ne sont pas également obstacles à l'acte moral? mieux encore, que certains d'entre eux, comme la férocité naturelle ou la tendance homicide y résistent, peut-être le paralysent, tandis que d'autres, comme les élans généreux du cœur ou la résignation acquise le favorisent et peut-être lui assurent le succès? Il est inutile d'insister; il faut renoncer, ici aussi, à prendre en toute rigueur la thèse de l'*homo duplex*, dont les deux parties, solidaires du reste, seraient absolument irréconciliables. La Nature est parfois docile ou malléable, ou même toute prête à seconder l'effort moral, et semble impatiente de contribuer à son œuvre, comme si, dans l'effort inconscient de ses obscurs instincts, elle était déjà avide de Moralité. Et qu'est-ce donc que les bonnes habitudes, sinon le prolongement de l'acte moral qui, autrement, disparaîtrait comme un phénomène dans l'irrévocable passé? N'est-ce pas une nature engendrée par l'effort, et qui, en retenant tout ce qui peut être conservé, reste prête à de nouveaux actes semblables? N'est-ce pas encore le témoignage évident de ce fait, qu'il n'y a pas entre la Nature et la Moralité, un antagonisme radical, une absolue discontinuité, mais qu'elles peuvent se rejoindre, au-dessous du fossé qui semble les séparer? Ne peut-on pas dire que la Nature n'est pas la négation pure de la Moralité, et comme l'ombre, nécessaire du reste, qui résiste à la lumière, mais qu'il y a aussi en elle des puissances positives de moralité et comme d'obscures et irrécusables clartés ?

Nous avons trouvé dans la réflexion, en y reconnaissant à côté de l'analyse un effort de synthèse rationnelle, la source de la Moralité. Mais cette réflexion, si mystérieux qu'en soit le principe, n'est-elle pas, pour l'esprit qui s'en rend compte et réfléchit sur cet acte même, n'est-elle pas, dis-je, une forme supérieure de la Nature? Irréductible, sans doute, aux autres formes comme chacune de celles-ci à ses inférieures, pourquoi dirait-on qu'elle leur est radicalement contraire? Cohésion, affinité, vie, conscience, pensée, ne doit-on pas reconnaître, à ces étages divers de la réalité, des expressions, ou mieux des efforts de plus en plus heureux d'une raison qui s'affirme ou qui se cherche, avec une part variable de contingence, qui, dans un sujet réfléchissant, s'appellera Liberté? Et chacun de ces efforts ne trouve-t-il pas dans les résultats de ceux qui le précèdent ses conditions, non suffisantes, mais nécessaires? Ou n'est-il pas plutôt comme un acte qui réussirait à achever, dans une systématisation plus haute, ce que les forces inférieures n'ont pu qu'ébaucher? Si les résultats, une fois fixés, une fois devenus objets à connaître, apparaissent comme les éléments d'un seul et universel mécanisme, ne faut-il pas penser aussi qu'à l'autre point de vue, au point de vue d'une conscience qui verrait les choses du dedans et subjectivement, il y a entre ces efforts et ces actes, avec des succès fort inégaux, une tendance à l'universelle harmonie? Quoi qu'il en soit, si nous devons maintenir la différence entre l'objet et le sujet, le fait et l'acte, le passé et l'avenir, mystérieusement unis dans l'insaisissable présent, il ne convient pas d'opposer radicalement la Nature et la Moralité; et en voici pour la théorie morale une première et grave conséquence.

En effet, s'il en est ainsi, nous ne devons plus, comme le fait le formalisme, enfermer le sujet dans cette citadelle escarpée où se réfugient un Zénon ou un Kant, au risque de donner à la raison au moins l'apparence de l'orgueil ou de l'égoïsme. La réflexion agissante, comme la réflexion spéculative, tend à une systématisation aussi rigoureuse, mais aussi large que possible; et c'est dans la nature qu'elle en trouve les éléments nécessaires, dont quelques-uns sont déjà tout prêts pour son œuvre : n'est-il pas évident que cette œuvre sera, toutes choses égales d'ailleurs, plus grande et plus belle, si la nature ainsi disciplinée est plus variée et plus riche, si l'effort moral réussit à coordonner plus d'idées, plus de sentiments, plus de désirs, plus d'habitudes? En chacun de nous, cette démarche tend donc normalement non à mutiler la nature, mais à conserver et même à développer ces forces qu'elle devra discipliner et diriger, comme ferait d'un orchestre un musicien. Ce n'est pas assez : non seulement l'individu est pris tout entier, avec toutes les forces de sa nature, mais il n'est pas séparé, par l'acte moral obligatoire, de la société dont il est, naturellement encore, solidaire. Ses facultés supérieures, ses sentiments, son intelligence, sa volonté même ne peuvent se développer que grâce à la société; et l'isolement, quand il ne le condamnerait pas à la mort physique, serait funeste à la vie morale. Lorsque, se donnant par la réflexion le spectacle des choses, il se détache idéalement de la société et se pose en face d'elle pour la juger, il peut sans doute et il doit lui demander ses titres moraux, et lui refuser le droit d'obliger au nom de sa force et de sa masse ; mais il doit aussi y reconnaître une condition nécessaire de l'œuvre morale, le terrain nécessaire à l'épanouissement de ses sentiments les plus larges et les plus rationnels. Et il n'y doit pas voir, par un dilettantisme raffiné, une simple occasion d'exercer ses forces en se regardant faire ; ce dandysme sec et stérile, cet athlétisme de sport n'ont pas de quoi contenter sa raison ; elle réclame qu'il se livre consciemment, mais sincèrement, naïvement aux sentiments altruistes, par lesquels sa Nature se hausse déjà vers la Moralité. C'est qu'elle se reconnaît en ses sentiments ; elle y retrouve, avec l'efficacité qui lui manque souvent à elle-même, le besoin de synthèse et de systématisation, c'est-à-dire sa propre activité. Que ces instincts souvent confus risquent d'être mal dirigés, mal coordonnés, qu'il faille un contrôle rationnel et une discipline, cela n'est pas douteux : la morale du cœur est insuffisante ; mais il est certain aussi qu'il n'y a pas en principe antagonisme, ni même hétérogénéité entre l'instinct social et la raison. C'est une même tendance à l'unité et à l'harmonie, là plus obscure, plus étroite et plus gauche, mais plus intense aussi et plus ardente ; ici moins pressante, moins décisive, mais plus clairvoyante aussi et mieux équilibrée. Il y a de la raison déjà dans cet irrésistible besoin qui rapproche les hommes, et même les êtres inférieurs, les uns des autres pour constituer un organisme social ; mais il y a un besoin d'action aussi dans cette raison qui s'efforce de construire des systèmes théoriquement d'abord, pratiquement ensuite. Et lorsque, par la réflexion, elle s'ingénie à concevoir le système d'actions le plus large et le plus complet, il lui faut prendre comme première donnée, déjà rationnelle, l'instinct social qui défend à l'individu de s'enfermer en soi-même et ainsi élargit jusqu'à perte de vue l'horizon de la vie pratique. Ce n'est pas que la personne morale doive perdre dans cette démarche conscience et possession de soi ; cela serait contradictoire avec la raison même et la réflexion ; mais ce qui lui est commandé, c'est cet effort pour s'associer à des personnes semblables et travailler à réaliser ainsi un système de relations, une organisation de plus en plus rationnelle. Et lorsque cet instinct social devient un sentiment généreux et enthousiaste, lorsqu'il inspire l'abnégation et le sacrifice, lorsqu'il s'emporte aux élans de l'héroïsme qui brave la mort, prenons garde de l'appeler folie et déraison ! Disons au contraire que c'est une sublime raison, car la raison se retrouve jusque-là, et là surtout : c'est là qu'elle triomphe en vérité, puisqu'elle impose sa loi d'harmonie à toutes les passions discordantes de l'égoïsme, et fait rentrer de force jusqu'à la matière même dans les cadres d'un idéal rationnel. Et la personne humaine qui se sacrifie et disparaît — pour mieux se retrouver sans doute et se ressaisir au delà — reste ainsi vraiment fidèle à sa nature, puisqu'elle tire de la raison et de la réflexion sa caractéristique, et ne saurait mieux travailler à la tâche qu'elle s'est ainsi donnée; fidèle aussi sans doute à son origine, car elle vient de plus haut que le mécanisme brutal dont elle se fait juge ; fidèle enfin à sa destinée, car elle va plus loin, et ceci nous amènerait aux postulats métaphysiques de toute morale rationnelle. Mais, pour le moment, concluons que l'obligation a vraiment sa racine et son principe immédiats dans la réflexion ; elle apparaît dès le premier acte de réflexion et à tous les degrés de cette démarche, puisque l'effort même du sceptique moral est la prétention de justifier son parti pris, c'est-à-dire de constituer un système d'idées, plus ou moins rationnel. Cette loi, une fois adoptée, réclame une conception de plus en plus large du système des actions, ce qui comporte non seulement l'accord des éléments de la nature individuelle, mais encore l'harmonie rationnelle des éléments sociaux dont l'individu est pratiquement inséparable. Rappelons enfin que c'est là une théorie aussi rapprochée que possible de la pratique, mais insuffisante à décider la pratique. La morale ne saurait être autre chose ; il se peut qu'elle reste une construction de l'esprit, et il faut davantage et d'autres succès pour emporter les âmes jusqu'à l'action. Mais à chacun sa tâche ; le moraliste peut n'être pas un apôtre, et on ne saurait prétendre régénérer l'esprit public ou raffermir les volontés morales avec de pures analyses ou déductions philosophiques. Ce n'est pas une raison pour les condamner, ni pour les écarter de cette œuvre même. D'abord, la vérité et même l'effort pour y atteindre gardent leur valeur : ensuite, ce serait déjà quelque chose pour l'œuvre pratique, ce serait beaucoup d'avoir montré que le pur et froid raisonnement, loin d'y résister, la réclame, et que l'indifférence ou le nihilisme moral ne sauraient être justifiés par le raisonnement : sagesse et sainteté se donnent la main et ne sont que deux formes de la raison.

DEUXIÈME PARTIE

LE CONTENU DE LA MORALITÉ

CHAPITRE PREMIER

LE BIEN ET L'OBJET MORAL

Déterminer, en en trouvant le principe dans le sujet qui ne peut s'échapper à soi-même, la forme de la moralité, c'est la première démarche et la plus nécessaire ; mais cela ne suffit ni à la pratique ni à la théorie de l'action morale, pas plus qu'il ne suffit pour l'art ou pour la science de définir cette conscience esthétique ou intellectuelle sans laquelle on n'est pas même amateur ou étudiant. Il est bien entendu — et l'on voudra bien dans tout ce qui va suivre s'en souvenir — que la forme reste l'essentiel, le principe net, auquel rien ne devra être substitué ni opposé ; il n'y a pas d'équivalent moral de la bonne volonté. Si l'on hésite sur le contenu de l'action, on reconnaîtra toujours la moralité à l'effort de cette volonté, et là où manquera cet effort, il ne faudra parler ni de mérite ni de vertu. Mais, ceci établi, il faut convenir que le formalisme pur ne peut se suffire. Pratiquement il faut faire *quelque chose*, choisir entre plusieurs possibles, aboutir, se déterminer objectivement : c'est la condition de tout sujet relatif qui ne peut agir sans une matière, ni vouloir sans projeter son acte hors de soi en un objet ; nous ne réussissons pas même à concevoir d'une manière positive un sujet absolu qui créerait sans une matière donnée, et qui resterait éternellement sujet en soi. On peut bien admettre — encore avons-nous fait des réserves sur la valeur de la Nature — que les données importent peu, si toutefois elles ne sont pas l'œuvre et comme le résidu de volitions antérieures ; il est possible de bien faire dans toutes les conditions, ou, plus exactement peut-être, tous les problèmes de conduite comportent une solution morale. Mais comment soutenir que tous les possibles se valent pourvu qu'on agisse de bonne intention, de bonne foi, et que l'on peut prendre l'un d'eux au hasard à la condition d'y appliquer ensuite toute sa volonté ? Ce serait prétendre (et nous avons écarté cette idée) que cette Volonté est sans attaches avec la Nature, sans affinité avec elle, sans opposition non plus, à peu près comme si la Nature était une cire également molle en tous ses points et absolument indifférente à l'empreinte du cachet. Ce serait prétendre que l'on peut vouloir à vide, sans rien vouloir, puisque la Volonté serait tout entière, non pas supérieure, mais extérieure à ces états ou désirs positifs, dont un quelconque pourrait ensuite être marqué de son sceau et de sa royale faveur. A ce compte, elle ne trouverait donc aucune différence dans les résistances de la spontanéité donnée, des instincts ou des habitudes, même personnelles et antérieurement voulues. On ne saurait comprendre, du reste, comment elle agit sur la Nature ; elle n'aurait pas à s'inquiéter — et elle en serait incapable — de préparer les progrès à venir en pliant par un effort continu la Nature à sa loi ; il n'y aurait ni bonnes ni mauvaises habitudes ; elles seraient toutes indifférentes parce qu'il n'y aurait aucune solidarité du passé au présent, du présent à l'avenir, ni recul ni progrès moral. La moralité tiendrait tout entière dans la fulguration de l'état présent, dans l'éternel du noumène ; à vrai dire, on ne saurait plus où elle est, ni si elle est. La Volonté ne serait plus seulement mystérieuse en son principe ; mais nous ne saurions plus la distinguer de Dieu ni du hasard ; nous ne saurions plus dire si elle est la raison, ni surtout qu'elle est notre raison.

Il est certain que l'initiative de l'acte présent s'oppose à la routine établie ; et l'homme qui se laisse désormais aller à la routine, sans plus faire de nouvel effort, n'obéit plus à la loi ; il est certain aussi que notre volonté est plus assurée, plus féconde, meilleure enfin si elle a à manier des habitudes qui sont déjà son œuvre et qui, revivifiées par son acte, seront aussitôt prêtes pour une œuvre plus haute. Celui qui a derrière soi une longue pratique de l'effort et du désintéressement est déjà bon, et plus capable d'être meilleur dans l'avenir. Forme et matière sont donc, encore une fois, distinctes, mais inséparables. La matière, ce sont ici les données du passé, les circonstances présentes, les représentations anticipées de l'avenir. Notre passé, ou celui de nos ascendants, reste présent en nous, rebelle ou docile à l'effort de la volonté, parfois offrant un obstacle insurmontable à l'œuvre morale, parfois y collaborant au premier appel, bien rarement indifférent, si même la neutralité parfaite est possible. Matériaux donnés aussi que les circonstances du moment, les accidents du milieu physique ou social, toutes les coïncidences enfin qui déterminent la position actuelle du sujet. Rien de tout cela n'est insignifiant ; car, pour l'effort que nous avons à faire et qui n'est pas un acte d'absolue création, le point de départ et le point d'appui sont essentiels. Etat de santé ou de maladie, vigueur ou fatigue physique, richesse ou misère, exigences d'une condition humble ou brillante, hasard d'une rencontre, contagion d'un exemple, distraction d'un instant, tout cela, et beaucoup moins encore, vient changer l'œuvre à faire. Nous tournons la tête, nous hésitons, un mot ne nous vient pas à l'esprit ; l'occasion est perdue, tout notre effort tombe inutile. C'est maintenant autre chose qu'il faut entreprendre ; le devoir est ailleurs parce que le système des possibles est changé.

Enfin, et tout ce qui précède y aboutit, la matière de l'acte, c'est encore la représentation au moins approchée que nous nous en formons par avance ; elle ne suffit pas, puisque l'acte est libre, mais elle est nécessaire. Vouloir, c'est avoir choisi entre plusieurs projets conçus comme réalisables ; c'est agir avec un dessein. Que cet objet, aussitôt que posé, devienne un excitant de la sensibilité, mette en branle un mécanisme de désirs qui entravera le vouloir ou, le favorisant, en diminuera la valeur, cela est fâcheux peut-être, mais c'est chimère que de penser à s'y soustraire. Il faut donc, bon gré mal gré, admettre la conception d'un bien idéal, soit pour un acte particulier, soit pour l'ensemble des actes. Du reste, cet objet n'est pas vraiment extérieur, puisqu'il est tout idéal, je veux dire que son être est d'abord dans notre idée ; nous ne sommes pas esclaves de sa puissance puisque cette puissance est tout entière dans le mouvement d'un désir et que la volonté est encore maîtresse de résister ou de consentir. Le vrai mal serait que notre initiative s'éteignît et laissât la place aux désirs, au lieu de les vivifier et de les purifier eux-mêmes en les adoptant, en se les assimilant. Si l'air résiste au vol de l'oiseau et le ralentit, il le soutient aussi et régénère son énergie. Ainsi, cette condition s'impose à une volonté libre mais relative, supérieure à l'inertie des phénomènes, mais ayant à compter avec la durée, incapable de s'affranchir du passé et de l'avenir et de les absorber dans un acte éternel. Nous sommes pris entre ces deux nécessités, l'une de ne pouvoir présenter le bien comme un pur objet, une chose donnée, une substance indépendante et inerte, s'il y en a de telles ; l'autre de ne pouvoir nous en tenir à l'acte d'un sujet pur et absolu. D'un côté, la Moralité risque de retomber au terre-à-terre d'une Nature insignifiante ; de l'autre, elle risque de s'évanouir dans l'ineffable et l'impérissable. Dans les deux cas elle nous échappe parce que nous la cherchons hors de l'homme et qu'elle ne peut être qu'en l'homme. Reconnaissons donc, avant toute démarche pour l'atteindre, cette condition : sans être une chose hors de nous, il faut qu'elle soit objectivée, c'est-à-dire assimilée, au moins par abstraction, à un objet.

Comment cet objet sera-t-il conçu ? Voilà le problème auquel nous devons nous arrêter, après avoir envisagé celui de la forme de l'acte moral.

Ce problème était toute la question morale pour les

anciens, ou en était tout l'essentiel. Définir le Bien était le but de leurs théories, et ils ont proposé à peu près toutes les conceptions auxquelles les philosophes se sont, depuis eux, attachés. Seulement ils ont souvent, en des termes admirables, il est vrai, proposé plus que démontré; et l'effort des modernes, en dehors du problème formel, a consisté surtout à présenter des conceptions du Bien plus précises et plus rigoureusement rattachées à des principes ; ainsi ont-ils fait, en particulier, pour l'utilité, individuelle ou sociale, et pour la perfection. Telle est, en effet, la double difficulté : d'une part, satisfaire aux conditions formelles de la moralité, et concevoir un bien dont la réalisation puisse être obligatoire ; de l'autre, donner à cette conception toute la rigueur dont elle est susceptible.

Examinons à la lumière de ces deux idées les diverses définitions possibles.

D'abord il se pourrait, c'est l'hypothèse la plus simple, que le Bien fût d'essence singulière, objet d'une intuition ou d'un concept irréductibles, auquel d'autres, peut-être tous les autres se réduiraient. C'est la thèse spiritualiste qui, depuis Platon, malgré tous les assauts de la philosophie analytique ou de la Critique, garde une si haute valeur dès qu'il s'agit d'une représentation objective de la réalité. Car le Criticisme lui-même, en écartant obstinément l'idée de substance, ne peut s'abstenir de parler d'un objet, métaphysique, logique ou moral. Le noumène inconnaissable, la loi qui relie les phénomènes deviennent bon gré mal gré, ne fût-ce qu'un instant, des objets, et ne peuvent être posés que comme Pensée pure, Acte pur ou manifestation d'Esprit ou de Raison ; autrement il faudrait renoncer à les distinguer d'autre chose, c'est-à-dire à en parler et à les affirmer. Quoi qu'il en soit, le Bien pourrait être, en tant qu'objet irréductible, soit une réalité transcendante, comme la Perfection absolue, soit un genre à part de perfection relative, comme l'idéal de la personne humaine.

1° Qu'on l'appelle Idée des Idées, Acte pur, Unité pure, Raison souveraine, Perfection infinie, Substance unique, que l'on prenne pour le déterminer l'idée de la Pensée elle-même, ou celle de force et de puissance, ou celle d'ordre et d'harmonie, cet objet pourra répondre aux exigences ou aux souhaits de notre raison, aux élans de notre imagination; il reste à voir pourquoi on y reconnaîtra le Bien. En effet, c'est une chose en soi, une réalité suprême tout entière hors de nous, à moins qu'elle ne nous enveloppe nous-mêmes, indépendante de nous dans tous les cas. L'homme peut s'en attribuer une intuition plus ou moins illusoire, en regarder la notion comme acquise par de longues et complexes démarches, ou, plus prudemment, ne voir dans les conceptions variables auxquelles il s'attache que des symboles plus ou moins plausibles, mais toujours insuffisants : tout cela importe peu. Cette perfection est ce qu'elle est, immuable ou éternelle ; elle est sans nous tout ce qu'elle est, nous n'avons rien à y ajouter ou à en retrancher. Mieux encore, nous avons vu qu'elle ne saurait être le principe de l'obligation, c'est-à-dire l'autorité qui l'impose, parce que sa puissance ou son attrait nous lieraient par d'autres chaînes que celles du devoir. Elle pourra, plus tard, se présenter comme nécessaire à la moralité même ; elle ne peut maintenant nous fournir le contenu de la moralité pas plus que sa forme. Ce contenu, en effet, cet objet, ce sera, pour le passé, l'ensemble des bonnes actions déjà accomplies, pour l'avenir, l'idéal des actions à accomplir. Ici, rien de semblable ; tout ce que nous pouvons faire, c'est d'éclaircir, de préciser notre idée de ce Bien suprême par un effort d'intuition ou de raisonnement. Où trouvera-t-on, du reste, et dans quels esprits cette idée exacte ou au moins approchée ? Apparaît-elle, mystérieuse et divine clarté, à l'intelligence des penseurs qui l'ont méritée par toute une vie de méditation et de labeur métaphysique ? Quand on l'accorderait volontiers, ce qui n'est pas, irait-on jusqu'à dire qu'il faut à chaque homme, pour savoir *ce que* le devoir commande, le cerveau d'un grand métaphysicien, et qu'à moins d'être un Platon ou un Leibnitz, on se trompe nécessairement sur le bien à accomplir ? Comment juger alors tous les autres, puisqu'ils sont condamnés à se tromper ? Que dire de ces pauvres d'esprit qui se font de ce principe les images les plus naïves ou les plus outrageusement grossières ? Comment penser qu'ils ont bien ou mal fait, et qu'ils peuvent mieux faire ? Il faudrait, pour cela, en revenir à un formalisme que nous avons reconnu illégitime ou plutôt illusoire. Admettons l'impossible, et que nous puissions tous avoir une représentation sinon adéquate, du moins fidèle de cet objet suprême. Quand il y aurait en chacun de nous un Platon endormi, quand l'idée claire du Bien devrait se révéler à tous ceux qui la chercheraient de toute leur âme, la matière du devoir serait-elle par là déterminée ? Concevrions-nous quelque chose à faire ? Pas le moins du monde. Nous pourrions nous plaire à cette contemplation, nous en rassasier ou nous y abîmer ; jamais cette connaissance, prise en elle-même, ne produirait l'action ou même n'y tendrait et n'y servirait. Il n'y a rien là dont la réalité conçue d'avance dépende de nous, et que nous puissions accomplir ou entreprendre. Et pourquoi, en fin de compte, appeler Bien cette chose en soi? C'est un abus de termes ou un postulat. Nous empruntons cette expression au langage de la moralité avant d'en avoir le droit : l'idée de bien implique celle d'action, et ici l'action n'apparaît pas. Au moins faudrait-il restreindre le sens du mot, et le définir en le rapportant à l'intelligence toute seule ; on dirait, par exemple, que ce principe est le Bien pour l'intelligence, parce qu'on ne peut rien concevoir de plus intelligible, ce qui est fort douteux du reste. Mais on n'en tirera pas un contenu de l'action morale : ce n'est pas le Bien que nous cherchons.

Dira-t-on que si notre volonté n'a pas à réaliser ce Bien, elle peut du moins s'en rapprocher, et qu'elle le doit, aussitôt qu'il est conçu? Qu'est-ce donc que se rapprocher de cette perfection? C'est, selon le possible, imiter l'acte pur de l'Etre parfait et, puisqu'il faut objectiver l'acte, réaliser une œuvre qui ressemblerait en quelque façon à l'œuvre de Dieu. C'est bien ainsi qu'on l'entend, en effet, et c'est le sens de la formule : Ὁμοίωσις τῷ θεῷ. Mais ce n'est plus la perfection en soi qui est pensée comme objet du devoir, et proposée comme but à notre action. C'est une conduite humaine idéale, qui, prise dans son ensemble, nous ferait penser à la perfection divine, ou, si l'on veut, cet idéal, c'est l'homme qui réaliserait ce qu'il y a en lui de divin. Voilà en effet un contenu possible du devoir, un objet à réaliser, non plus seulement à contempler. Mais, nous l'avons montré, notre contemplation ne peut saisir d'emblée la réalité suprême ; et quand elle le pourrait, elle ne rejoindrait pas l'action, car il n'y aurait pas, sans la réflexion, un passage possible de cette intuition pure à la volonté. Ainsi, ce bien idéal n'est pas déduit de l'Absolu, ou obtenu par une sorte de transposition tout intellectuelle de l'Absolu au relatif. Si nous le concevons, c'est en partant de nous-même, et de notre acte, à la fois théorique et pratique; c'est ce bien même, qui, posé hors de nous comme une systématisation rationnelle de nos actions, nous sert *ensuite* à concevoir — si toutefois nous y réussissons — le Bien suprême : autrement celui-ci resterait indéterminé et ne serait pas le Bien. Plus tard, enfin, nous les rattachons l'un à l'autre comme une conséquence au principe, et notre être même à Dieu comme la copie au modèle. Pratiquement, cette assurance peut exciter en nous un zèle de moralité et une ardeur incomparables; disons même, si l'on veut, que sans cette confiance l'homme n'irait pas toujours jusqu'à l'action, et que du moins l'apôtre aura plus de succès que le dialecticien. Mais nous avons à faire ici œuvre de dialectique, non de persuasion ; c'est l'ordre des idées que cherche d'abord le philosophe, et dans cette coordination, ce n'est pas la notion de Bien absolu, mais celle d'un bien idéal, intéressant notre volonté, qui pourra nous fournir le contenu de la loi morale.

2° Cette notion est-elle, à son tour, irréductible, conçue à part, se suffisant à elle-même ou, du moins, ayant en elle-même des caractères vraiment spécifiques? Prendre comme données les facultés humaines telles que la psychologie et la physiologie les définissent, imaginer que chacune d'elles soit aussi saine, aussi vigoureuse que possible et que le système organique tout entier soit à la fois très stable et très puissant, concevoir en un mot une santé parfaite de l'âme en plaçant, cela va sans dire, l'individu moral comme physique dans le milieu social où il doit s'épanouir : voilà une notion fort plausible et qui semble avoir son sens en elle-même. On peut encore, avec un esprit plus formaliste, prendre comme donnée élémentaire la bonne action, relever comme exemples des actes variés, empruntés aux circonstances les plus diverses de la vie, puis imaginer une volonté qui serait constamment ce que les volontés ordinaires sont quelquefois, et qui serait capable, à toute occasion, de l'effort réclamé par le devoir. Ce serait encore une définition d'un bien idéal ; plus exactement ce serait la même définition autrement obtenue. Dans un cas, on emploie une méthode plus réaliste, qui prend d'un coup comme données les facultés et l'âme elle-même ; dans l'autre, on est plus près du nominalisme. Mais, d'une part, ces facultés ne peuvent être regardées comme des objets inertes ; ce sont leurs actes qui importent ; de l'autre, ce n'est pas un pur phénomène que l'on constate, c'est un acte que l'on apprécie et qui est ainsi rattaché à tout un système. On ne peut donc ici, ni ailleurs peut-être, s'en tenir absolument au réalisme ou au nominalisme ; et les deux définitions du bien se rapprochent jusqu'à coïncider. Cette coordination idéale de nos diverses puissances physiques et morales les soumettra nécessairement à la volonté, autrement ce ne serait pas un idéal de conduite ; cette personne humaine proposée comme modèle sera celle qui en toute occasion agirait pour maintenir ou rétablir cet ordre parfait, c'est-à-dire dont toutes les volitions seraient telles que l'exige la loi. Nous avons déjà eu l'occasion d'écarter cette idée ou ce sentiment assez ordinaire, qui ferait de l'homme idéal une sorte de rentier ou d'oisif, n'ayant plus qu'à se laisser aller à une heureuse et facile routine et à vivre sur sa fortune. Nature ou habitude, ce capital moral, qui est précieux, n'est plus rien s'il n'est vivifié par le travail ; et si l'association, la collaboration est féconde, ici comme dans le monde économique, on ne peut, ici, placer sa fortune et compter sur le travail des autres pour la rendre productive ; capitaliste et travailleur ne peuvent être que le même homme. D'autre part, cette volonté qui ferait en toute circonstance l'action la meilleure, ne serait-ce pas celle qui aurait déjà discipliné toutes les autres forces et maintenu entre elles l'harmonie par son effort incessamment répété ? Personnalité idéale, volonté toujours bonne, ces deux formules sont inséparables et expriment la même définition du Bien.

Cette conception semble logiquement légitime et pratiquement utile, car elle définit un idéal vraiment pratique et elle ne le définit qu'avec des données morales sans autre postulat que ceux du devoir lui-même ; il ne s'agit plus d'un absolu que notre volonté doit désespérer d'atteindre et peut-être notre intelligence de concevoir. En définissant un genre, elle laisse place à toutes les déterminations spécifiques, puis individuelles que réclamera l'infinie richesse de la vie. Ici, comme dans la science proprement dite, nos déterminations ne sont jamais qu'approximatives ; et il reste, pour agir, à résoudre individuellement, en appliquant les principes généraux, chacun des problèmes de la pratique. Mais ces déterminations générales devront, avec le progrès même de la science, devenir de plus en plus précises, et, sans pouvoir jamais emprisonner la vie ni fixer l'individuel, encadrer la réalité concrète dans un réseau de plus en plus serré. De plus, puisqu'il s'agit ici d'une vie psychique et sociale toujours plus complexe et plus riche, nous pourrons, dans ces approximations logiques, suivre ce progrès de l'objet lui-même, imaginer de nouveaux concepts, les uns plus larges pour suffire à l'étendue des relations nouvelles entre les hommes, les autres plus spéciaux et plus subtils pour saisir les nuances de plus en plus délicates de la vie morale. Trouvons-nous trop simples et trop schématiques les définitions anciennes, parce que nous avons à mettre en œuvre plus de richesses accumulées et que, fournis de plus d'idées, agités de plus de sentiments, engagés dans plus de relations, nous avons à coordonner plus d'actions ? Nous devrons donc concevoir un idéal plus large de la personnalité humaine, en mettant à profit les données d'une expérience toujours plus étendue, et celles d'une science psychologique et sociale toujours mieux informée. On n'imposera pas non plus le même idéal à tous les peuples, au mépris des différences profondes de tempérament et de conditions qui le rendraient illusoire pour la plupart d'entre eux. La forme du devoir reste commune, et commun aussi le type très général de l'homme. Mais, entre les limites extrêmes du type, que de diversité et que d'oppositions, depuis l'être voisin de l'animal, qui pourtant le dépasse mais atteint à peine à la personnalité, jusqu'au plus pur et au plus sublime de nos héros ! N'est-ce pas faire de la moralité une chimère que de proposer aux anthropophages une idée subtile du Bien que les Européens civilisés et philosophes ne réussissent pas à comprendre tous de même ? Sans doute il faut bien qu'il y ait des traits communs ; et surtout, comme nous pouvons le constater entre les peuples civilisés, le progrès de la raison détermine une convergence des idées qui semble devoir aboutir à l'unité d'un idéal clairement défini. Mais, d'une part, cette unité même ne serait pas souhaitable, car l'initiative morale en serait diminuée ; de l'autre, cette convergence ressemble parfois singulièrement à celle des parallèles ou, si du moins elle peut servir à nous orienter, elle ne peut nous laisser espérer d'apercevoir la limite et le point de rencontre. Et le plus sage est de proposer, au moins pour chaque peuple et pour chaque siècle, un idéal d'humanité plus prochain, plus accessible et par là même plus impérieux. Ce n'est pas assez, et il ne suffirait même pas de tenir compte des différences qui séparent les provinces ou les familles d'un pays, les générations d'une même période historique. Il faut aller, pour la pratique, jusqu'aux différences individuelles. Evidemment, les ressemblances s'accusent et se multiplient à mesure qu'on passe des espèces aux variétés ; et l'idéal semble même devoir offrir plus d'unité que le réel; la raison ne doit-elle pas rapprocher les hommes plus que les appétits et les passions ? Et pourtant, *non omnia possumus omnes ;* le bien à réaliser ou même à viser ne peut pas, malgré tous les rapprochements nécessaires, être le même pour chacun de nous. Chacun a sa façon d'être sage, tempérant, courageux, juste ou charitable ; chacun a donc sa personnalité idéale et son bien propre. Toutefois, la détermination logique des concepts n'atteint pas jusque-là : idéale ou réelle, l'individualité, à plus forte raison la personnalité ne saurait être définie et enfermée dans un concept. La définition ne va que jusqu'aux espèces. Concluons donc qu'il y aura des espèces du Bien, et que la notion de la personne humaine devra diversifier le type général en l'enrichissant de déterminations spécifiques, auxquelles ensuite chacun de nous devra ajouter les traits individuels de son propre idéal.

Nous reviendrons sur ces idées. Là n'est pas pour le

moment la vraie difficulté ; toute autre conception d'un
bien relatif se prêterait à ces spécialisations, pratiquement
insuffisantes du reste. La question est de savoir si l'idée
du Bien est indépendante et irréductible, si elle est un
genre à part et non une espèce d'un genre plus large. Pour
s'en convaincre, il faut évidemment essayer de la réduire à
d'autres, et c'est seulement quand elle aura résisté à toutes
les analyses qu'on pourra la déclarer élémentaire et semblable à un corps simple. Telle est la tâche qui se présente.
Mais ne serons-nous pas, dès le début, arrêtés par une
objection capitale et qui rendrait, si elle était fondée, toutes
nos démarches inutiles ! Maintes fois on a tenté cette assimilation du Bien à un autre objet tel que l'utile ou le vrai, et
chaque fois on a échoué pour avoir méconnu la caractéristique même du Bien inséparable du devoir. Les uns faus-
saient la notion de moralité en éliminant l'idée de la loi ;
les autres, décidés à maintenir l'obligation, n'y réussissaient
pourtant pas, parce que, ne l'ayant pas posée dès le début
dans la définition du Bien, ils ne pouvaient plus l'ajouter
après coup et par artifice. De deux choses l'une : ou le
Bien sera conçu sans l'obligation, et ce ne sera pas le Bien ;
ou il sera obligatoire, et, comme tel, irréductible. Les
autres objets sont proposés à la contemplation de notre
pensée ; quelques-uns, comme l'agréable, intéressent en
même temps notre sensibilité ; celui-là seul concerne la
volonté et ne peut être conçu sans réclamer l'action qui le
réaliserait. Mystérieuse ou non, c'est une condition qui
s'impose *a priori* ; il suffit de s'en rendre compte pour
s'épargner de stériles recherches.

Cette fin de non-recevoir est plus spécieuse que décisive.
Une issue reste possible. Le Bien pourrait être, dans un

genre plus large, une espèce dont l'obligation serait la différence. Il faudrait assurément qu'il n'y eût pas *a priori* d'opposition entre le genre proposé et cette différence ; mais rien ne permet *a priori* de prévoir une telle opposition. Le Bien ne sera-t-il pas, comme objet, un certain ordre intelligible, et prenant rang, par conséquent, dans une série déterminée d'objets? Restera seulement à trouver cette série. Mieux encore, il se pourrait que cette solidarité pratiquement indissoluble du Bien avec le devoir pût être écartée d'une analyse et d'une définition théoriques. Par exemple, l'obligation pourrait n'apparaître qu'au moment où cet objet serait mis en rapport avec un sujet agissant, plus exactement, au moment où le sujet cesserait de s'en tenir à la contemplation pour passer à l'action. Et il est évident que l'idéal conçu, même très déterminé, peut être très lointain, hors de la portée de l'action présente, et rester longtemps objet de pure intelligence. Tant que les occasions ou conditions pratiques ne sont pas données, nous pouvons nous en tenir à une représentation théorique d'un avenir souhaité. Quels que soient ensuite les rapports du Bien à la volonté, qu'il exerce sur elle un attrait, une sollicitation douce ou impérieuse ; quel que soit le rôle du sujet agissant en face de l'objet ainsi conçu, les caractères *objectifs* du Bien n'en sauraient être modifiés. Ces difficultés intéressent les relations de l'intelligence et de la volonté, et nous les avons examinées. Elles ne nous interdisent pas, ce semble, de penser le Bien comme une chose déterminée, comme un système de rapports tenant, ainsi que des rapports mathématiques, à la nature de certains termes donnés en fait ou par hypothèse. Dira-t-on que ces termes sont ici des personnes morales, des sujets libres? que nous ne pouvons concevoir ces rapports en oubliant leur liberté, puisque c'est la liberté qui leur donne leur sens et leur valeur, mieux encore, qui les crée? Si nous faisons abstraction du sujet et de la loi, il n'y a plus que des relations naturelles, physiques entre des individus; mais le Bien a disparu. — Ici encore on s'obstine à poser le Bien comme objet à part, *sui generis*. Conçu comme un objet, n'est-il pas posé, ne fût-ce qu'un instant, hors de la liberté qui s'appliquera ensuite à le réaliser ! Après tout, ce n'est pas la liberté du sujet individuel qui arbitrairement crée le Bien, à moins qu'on ne revienne à un intenable formalisme. Le Bien ne serait pas conçu s'il n'y avait au monde des sujets libres, cela est certain; ajoutons même qu'il ne serait rien s'il n'y avait pas un sujet pour le concevoir. Mais, une fois objet, il devra être défini comme tel; nécessité regrettable peut-être, mais à laquelle un sujet relatif ne peut se soustraire. Et cette inévitable démarche nous amène à *penser* distinctement, ce qui n'est pas *pratiquement* séparable, le Bien et sa relation avec le sujet. Tant que notre esprit s'attachera à cette représentation ou conception du Bien, nous pourrons oublier provisoirement et l'effort déjà moral qui l'a fait jaillir de notre conscience, et l'effort à venir qui le ferait passer à l'acte. Libre à nous d'ajouter ensuite que le Bien n'est pas tout intelligible, et que la différence spécifique, l'obligation, n'est pas représentable en elle-même. Mais s'il l'est de quelque façon, — et il le faut bien, puisque la nécessité d'un objet s'impose — nous devons chercher à le subordonner à un concept plus général, sous cette condition bien entendu que le passage reste possible de l'intelligence à la volonté, et que cet objet puisse être sans contradiction le contenu du devoir. C'est seulement après avoir échoué dans cette recherche d'une définition que nous pourrons ranger la notion du Bien au nombre des notions premières et irréductibles. Avant d'en venir là, il faut essayer les diverses hypothèses possibles ; il y en a trois : le Bien a pu être assimilé à l'Agréable et à l'Utile, au Vrai, au Beau.

CHAPITRE II

L'OBJET MORAL EST-IL L'AGRÉABLE OU L'UTILE ?

Rien ne paraît plus simple que de ramener le Bien à l'Agréable. Les deux termes ne sont-ils pas en pratique synonymes, et n'est-ce pas toujours exclusivement le plaisir que nous apprécions, l'espoir du plaisir qui est le mobile souvent avoué, toujours décisif de nos actes ? Ne suffit-il pas, pour s'en convaincre, de consulter sans parti pris l'expérience, et d'analyser les jugements de la conscience elle-même ? Toutefois, nous ne reprendrons pas ici ces descriptions et analyses, bien connues, des hédonistes et des utilitaires. On pourrait, en effet, à la rigueur, récuser des conclusions inductives, car les observations qui les fondent risquent d'être incomplètes et superficielles. Quand il s'agit de lire dans les consciences et de démêler après coup les mobiles secrets des actes qui paraissent ou peuvent être désintéressés (les autres ne sont pas ici en question), les risques d'erreur sont infiniment nombreux et subtils, tant la moindre réflexion peut compliquer ou altérer les mouvements du désir. On se contente trop facilement à bon marché, et surtout — les analystes les plus perspicaces en sont coutumiers —, quand on a découvert ou imaginé un certain agencement de motifs intéressés qui coïncident avec certaines circonstances ou avec un trait du caractère, on croit avoir atteint le but dernier de l'analyse; en effet, on y a mis d'avance ce postulat que, si l'explication utilitaire est possible, elle sera la seule vraie. L'auteur de l'action pourrait seul protester; mais il est récusé, puisqu'on doit toujours suspecter, sinon sa sincérité, au moins sa clairvoyance dans l'analyse de ses propres intentions. On voit combien il est facile d'abuser de la méthode, ou de s'abuser de bonne foi en l'employant. Elle paraît rigoureuse, et elle ne l'est pas; elle paraît expérimentale, et elle ne l'est pas. N'arrive-t-il pas, *en fait*, que l'homme ne se représente pas consciemment le Bien sous la forme de l'agréable? N'est-ce pas, à vrai dire, l'état d'esprit ordinaire des plus vertueux et des plus bienfaisants? N'y a-t-il pas des scrupuleux qui se détournent d'une action ou s'en méfient, dès qu'ils aperçoivent en eux-mêmes l'arrière-pensée d'un résultat agréable? Qu'ils aient tort ou raison, cela importe peu : il ne s'agit que de la conception positive qu'ils ont du Bien; et c'est un fait qu'ils se le représentent comme un objet à part, distinct du moins de l'agréable ou même incompatible avec lui. Pour maintenir la thèse hédoniste, il faudra donc renier ici l'expérience comme trop simple, renier la conscience comme victime trop facile d'illusion; il faudra démontrer à tous ces esprits naïfs qu'ils se trompent. Et quelle raison alléguer, si ce n'est qu'il ne peut pas en être ainsi et que l'expérience ne peut pas ne pas avoir tort ? Sans doute on invoquera d'abord l'autorité d'une expérience plus savante et plus méthodique. A l'expérience du vulgaire qui prend tous les corps pour simples, on opposera celle du chimiste qui dissocie les composés, et sa science qui explique l'illusion elle-même. Mais décompose-t-on vraiment l'état de conscience, la représentation, qui est l'acte d'un sujet, comme un édifice d'atomes ? Et quand on la résoudrait abstraitement en des représentations plus simples, ne pourrions-nous maintenir que, pratiquement, tout se passe comme si elle était simple ? Car le sujet, qui se représente le Bien comme un objet spécial et irréductible, n'agirait pas ainsi s'il se le représentait comme un composé d'atomes de plaisir.

Dissiper l'illusion serait donc ici détruire la réalité même, et ce que l'analyse présente comme une illusion devient quelque chose de tout à fait essentiel et irréductible. Si l'on s'en rapporte à l'expérience, c'est l'expérience du sujet lui-même qu'il faut prendre comme valable ; autrement on n'aurait plus rien, j'entends rien de ce qui est caractéristique de l'action. On ne peut donc opposer à l'expérience que des raisons *a priori*, et tâcher de montrer : 1° qu'elle est nécessairement illusoire ; 2° que l'on peut, sans rien changer au caractère de l'action morale, sans en compromettre la valeur formelle, se représenter le Bien comme identique à l'Agréable.

On dira donc que, sur ce point, le témoignage de la conscience est sans force, et que le bien et le mal ne peuvent être des termes premiers, parce que le plaisir est une forme aussi nécessaire de notre intuition morale que l'espace de notre intuition géométrique. L'homme arrive à concevoir des arrangements ou combinaisons très compliqués de plaisirs élémentaires, comme il réussit à construire des figures où l'on reconnaît plus à première vue les données simples. Mais le Bien est toujours quelque chose de sensible, comme la figure est toujours une portion d'étendue ; si notre esprit se donne l'illusion de définir des figures à 4, 5, ou n dimensions, il ne saurait ni prétendre en avoir l'intuition, ni, à plus forte raison, les construire pratiquement. Ce ne sont que de purs concepts analytiques, non géométriques. Il en est de même du Bien ; c'est seulement dans un hyperespace moral, si l'on peut ainsi s'exprimer, que l'on conçoit un Bien qui ne serait pas une forme du plaisir ; et ce sont là jeux de métaphysicien, non définitions de moraliste et de savant. — Il ne suffira donc pas de déclarer que la vertu ne serait pas pratiquée si elle était toute pénible et douloureuse ; car il se pourrait qu'elle fût, par nature ou par coïncidence, accompagnée de plaisir sans que le Bien se réduisit à l'Agréable. Il ne suffira pas non plus que le plaisir soit jugé bon, car on risquerait d'abuser d'une équivoque. On devra montrer, si possible, qu'il n'y a pas d'autre conception possible du Bien, autant pour les actions que pour les phénomènes, c'est-à-dire qu'il n'y a pas d'autre estimation possible que celle de la sensibilité. La science, dira-t-on, n'apprécie pas ; elle constate et explique, elle est œuvre d'intelligence. Dès qu'il y a un choix à faire, des différences de valeur à établir, c'est la sensibilité qui est souveraine. Apprécier, en effet, c'est réagir à sa façon contre les choses dont on reçoit l'influence ; le prix qu'on leur attribue n'est que la mesure de cette réaction même, et dépend de l'effet qu'elles ont produit ; ce ne peut être chez un individu conscient qu'une sensation ou une émotion, réductible peut-être elle-même à un faisceau de sensations. Un être qui ne serait qu'un pur esprit, une raison pure, connaîtrait et comprendrait les phénomènes ; il saurait, toujours impassible, prévoir les actions ; mais il y resterait indifférent comme le miroir qui réfléchit tout ce qui se trouve devant lui. Pour hésiter, déclarer une préférence ou une aversion, il faudrait qu'il eût été troublé de sensations et de sentiments, et qu'au souvenir de jouissances ou de souffrances passées, joint à la représentation de causes semblables, il tressaillît de crainte ou d'espoir. Les notions de bien et de mal ne pourraient donc apparaître qu'avec celles de plaisir et de peine.

Il faut pousser la thèse jusque-là pour qu'elle ait toute la rigueur que réclament les conclusions. Mais en a-t-on le droit ? D'abord, la sensibilité même est inséparable d'une activité; le plaisir n'est qu'un accompagnement de l'action, et il est illégitime et imprudent d'en faire un objet qui puisse être pensé seul, et proposé comme contenu idéal des actions. A vrai dire, le plaisir n'est pas *ce que* nous avons à faire; c'est un résultat qui peut s'y ajouter : dût-on en faire le but, ce ne sera pas un *objet* de l'action, et il servirait plutôt à déterminer l'intention, la forme des actions que leur contenu; car il appartient essentiellement au sujet, et ne saurait être posé hors de lui. Ce que l'on proposerait comme objet à réaliser ou à envisager, ce seraient les déterminations ou les événements dont il serait le contre-coup. Qu'un homme convoite les jouissances de la fortune, que même il les déclare bonnes, ce n'est pourtant pas la représentation de ces plaisirs qui donnera un contenu à ses actions et les déterminera : en réalité, le plaisir n'est pas objet possible de représentation. Ce que cet homme se représente et peut tenir devant sa pensée, ce sont les richesses et leurs signes, une installation luxueuse, les fêtes mondaines, les relations brillantes, les divertissements ininterrompus, etc. Et à mesure que ces images occupent son esprit, elles éveillent une foule de désirs et d'énergies qui tendent à l'acte complet, et dont la mise en jeu idéale est déjà accompagnée de plaisir. Mais ce n'est pas vraiment ce plaisir qu'on se représente, parce qu'il ne serait plus rien une fois objectivé; ce sont ses causes ou ses conditions possibles. En un mot, c'est l'agréable, non l'agrément, et la différence est grande; car, en passant d'un terme à l'autre, comme il le faut pour fixer un objet, on fait une place à l'intelligence qui peut et qui va la réclamer de plus en plus large.

Il le faudrait, du reste, de toute façon; car l'intelligence est elle-même une activité dont les démarches peuvent être accompagnées de plaisir : or, on n'a exclu aucune sorte de plaisir. Et, si ces jouissances intellectuelles peuvent être comparées et même sacrifiées aux autres, elles ont pourtant un caractère spécial. Elles ne jaillissent pas des sources inconscientes de l'appétit ou du désir; elles accompagnent des représentations conscientes, des combinaisons d'images et d'idées, des conceptions et des jugements; et ici apparaît plus nettement la subordination toujours nécessaire de la sensibilité. Car le plaisir intellectuel n'a toute sa vivacité et sa fraîcheur que si on l'oublie pour se livrer, avec tout son zèle, au travail de penser. Si nous voulons donc, songeant à l'avenir, donner un contenu à nos actes, et les penser comme objets, ce sont ces opérations même, non le plaisir qu'il faudra nous représenter.

Dira-t-on que du moins la sensibilité reste souveraine, puisque le plaisir reste le but, et que le Bien posé comme objet est toujours l'Agréable? Soit, mais la sensibilité pure est tout entière dans le présent ; elle n'est souveraine que dans le plaisir actuel. Car, si nous nous prononçons sur un plaisir à venir au moment où nous nous en représentons les causes, nous ne saisissons nullement cette jouissance future, qui peut fort bien nous échapper ; et nous ne goûtons positivement que le plaisir attaché à la représentation même, c'est-à-dire à cette ébauche d'activité. De ce point de vue, qui est celui de la sensation et de l'émotion pures, il n'y a donc pas de différence entre les plaisirs, sinon qu'ils sont ou ne sont pas présentement. La jouissance (ou la souffrance) actuelle nous absorbe, nous ravit; tout le reste disparaît. Il n'y a donc ni comparaison, ni choix, ni hiérarchie ; il n'y a pas de plaisir meilleur — cela ne signifie rien — pas de plaisir plus grand : l'actuel seul existe. Il y a ainsi dans cet insaisissable de la conscience, même affective, quelque chose d'éternel ; mais il n'y a, en revanche, pas d'ordre ni de règle, pas de devoir ni de Bien. La morale hédoniste n'existe pas. Il n'y a donc pas lieu de se demander si une telle conception du Bien s'accorderait avec la loi. Penser un objet agréable, à plus forte raison un système général d'objets agréables, c'est déjà s'abstraire du plaisir présent, le reculer dans un avenir qui n'est déjà plus assuré, pour fixer son attention sur ses conditions et sur les moyens qui pourraient le produire. Faire appel à l'intelligence, c'est laisser l'agrément et même l'agréable proprement dit, pour lui substituer l'utile, puisque c'est mettre un intervalle entre le plaisir et ses causes.

Voilà donc la réflexion introduite dans la théorie du plaisir. Cela est inévitable, mais dangereux pour le système. Inévitable, car l'homme est ainsi fait. Que ce soit sa dignité ou son malheur, il ne peut rester absorbé et comme anéanti dans le plaisir. Il sait qu'il l'éprouve, et qu'il passe par des états différents. Et il n'a pas seulement, comme l'animal, la mémoire d'un état antérieur provoquant par cette image même le mécanisme d'appétits qui en répèteraient l'heureux accident. Il analyse, si grossièrement que ce soit, le plaisir présent, le distingue, le compare à d'autres, et, approximativement au moins, lui assigne une place dans une série ou dans une hiérarchie. Sans cette réflexion, il n'y aurait pas d'appréciation. Mais, en même temps, ne pouvant avoir une représentation objective du plaisir, nous l'oublions pour nous attacher aux événements ou aux actions. L'émotion se calme, sans disparaître, pour laisser place à une activité intellectuelle, et le désir, moins impatient mais toujours présent, tantôt gêne et tantôt excite ce travail de l'esprit. Mais voilà que la réflexion empiète peu à peu sur le désir et l'émotion, les domine, s'en affranchit, les apaise jusqu'au silence ; et nous voilà cherchant froidement à concevoir comme un objet idéal un système d'actions agréables, construisant, raisonnant, discutant, ainsi que ferait un joueur d'échecs, les diverses combinaisons possibles. C'est toujours de l'Agréable que nous nous occupons ; du moins l'Agréable, et, si l'on veut, le plaisir, restent le but ; mais le but est loin, et recule devant nos yeux à mesure que les moyens se compliquent et se coordonnent. Le souci de l'industriel a remplacé le caprice de l'étourdi. Ainsi l'Utile devient l'objet essentiel, véritable objet de représentation, en effet, qui finit par avoir sa valeur en soi-même ou plutôt une valeur tout intellectuelle, parce qu'il est, en effet, intelligible. C'est à la fois la faiblesse de l'utilitarisme, qui en vient à perdre de vue son principe, et sa force, parce qu'ainsi il peut construire un système et propose un contenu idéal à nos actions. Le Bien, c'est donc maintenant l'Utile, encore voisin, malgré tout, du plaisir, individuel par conséquent.

L'intelligence a maintenant un champ immense où déployer son activité. Ordonner systématiquement, même autour d'un principe très simple, toute une vie humaine, marquer fortement les lignes d'un plan général, calculer, d'après des courbes fournies par l'expérience mais avec des risques de « troublantes » multiples, qu'on ne saurait éliminer, les conséquences de chaque résolution, cela devient un problème dont l'intérêt est inépuisable, mais où ne suffit plus la pauvre arithmétique de Bentham. Pourtant ce n'est pas assez, et l'objet reste ainsi trop étroit, enfermé en un cadre que l'entendement, non moins que l'imagination, va faire éclater. Pour déterminer la valeur et le rendement de la moindre démarche individuelle, il faut faire entrer en compte beaucoup de données sociales, les réactions du milieu, des parents, des amis, de la famille, de la loi, de l'opinion : le cercle s'élargit avec l'importance de l'action, et à mesure que ses prolongements, répercussions ou ricochets vont toucher un plus grand nombre d'autres individus. Il ne suffit donc plus de calculer le mouvement d'un corps sous une loi simple ; il faut déterminer les attractions et répulsions qui le modifient à chaque instant jusqu'à masquer parfois la loi elle-même; en un mot, le placer dans un système d'éléments semblables, mobiles eux aussi, et d'actions réciproques.

Laissons de côté la difficulté du problème, qui dépasse toute notre mécanique psychique ou sociale. Du moins il semble que l'esprit reste toujours attaché à la considération d'un seul objet, l'utilité individuelle, dont il poursuit les variations à travers ce réseau de relations pour en calculer la valeur maxima. Mais telle est la difficulté et, par conséquent, tel est l'intérêt de cette recherche qu'elle absorbe nécessairement l'esprit qui s'y est résolument livré, en rejetant dans l'ombre le principe même qui lui donnait un sens pratique. Et nécessairement aussi, une fois entraîné à considérer d'autres termes et des rapports multiples que seule la vue du système total peut rendre intelligibles, l'esprit s'attache désormais à ce système lui-même ; et l'objet primitif ne l'occupera bientôt plus qu'en raison de la place qu'il y réclame logiquement.

Ce n'est sans doute pas le seul motif qui transforme l'utilitarisme et substitue le principe de l'intérêt social à celui de l'intérêt individuel. Les exigences sociales, le sentiment altruiste, auquel on cède avant de le justifier, sont des motifs autrement impérieux. Mais la transformation de la théorie paraîtrait moins naturelle si elle n'était sollicitée en même temps par ce mouvement inévitable de l'intelligence ; ou plutôt, il paraîtrait évidemment que c'est une altération radicale, mieux encore, un renversement complet, où le principal devient l'accessoire et réciproquement. C'est que la raison réclame, avide d'une systématisation toujours plus large et plus forte, un rôle de plus en plus étendu, et tend ainsi à éliminer les données affectives. Tout au moins elle s'assimile de mieux en mieux ce qu'elle emprunte à l'expérience, jusqu'à rendre méconnaissables ses emprunts mêmes. Ici, comme dans l'œuvre mathématique, elle les absorbe dans ses propres constructions, progressivement plus abstraites, plus idéales : elle finit par s'en affranchir, autant que faire se peut, en s'ingéniant à les reformer de toutes pièces *a priori*, et aboutit enfin à une théorie qui se présente comme toute rationnelle.

Il devait donc arriver que l'utilitarisme devînt rationnel, en dépit de la contradiction qui défend d'accoupler logiquement ces deux termes. Une fois sous les prises de l'intelligence, l'Utile, qui n'est rien sans le plaisir (lequel est tout individuel), devait apparaître un jour ou l'autre comme un bien rationnel, réclamant au besoin le sacrifice de l'individu, et où le plaisir ne compte plus tant que la société idéale n'est pas réalisée. Sans doute, on nous dit que cette raison n'est qu'une cristallisation de l'expérience. Outre que cela même est une autre pétition de principe, il reste toujours que je dois faire abnégation de mon expérience et de mon plaisir, pour ne plus penser qu'à l'idéal tout scientifique et indéfiniment reculé d'un irréprochable mécanisme social.

Quoi qu'il en soit, voilà le Bien défini comme objet rationnel, objet de science tout au moins. Est-ce encore l'Utile? Et l'Utile peut-il être le contenu de la loi? — C'est toujours l'Utile, nous dit-on, parce que l'homme ne peut être heureux en dehors de ce mécanisme idéal, et qu'il n'y a pas, en attendant, de plaisir plus sûr que de travailler à cette œuvre d'avenir. Je m'y résignerai donc si je ne trouve pas mieux, c'est-à-dire si je ne sais pas me tirer d'affaire et contenter mes appétits et mes désirs. Or, ces désirs ne sont pas ceux d'un sage qui s'enferme dans la science et attend tout son plaisir de l'évolution, ou de la théorie de l'évolution. Ne forçons point notre talent..., nous ne rencontrerions pas le plaisir. Sera-t-il donc déraisonnable de concevoir mon intérêt, qui, après tout, est lié à ma vie, comme l'ensemble des moyens propres à contenter ces désirs? Sera-t-il surtout pratiquement impossible que ces désirs soient satisfaits? Ils peuvent être bien adaptés, sauf accident, à l'état actuel de la société et au milieu où je me trouve. Ne voit-on pas, dans les situations les plus diverses, des gens heureux de vivre et de ne pas se sacrifier, les uns parce qu'ils sont engagés dans une entreprise qui réussit, les autres parce qu'ils savent exploiter la sottise ou l'aveuglement ou les passions de leurs semblables, d'autres enfin parce qu'ils sont paisiblement installés dans un égoïsme commode? N'est-ce pas là l'utilité, la seule utilité positive? Peu m'importe que la société en aille plus mal après ma mort, ou que le citoyen de la cité idéale — à son défaut le philosophe qui m'observe — n'y voie qu'une monstrueuse aberration; je ne suis ni la société ni cet homme, et je n'ai qu'une vie à vivre. Comment sortir de là? Comment faire entrer dans l'esprit de l'individu une autre conception de l'Utile? Ne parlons pas de la force, qui pourtant reste la ressource dernière de beaucoup d'utilitaires convaincus de la suprématie sociale. Par quel artifice logique fera-t-on apparaître à l'esprit récalcitrant le sacrifice du plaisir comme condition de son intérêt?

Il n'est pas besoin d'artifice; c'est précisément la prétention de l'utilitarisme s'adressant aux esprits positifs. L'expérience et le raisonnement démontreront que l'individu est inséparable de la société, qu'il en est un élément, qu'il n'est rien sans elle, et que le plus faux calcul est de compter trouver son plaisir en dehors d'elle, sans elle ou contre elle. Les génies même n'y réussissent pas, et il est bien évident qu'en refusant de s'adapter au milieu social, l'individu est à lui-même son pire ennemi. Il se prive de toutes les jouissances de la sympathie, et ne peut goûter franchement les autres quand il réussit à les saisir. Sa vitalité même dépend de celle de l'organisme; il ne peut être défendu que si la société est forte, et elle ne peut être forte que par le consentement ou même la collaboration de tous. Ceci a été vingt fois démontré, et n'aurait pas besoin de l'être. Et si chacun de nous voulait se garer de toutes les déceptions et s'assurer la sérénité parfaite, son intérêt serait de travailler non pour lui, mais pour la société, non pour celle d'aujourd'hui, mais pour celle de l'avenir. Voilà la vraie prudence, le vrai bien positif, la véritable assurance du bonheur.

A une condition, toutefois : c'est que nous soyons déjà touchés de la grâce, et ralliés à la foi évolutionniste. Encore n'est-il pas bien sûr que cela suffise. Autre chose est de comprendre et même de faire comprendre le sens de l'Evolution et les conditions du bien-être social, autre chose est d'y sacrifier sa vie ou seulement sa santé, et de trouver dans ce sacrifice même la joie suprême. Mysticisme et utilitarisme ne vont guère ensemble, et l'on ne concevrait guère un raffinement d'égoïsme qui ne pratiquerait le dévouement que par calcul intéressé, pour se procurer une volupté rare. Ce dilettantisme même paralyserait l'enthousiasme et en flétrirait la jouissance; et le pessimisme qui y pourrait conduire ruinerait le principe même de la théorie. Les naïfs seuls se dévoueraient donc, applaudis et encouragés par les autres — non pas imités.

C'est bien là, en effet, l'attitude que prend — de très bonne foi, cela va sans dire — le défenseur de la théorie utilitaire. Il parle en représentant de la société, non de l'individu, et c'est le bien social qu'il définit, se donnant idéalement le rôle d'un administrateur, non d'un sujet dans cette cité sophocratique. Quelle que soit sa conduite personnelle, la contradiction reste, parce qu'il ne peut démontrer à l'individu actuel que son bien, c'est-à-dire son intérêt, n'est jamais, même s'il lui faut mourir, différent de l'intérêt social. Et tous les prestiges de langage ne lèveront pas cette faute logique qui consiste à substituer par équivoque le renoncement à l'égoïsme, le plaisir des autres au plaisir de celui qui agit. Il faut donc, franchement, ou poser comme principe le bien social quitte à chercher une prise sur l'individu, ou rester fidèle à l'utilitarisme et ne parler que de l'intérêt individuel, d'accord ou non avec l'utilité sociale.

Mais nous savons déjà que cette définition du Bien ne s'accorderait pas avec la forme de la loi morale ; en parlant de l'Utile on ne peut pas ne pas revenir sur les rapports de l'objet et du sujet ; on ne peut pas considérer cet objet comme pur objet. Cependant le bien social peut assurément être pris comme objet de conception. L'idée de société une fois posée, rien n'est plus légitime que de chercher à déterminer les cadres et les pièces essentielles d'un système idéal. On peut, d'après l'expérience et l'histoire, ou d'après les données des sciences biologiques et psychologiques, en un mot d'après la sociologie établie, quelle que soit sa méthode, s'efforcer de définir le type, ou les types de sociétés saines, robustes, durables, et, pour un milieu et un moment donnés, le maximum d'équilibre et de vitalité possible. Cela s'appellera le Bien. Toutefois, il ne faut voir là qu'un moyen, précieux du reste, de nous orienter, non une conception définitive ; car cet équilibre parfait ne serait que dans l'inertie et dans la mort ; une société ainsi figée ne serait plus vivante. Tant qu'il y aura des hommes, et qui réfléchiront, ils concevront indéfiniment autre chose que l'actuel et s'inquiéteront de le réaliser. De plus, il faudra renoncer à trouver dans un tel système le sens et la place de chaque action individuelle, car il y en a qui seront fort équivoques et douteuses, leurs lointaines conséquences échappant au juge le plus perspicace. Les historiens ne s'accordent pas toujours, comme on sait, à apprécier les résultats des événements les plus nets, à les déclarer bons ou mauvais et à affirmer qu'une nation donnée — je ne dis pas l'humanité — en a pâti ou profité. Qui sait, par exemple, si tel désastre n'a pas été, en fin de compte, plutôt salutaire en réveillant l'énergie et en ressuscitant la dignité de tout un peuple ? Comment réussira-t-on à prévoir quand il est si difficile de juger après coup, et à indiquer précisément à l'individu qui hésite l'action la plus utile au bien social ? Surtout comment lui-même, ignorant peut-être ou médiocrement savant, de bonne volonté mais d'esprit borné, comment en jugera-t-il, et comment concevra-t-il avec quelque assurance ce Bien qu'il devrait réaliser ? L'objet ne sera-t-il pas là inaccessible à l'intelligence du sujet, et ne faudra-t-il pas recourir ou à un formalisme ici contradictoire, ou à l'autorité d'une sophocratie dont les oracles seraient indiscutés. En somme, cela reviendrait à dire que la morale serait indéfiniment provisoire, parce que l'idée du Bien ne serait jamais à la portée du commun des hommes.

Mais, après tout, n'en sera-t-il pas toujours ainsi de toute conception d'un idéal, et ne suffit-il pas, pour celle-ci comme pour toute autre, que chacun réalise ce qu'il aura connu et compris ou cru comprendre ? Rien n'est plus clair dans une morale de l'intention, et, cette condition une fois posée, il faudra reprendre tout ce qu'il y a de rationnel dans l'idée du bien social; mais rien n'est plus douteux ici, puisque le Bien semble être un résultat extérieur à l'individu et qui le déborde infiniment. Il n'est pas évident que le succès ne soit pas tout, et qu'il faille lui préférer le dévouement même maladroit. Il ne suffit pas non plus de montrer ici très ingénieusement [1] que les actions jugées morales répondent toujours au critérium de l'utilité sociale, réelle sans être aperçue, ou admise sans être réelle; car, là où l'utilité n'est qu'illusoire, la moralité ne doit être aussi qu'illusoire; et les intentions socialement funestes ou inutiles doivent être déclarées moralement mauvaises ou insignifiantes : erreur est toujours faute. Sans doute, ce sont des actions que l'on qualifie, non des faits physiques, si utiles qu'ils puissent être; mais on n'a pas le droit de dire qu'une action aveugle et brutalement superstitieuse est morale quand elle correspond à une utilité sociale réelle ou illusoire. Il n'y a pas d'utilité illusoire: l'intention maladroite n'est pas utile; l'ami qui vous ruine en voulant vous enrichir n'est pas votre bienfaiteur. « La notion d'utilité est dynamique, « ajoute-t-on, elle implique le rapport de moyen à fin, et, par conséquent, une tendance, une direction d'action. C'est

---

[1] J'emprunte cette argumentation en faveur de l'utilitarisme à un remarquable article de M. Belot, *Revue de métaphysique*, juillet 1894, p. 436-sqq.

« même par là que s'explique son rôle en morale[1]. » Soit : l'Utile est un moyen dont la fin est le plaisir ; voilà qui est clair. Mais encore faut-il que l'Utile soit donné et réalisé. Quand on le propose lui-même — c'est ici le cas — comme fin à l'action de l'individu, on exige un résultat, non une intention ; car seul le résultat est productif. Le médecin qui sacrifie sa vie et ne réussit pas à sauver le malade est donc coupable, puisqu'il a détruit de la richesse sociale au lieu d'en produire. — Du moins son exemple est chose objective et utile, et ainsi son action est bonne. — Encore faut-il que son intention soit vue et comprise ; si elle est méconnue, ou ignorée, — le cas n'est pas rare — il a mal fait. Ce n'est pas tout ; pour que l'exemple même de sa bonne volonté soit utile, il faut qu'il soit contagieux et, en fait, suivi ; et cela ne dépend pas de lui. Ce n'est jamais que le résultat qui fera le bien ou le mal ; la volonté est insignifiante, et personne n'est jamais sûr de bien faire. Dans tous les cas, on ne saurait substituer au résultat positif l'opinion ou l'illusion des hommes ; il ne suffit pas pour qu'une action soit utile et bonne, que le sentiment moral d'un milieu donné la regarde comme telle, à moins de déclarer que la moralité est purement affaire de mode, qu'il n'y a pas de différence entre la vérité et l'erreur, et qu'une action est vraiment utile à la société du moment qu'elle est jugée telle par les contemporains et les voisins. Les sacrifices humains sont absurdes puisqu'ils n'ont pour but que d'apaiser une divinité chimérique : il suffit pourtant que les hommes croient à cette chimère pour qu'ils soient utiles et moraux. On confond ici,

---

[1] *Revue de métaphysique*, juillet, 1894, p. 437.

après en avoir adressé le reproche à d'autres, le fait et le droit en faisant commencer le droit à un fait donné. Ou plutôt, il ne s'agit pas d'expliquer en historien et d'interpréter en critique les sentiments moraux des différentes sociétés humaines ; la morale n'est pas l'ethnographie. On ne peut s'en tenir à raconter comment les hommes ont compris le Bien ; il faut juger ces jugements mêmes. La morale n'est pas une physique, et l'induction ne suffit pas. Voilà toujours le point essentiel du débat.

Et pourtant, si l'on nous montre que tous les hommes ont pris pour criterium de moralité l'intérêt général, il faudra sans doute reconnaître dans ce fait universel un fait rationnel, un véritable principe. Rien n'est plus assuré ; l'induction peut fort bien rejoindre une nécessité *a priori*, en vertu d'une harmonie fondamentale entre la nature et l'esprit. Cela est même inévitable si les faits naturels ne sont, comme ici, que des jugements de l'esprit. Mais, précisément, il faut rejoindre un ordre rationnel, et retrouver pour l'utilité générale un sens supérieur aux accidents de la mode et des préjugés. Alors seulement on pourra retrouver aussi une valeur et aux préjugés moraux les plus singuliers, et aux intentions les plus maladroites. La raison, non le plaisir, redevenant le principe, on pourra admettre qu'on ait manqué le succès matériel, et pourtant réussi à l'œuvre idéale, parce que l'union idéale des bonnes volontés a plus de prix que la multiplication de jouissances éphémères. C'est donc un rationalisme, non l'utilitarisme, qui seul peut prendre comme des jugements moraux les aberrations mêmes de la conscience, et comme des actions morales les aberrations de la bonne volonté. Du point de vue de l'utilité, il n'y a que le résultat qui compte ; il n'y a rien de respectable dans l'erreur ni dans la maladresse. Le savant n'enregistre que les vérités ; l'industriel n'estime que le profit. Si l'on réclame, fort justement du reste, pour la morale une place intermédiaire entre la science positive et la métaphysique hypothétique, il faut admettre aussi que le fait ici n'est pas souverain, et que l'initiative de l'agent moral, supérieure aux résultats eux-mêmes, peut s'élever au-dessus de l'intérêt social ; car, le prendre volontairement comme fin, c'est, déjà le dépasser en lui donnant, par cette volonté même, un sens rationnel ; faute de quoi, il n'aurait pas de valeur morale.

Mais ceci nous amène, comme on le voit, à la question de savoir si cette conception du Bien peut cadrer avec les conditions formelles de la loi. Or, si le Bien est l'utilité sociale, l'autorité de la loi ne peut venir que de la puissance de la société. Si elle venait de plus haut, le concept du Bien serait plus large ; si elle venait de l'individu, le concept serait plus étroit et se ramènerait à celui de l'intérêt personnel. C'est le bien social qu'il faut réaliser, et c'est la société qui le commande ; ces deux thèses sont évidemment inséparables. Il serait banal de le redire, si personne ne s'y trompait ; mais il semble souvent qu'en affichant l'une on masque l'autre. On propose franchement comme objet idéal la perfection d'une société désormais immobile et comme cristallisée ; on n'ose pas dire à ceux que l'on oblige à y tendre et à s'y dévouer que là est le principe de toute autorité. On excite l'espoir ou plutôt l'illusion du bonheur qu'ils y goûteraient ; on les intéresse, faute de mieux, à la représentation du plaisir, chimérique du reste, des hommes de l'âge d'or. On fait appel aussi aux injonctions plus ou moins perfides d'une conscience morale ou même religieuse, comme s'il était permis, après avoir écarté le mirage, d'en réclamer le bienfait. On ne déclare pas, comme il le faudrait logiquement, que la société seule impose ici sa loi, c'est-à-dire sa tyrannie; car, nous l'avons vu, il n'y a que le droit du plus fort qui puisse, en vue du seul plaisir des autres, infliger aux disgrâciés de la nature ou du hasard la résignation ou plutôt l'élimination. Qu'une société organisée, comme une force vivante, se déploie et se défende aux dépens des faibles ; qu'elle absorbe, si elle peut, ce qui lui sera utile, et brise ce qui l'entrave, cela est dans le jeu des lois naturelles, comme il est naturel aussi qu'elle soit brisée ou absorbée par un organisme plus vigoureux, ou s'affaisse épuisée par la maladie. Dans un cas comme dans l'autre, l'individu compte pour peu de chose ; mais il peut se poser cette question : Vaut-il mieux que la société subsiste telle qu'elle est, qu'elle se transforme ou qu'elle disparaisse ? Et cette réflexion fait toute sa force, parce qu'elle fait sa liberté, car elle peut changer son action, et de proche en proche l'état social lui-même. C'est cette réflexion aussi qui pose la question morale; et la société, prise comme fait, est incapable d'y répondre. Toute sa puissance ne peut rien ici, sinon provoquer la révolte et l'esprit d'anarchie, car il s'agit précisément de juger cette force même et de lui demander ses titres. L'humanité tout entière fût-elle organisée, unifiée et armée pour écraser le plus faible des individus, elle resterait impuissante à lui imposer le moindre commandement moral, car ce roseau est une volonté. A moins pourtant que la société ne soit elle-même un faisceau de volontés et de personnes, dont chacune est capable de trouver en soi une loi idéale, et de dominer ainsi le fait de la force brutale.

Mais ce n'est plus alors le Léviathan qui commande, et l'individu qui se sacrifiera restera autonome en concevant un autre bien que le plaisir de quelques hommes à venir. Nous n'avons pas à insister sur cette conclusion après ce qui a été dit de la forme du devoir; mais il était inévitable d'y revenir, puisqu'il s'agissait de voir non seulement si l'objet proposé pouvait être conçu, mais encore si cet objet pouvait être le Bien. Or, rien n'empêche en principe de poser comme un objet la perfection sociale; si difficile qu'elle soit à déterminer dans le détail, tout nous sollicite à en préciser l'idée; mais rien ne permet, si on s'en tient là, de l'imposer comme idéal moral au sujet individuel. Ce pourra être *un* bien si on lui trouve un sens supérieur, et le devoir pourra s'y appliquer; ce n'est pas *le* Bien, puisque le devoir n'en est pas inséparable, ni même compatible avec l'omnipotence sociale.

Ce n'est même plus l'Utile; le souci de l'intérêt et du plaisir a sombré dans cet effort intellectuel de systématisation. L'individu n'a eu droit qu'à sa place, la place infime d'un grain de sable, dans l'énorme édifice représentant l'Avenir social de l'Humanité. Il faut pourtant revenir à l'individu si l'on veut définir le Bien par l'Utile, qui ne va pas sans le plaisir. Fâcheuse, mais insoluble antinomie de la sensibilité et de la raison, quand on fait de la première le principe de l'autre, ou seulement un principe équivalent. Il y a une utilité sociale, que la raison peut définir en assimilant la société à un individu; il n'y a pas, comme il le faudrait logiquement, un plaisir social, et la société n'est plus assimilable à un individu. C'est un être vivant et qui paraît sensible: ce n'est pas un être sensible. Il n'y a pas de conscience sociale qui fasse de la société un sujet véritable ; ou s'il y en a une, bien intermittente du reste et bien fragile, elle n'absorbe pas en une unité subjective toutes les consciences individuelles ; elle n'en est bien plutôt que l'exaltation simultanée ; et la jouissance de ses enthousiasmes, extrêmement rares, n'est toujours réelle que dans les individus. Qu'il s'agisse donc du plaisir ordinaire, seul principe invoqué par les utilitariens, ou qu'il s'agisse de ces hautes et intenses émotions où frissonne l'âme indécise de tout un groupe social, c'est toujours en l'individu que se trouve la réalité positive, concrète, irréductible du plaisir. Et c'est à cette fin dernière qu'il faudra normalement rapporter l'Utile. Malheureusement, ce ne sera pas le Bien ; il est maintenant inutile d'y insister davantage. Car de deux choses l'une. Ou cet objet occupera de plus en plus notre pensée et se transformera en un système où la loi de la raison sera souveraine, au mépris du plaisir lui-même ; ainsi arrive-t-il à l'homme qui travaille à s'enrichir, pour jouir ensuite du repos et du bien-être, d'oublier le bien-être et le repos pour se livrer tout entier à la manipulation de la richesse, et à la fièvre des affaires. Ou le plaisir reste vraiment le but prochain et jamais oublié ; mais il ne saurait être le contenu d'un devoir, car loi et plaisir sont termes contradictoires. L'Utile est à la merci d'un caprice ; il n'y a plus d'objet à définir ni de loi à suivre, puisque le sujet sensible se pose *a priori*, arbitrairement, au mépris de toute logique, comme l'absolu qui prétend asservir la raison même, et puisqu'il supprime la condition de la loi, en même temps qu'il se donne l'illusion d'en poser une.

CHAPITRE III

L'OBJET MORAL EST-IL LE VRAI ?

Conception trop étroite et incompatible avec l'idée de loi si l'on en prend l'objet à la rigueur, incohérente si on l'élargit pour satisfaire aux exigences de la raison théorique et pratique, tels sont les défauts de la théorie précédente. L'utile ne devient un idéal et un objet rationnel qu'en cessant d'être l'utile. N'est-il pas naturel, dès lors, de substituer le Vrai à l'utile, et n'est-ce pas ce que réclame le progrès fatal de la science positive? N'est-il pas nécessaire et urgent que la morale devienne une science pour garder ou reconquérir son prestige? N'est-ce pas là que nous a conduits le mouvement à la fois historique et logique de l'utilitarisme lui-même, qui finit par absorber la morale dans la science sociale, et par déterminer le Bien d'après les lois nécessaires de l'organisation sociale? Le Vrai seul peut être un objet à la fois positif et idéal : — positif, puisqu'il est réellement saisi par notre intelligence en des représentations ou concepts qui, une fois fixés, ont une valeur définitive et universelle; — idéal, puisqu'il est infini et que ses limites reculent toujours devant nos conquêtes. Ce double caractère n'est-il pas indispensable et suffisant pour donner à notre action morale la certitude et la noblesse, l'efficacité et le désintéressement, la valeur logique et pratique qui la rendrait indiscutable, la valeur poétique et religieuse qui en fait un acte de foi ? Le savant seul peut agir à coup sûr, avec cette netteté et cette précision que réclament les exigences intransigeantes de la conscience ; et en même temps, il peut seul allier à cette assurance l'ardeur généreuse, l'humilité enthousiaste du croyant. On pourrait donc dire *a priori* que le Vrai, ou une espèce du genre, est le seul contenu possible du devoir ; la morale n'est que la logique de l'action. Théorique ou pratique, il n'y a toujours qu'une raison ; ainsi disparaissent, avec l'artifice qui les opposait l'une à l'autre, d'insolubles difficultés. Et ce n'est pas une simple et heureuse coïncidence ; il y a là une nécessité radicale. Que cherchons-nous en effet ? Le contenu d'une loi, c'est-à-dire un objet. Or, non seulement le Vrai fournit le contenu satisfaisant de la loi des actions, mais encore il n'y a pas d'autre objet possible ; il est la seule chose que nous puissions tenir devant notre pensée et qui soit intelligible. Ni le plaisir, ni l'action, pas plus que le mouvement, ne sont réellement des objets ; une fois fixés, ils ne sont ni l'action, ni le plaisir, et ce n'est qu'artificiellement, malgré la conscience, qu'on les objective, en les identifiant avec les faits qui en sont les conditions ou les résultats. Mais ce que nous nous représentons, ce sont toujours des rapports entre des termes, puisqu'un terme isolé et sans relations ne saurait être pensé. Dira-t-on que ces rapports ne sont pas toujours vrais, et que le faux est aussi facilement pensé? Mais le faux lui-même est pensé comme vrai; notre esprit, dans ses fictions les plus fantaisistes, attribue à ce qu'il pense, et par cela seul qu'il le pense sous la loi d'identité, au moins cette vérité interne qui est nécessaire à une liaison d'idées. L'erreur n'apparait qu'avec l'instabilité de plusieurs de ces liaisons et de ces systèmes, dont les uns résistent à tout effort de dissociation, tandis que les autres vacillent au moindre mouvement de la réflexion. Quoi qu'il en soit, du reste, de cette distinction entre la vérité objective et la vérité subjective, le Bien n'en serait pas moins une forme ou une espèce du Vrai; car il réclame manifestement l'idée d'un ordre stable et universellement valable pour tous les sujets. En même temps que ce système serait assez vaste pour dépasser infiniment nos plus hautes et plus lointaines ambitions, le détail, infini lui aussi, de la vérité toujours plus minutieuse serait au moins équivalent à la variété des plus subtiles alternatives morales. Il est donc naturel que l'on ait plus ou moins délibérément proposé cette conception du Bien; voyons comment elle peut être déterminée avec plus de précision.

Elle se rencontre déjà dans la morale socratique et, par conséquent, avec des nuances bien entendu, dans toute la morale antique. Sans doute, c'est le plus souvent, au contraire, le Bien qui semble être le principe ou le genre dont le Vrai n'est que l'espèce. Mais, d'une part, les Anciens, dans leur optimisme, n'y mettent pas toujours une grande rigueur; Socrate, sinon Platon, paraît les identifier, plutôt que les subordonner l'un à l'autre. D'autre part, cet optimisme même est avant tout intellectualiste, et la philosophie socratique a pu être très justement appelée philosophie du concept. Le Bien est assurément pour eux un objet intelligible ; n'est-il pas objet de science, mieux encore l'objet de la science ? Que ce soit la Logique de la conscience ou une métaphysique intuitive, il n'y a pas d'autre science que celle du Bien. Sans doute encore, l'amour est pour eux inséparable de la connaissance et lui est nécessaire ; mais, quel que soit son rôle, si nous n'envisageons que l'objet lui-même, posé hors de l'esprit, nous devons dire que c'est le Vrai ou une forme du Vrai. N'est-ce pas la raison, une raison pensante et théorique plus encore qu'agissante, qui est au fond de toutes choses ? Et ce qu'ils appellent le Bien pour chaque être ou pour le monde, n'est-ce pas cette destinée rationnelle, cette forme d'existence, ce système de déterminations internes et de relations qui serait le terme vrai, réclamé par la pensée comme seul intelligible ? Les Stoïciens eux-mêmes, si formalistes qu'ils soient, n'expriment-ils pas la même idée en proposant à l'homme l'imitation intérieure de la Raison universelle grâce à qui toutes choses sont à leur place, c'est-à-dire la réalisation pratique d'une vérité intelligible ? L'optimisme intellectualiste qui caractérise la philosophie grecque réclamait, pour ainsi dire, cette conception.

Certains modernes y ont mis plus de netteté peut-être, et ont, avec une méthode plus positive, rapproché le Bien du Vrai, comme une espèce d'un genre, la Morale de la Logique, dont elle ne serait qu'un chapitre. Il semble bien, en effet, qu'il faille prendre ainsi leur théorie. Quelle que soit l'autorité des critiques qu'on lui a adressées[1], on lui

---

[1] M. Janet, *Morale*, éd. in-12, p. 137 sqq.

accorde peut-être tout l'essentiel si on reconnaît non seulement que « les vérités morales sont des vérités », mais surtout que le Bien est, sinon le Vrai, du moins quelque chose de vrai. Quoi qu'il en soit de cette interprétation, c'est ainsi qu'il convient d'entendre la thèse pour qu'elle ait tout son sens et toute sa valeur ; et dès lors, il importe peu de savoir si les vérités mathématiques, physiques, etc., sont ou non morales ; il suffit que l'objet idéal de la morale soit un certain ordre de vérité, de même genre et d'autre espèce que l'objet de la physique ou des mathématiques. Sans doute, il reste que les vérités morales diffèrent des autres en ce qu'elles entraînent, ou tout au moins comportent l'obligation ; et il n'est pas question de supprimer la différence spécifique. Mais il suffit que ce soient des vérités ; le Bien, en tant qu'objet, est par là même une forme du Vrai. L'obligation, en effet, n'apparaît, nous l'avons montré, qu'au moment où le Bien n'est plus posé comme objet à connaître ou à comprendre, alors que le sujet a une intention, non plus un concept, à déterminer, et qu'il réfléchit, non plus sur un système possible de conduite impersonnelle, mais sur ce qu'il va faire, sur un avenir personnel. Que ces deux démarches soient voisines, que le passage de l'une à l'autre soit nécessaire, que la première soit fautive si elle est inconciliable avec l'autre, cela est certain ; mais ce sont pourtant deux démarches, comme nous l'avons dit ; et le sujet qui ne pourra, l'occasion venue, échapper à la seconde, peut, si l'action lui en laisse le loisir, s'arrêter à la première. Il y aurait ainsi la vérité obligatoire et pratique, comme il y a une vérité mathématique et une autre expérimentale. De ce point de vue, il n'est pas juste de dire que les crimes représentent aussi bien des vérités et « qu'il est très vrai que je puis m'approprier le bien d'autrui[1] »: Car il est vrai ausssi que je puis affirmer des erreurs, et elles ne sont pas pour cela des vérités. Voici bien plutôt comment s'établit la symétrie.

Il y a des affirmations très réelles, mais fausses, énoncées et posées par un sujet pensant ; elles ne correspondent pas à l'ordre objectif et immuable des choses, elles en sont même la négation ; pour autant qu'il dépend de lui, le sujet méconnaît et, en un sens, menace la vérité. S'il était seul, s'il devenait tout puissant, il ferait de l'erreur qu'il affirme une vérité. De même, il y a des actions, très réelles, mais fausses, ou, comme nous disons ordinairement, mauvaises. Voulues et réalisées par un sujet agissant, elles ne correspondent pas à l'ordre objectif des choses, c'est-à-dire aux relations naturelles et logiques des êtres. Elles en sont la négation, et, pour autant qu'il dépend de lui, ce sujet méconnait et menace cette vérité. S'il était seul maître et tout-puissant, il ferait de son erreur la vérité, de sa faute une action bonne, parce qu'il transformerait par son acte même le système de ces relations; *sic volo, sic jubeo*. Tel un artiste qui effacerait et referait tout un tableau pour maintenir une figure d'abord mal posée et lui donner un sens, au lieu de la rectifier elle-même. Mais l'homme n'est pas l'artiste de l'univers, et il ne peut, fût-il Xerxès ou Napoléon, transformer l'ordre des choses pour l'adapter à ses pensées ou à ses actions au lieu de les y adapter elles-mêmes. Son pouvoir est limité comme sa connaissance, plus encore peut-être, et ses erreurs deviennent des fautes quand il prétend ainsi les

---

[1] M. Janet, *Morale*, éd. in-12, p. 137 sqq.

imposer ou les substituer à l'ordre donné par la nature. Par exemple, l'homicide est un crime, parce qu'il traduit cette erreur grave qu'un homme est chose vile, ou la chose d'un autre homme ; le vol affirme et nie simultanément l'idée de propriété ; la calomnie est manifestement une erreur voulue, et une tentative pour en faire une vérité ; refuser de rendre servive à son semblable, c'est nier la solidarité humaine et les lois nécessaires de la vie sociale ; et ainsi de suite. Inversement, les bonnes actions sont toutes des jugements vrais. L'honnête homme n'est-il pas celui qui prend les autres hommes pour ce qu'ils sont en vérité, c'est-à-dire pour ses semblables, affirmant par ses actions que la vie, la liberté, l'honneur, la propriété sont en eux semblables à ce qu'ils sont en lui-même. C'est ainsi que le savant conforme chacun de ses jugements à la réalité des faits, et reproduit dans leur enchaînement logique l'ordre systématique de la nature. Les actions ne sont que des affirmations plus accentuées, et leur idéal n'est qu'une partie de l'idéal logique ; le Bien est une forme du Vrai.

Telle est la thèse en son expression la plus simple, sinon la plus profonde. C'est dans Spinoza, sans doute, qu'il faudrait chercher là-dessus les déclarations les plus nettes et les plus originales. Après avoir nié la distinction du bien et du mal, il lui redonne un sens en les rapportant au vrai et au faux ; ou plutôt, comme on l'a montré [1], il refuse de les distinguer parce que ce serait affirmer la réalité du mal et que le mal, comme le faux, n'est rien de positif. Mais ce qui

---

[1] Delbos, *Le problème moral dans la philosophie de Spinoza*, p. 57 sqq.

reste, c'est l'identification du Bien et du Vrai ; « connais-
« sance et moralité sont identiques dans leur matière comme
« dans leur forme[1]. » Il n'a fallu que pousser à bout en un
sens la thèse de Descartes, rapprochant jusqu'à les confondre le jugement et la volonté. Dira-t-on que, malgré tout,
l'action est quelque chose de plus que la connaissance ; que
l'une réalise ce que l'autre conçoit ; que l'homme, dans un
cas, prend possession de tout son être et de Dieu en lui,
tandis que, dans l'autre, il n'en saisit que la représentation ;
qu'enfin la joie est autre chose que la clarté ? Cette opposition, ou, si l'on veut, cette distinction est plus apparente
que réelle. Tout d'abord, objectivement, il n'y a pas de
différence possible entre le Bien et le Vrai ; il n'existe que
l'être ; tout ce qui est positif n'est que forme de l'être,
attribut ou mode de Dieu ; le Vrai c'est l'être représenté en
un être, et, si l'individu a le droit de concevoir son propre
bien, c'est à la condition d'y reconnaître non un idéal illusoire, mais une détermination, ou mieux la seule détermination véritable de son être dans l'être infini. De plus, subjectivement — si tant est que ce mot ait un sens dans la
philosophie spinoziste — et dans la mesure où l'individu
se fait centre et sujet d'action, le Bien à réaliser, son bien
ne saurait lui apparaître que comme la possession du Vrai.
N'est-il pas absurde, en effet, de prétendre modifier la
moindre parcelle de la réalité, et produire des modes de la
substance éternelle ; de s'attribuer un pouvoir quelconque
de création, et comme un empire, si limité qu'il soit, dans
l'empire de Dieu ? Celui qui est dupe de cette monstrueuse
illusion n'est-il pas destiné à être malheureux, impuissant

---

[1] Delbos, *Le problème moral dans la philosophie de Spinoza*, p. 68.

à satisfaire la moindre de ses ambitions, parce qu'il se heurte de toutes parts à l'immuable nécessité des choses, souffrant de cette impuissance même, incapable, grâce à son aveugle obstination, de prendre les choses selon leur biais véritable et de jouir, en y consentant avec toute son âme, de leur ordre éternel ? Si quelque chose est possible à l'individu, s'il y a une place pour la moralité ou, plus simplement, pour la pratique, il faudra donc que ce soit une pratique tout intellectuelle, un arrangement d'idées, non une production de réalités ou de mouvements, une opération logique, non une chimérique tentative de création. Tout ce que l'homme peut espérer, et qui lui suffit pleinement du reste, c'est d'avoir des idées claires et distinctes au lieu de pensées obscures et confuses ; c'est de dissiper par cette clarté même les nuages orageux des passions, et de devenir libre et heureux par cette contemplation sereine de la nécessité. Le malade ne peut rien faire pour se débarrasser de son mal ni pour en précipiter ou en ralentir l'évolution ; la guérison ou la mort viendra à son heure, et c'est l'ignorance seule du fatal enchaînement des phénomènes qui trouble ses idées, provoque son angoisse, son agitation et les stériles démarches auxquelles il attribuera peut-être, après coup, son salut. Supposons, au contraire, qu'il connaisse et comprenne son mal, c'est-à-dire, en voie les causes, les antécédents, les suites, en un mot les relations avec le système total des mouvements ; supposons qu'il y discerne clairement une série — ni plus ni moins importante qu'une autre — des modes de l'être infini, et la pense distinctement, sous la forme de l'éternité : il n'y aura plus en lui d'émotion parce qu'il n'y aura plus d'idées confuses, plus d'incertitude, plus de désir illusoire, plus de souffrance par conséquent. Il ne sera plus passivement asservi au mécanisme des choses ; il en sera le témoin impassible, et heureux, le spectateur intelligent qui ne peut que prendre plaisir à la pièce impeccable représentée sur la scène. Son intelligence, en effet, ne peut rien souhaiter de mieux ni d'autre, parce que tout autre ordre serait moins intelligible, étant moins nécessaire. Il a la joie pleine et pure du savant qui comprend la pensée de l'univers, s'y associe, y collabore par là même autant qu'il se peut, et jouit sans réserve de cette pieuse résignation ou plutôt de cet enthousiaste assentiment. C'est maintenant l'imprévu qui l'affligerait, et il souffrirait de l'accident d'une guérison qui, si elle n'était pas impossible, ne serait qu'un scandale pour son esprit. Le bien de l'homme n'est que dans l'intelligence pure et sereine des choses ; n'est-ce pas dire qu'il est objectivement identique à la vérité ?

C'est jusque-là, ou même plus loin, qu'il faut pousser la thèse pour lui donner toute sa rigueur. Cependant, ce n'est pas toujours ainsi qu'elle est entendue, en particulier dans les théories modernes qui font de la morale une science véritable et positive. Elles s'efforcent, en effet, de maintenir la notion de l'idéal sans laquelle il n'y a plus de morale puisqu'il n'y a rien à changer à ce qui est, et en même temps de constituer la morale comme science pour lui rendre ou lui donner le droit d'être écoutée. Seule, en effet, la science peut rapprocher les hommes que la religion divise, et leur offrir une certitude que la métaphysique leur refuse. Tant que la morale restera une partie de l'ancienne philosophie, littéraire, scolastique en même temps et à moitié religieuse, elle ne sera qu'un exercice de rhéteur, d'artiste ou de prédicateur, sans autorité durable ni fondement solide. Il faut qu'elle se détache, à son tour, du tronc vieilli et désormais stérile, pour vivre, comme les autres sciences, d'une vie propre et qui sera indéfinie. Tant que le Bien sera considéré comme un vague idéal, plus ou moins poétique mais nécessairement variable avec le sentiment personnel, le moraliste ne présentera que des sollicitations plus ou moins persuasives, des descriptions plus ou moins éloquentes; il n'y aura ni règle définitive, ni objet défini de la moralité. Forme et contenu de la loi morale ne peuvent se trouver que dans le système des lois et des vérités naturelles. Et le Bien doit être un ensemble de rapports tenant à la nature même des êtres, rapports objectifs et susceptibles d'être scientifiquement déterminés; il ne peut être qu'une forme ou une partie de la Vérité.

Nous retrouvons ici d'abord la morale évolutionniste dont nous avons examiné le principe utilitaire, mais dont il reste à envisager le caractère scientifique. Rappelons brièvement que la morale doit être tout entière tirée de la biologie, soit individuelle, soit sociale. De même que la physiologie et l'anatomie, déterminant avec précision les relations des organes et des fonctions, fixent aussi les conditions qui assurent la plus longue résistance des organes et le jeu le plus régulier des fonctions, de même la science de la vie psychique et sociale déterminera les conditions de l'adaptation parfaite de l'individu à la société, et, du même coup, la structure normale du corps social avec les lois du bonheur de chacun. Les principes de la morale, comme ceux de l'hygiène, ne peuvent être tirés que de la science; ils sont *a priori*, et la méthode est rationnelle en ce sens que l'on n'attend pas l'expérience de l'individu pour décider de ce qui lui est bon, c'est-à-dire utile et par conséquent moral. Limité à ses souvenirs, n'ayant d'autre critérium que ses sensations, l'individu se tromperait à chaque instant sur son intérêt et sur l'intérêt social, comme l'enfant se trompe dans les plus simples inférences sur le plaisir prochain, comme le malade se trompe sur les remèdes et le régime qui le ramèneraient à la santé. Il faut que le malade se confie au médecin, l'enfant à l'éducateur, parce que médecin et éducateur ont la science ; il faut que le moraliste aussi ait la science, et puisse prédire que telle conduite sera nécessairement bonne et utile, telle autre nécessairement nuisible et mauvaise. Et cette nécessité ne peut être garantie que par les lois déjà établies de la psychologie et de la sociologie. Mais il ne s'agit plus, comme on le voit, d'un *a priori* métaphysique et de postulats fantaisistes ; ces lois ne sont que le résumé de toute l'expérience accumulée de l'espèce humaine : c'est toute l'expérience passée qui garantit la certitude de cet avenir. On dirait aussi bien que c'est la raison et la constitution même de l'esprit ; et la morale, science rigoureuse, peut poser en principe une définition précise, à la fois naturelle et rationnelle du Bien. Ce sera, à la limite de l'Evolution, l'agencement organique et l'équilibre d'une société dont tous les membres, comme les cellules d'un corps sain et robuste, obtiendraient, par le seul jeu de la vie, le maximum de bonheur en échange du maximum d'activité. Chaque individu étant *the right man in the right place*, comme un muscle sain dont toutes les insertions sont normales, fonctionnerait avec une régularité et une élasticité parfaites. De cet emboîtement irréprochable des fonctions assurant la santé du corps tout entier bien adapté au milieu cosmique, de cette harmonie résulteraient pour chacun le besoin et la capacité durable du travail, la joie pleine et sereine de la vie. Telle une administration bien constituée où chaque employé aurait la vocation du métier, et, à chaque instant, le goût exclusif des fonctions présentes, ou, plus exactement peut-être, une machine bien construite dont les rouages bien ajustés pourraient remplir indéfiniment leur office.

Mais ce but est lointain et inaccessible; pour le présent, comme pour chaque étape de la carrière individuelle et sociale, c'est la science encore qui détermine le bien prochain et le contenu positif de la règle actuelle. Il faut connaître précisément, en effet, les lois générales de l'Evolution, la succession des périodes agricole, militaire, industrielle, pour déterminer comment cette Evolution même peut être favorisée ou avancée ; il faut connaître la pathologie psychique et sociale pour dicter le régime qui convient à un malaise, à une crise, à une maladie chronique. Le savant seul pourra donc indiquer le contenu du devoir, comme il pourra seul lui donner une valeur impérative ; l'individu n'aura qu'à obéir et à exécuter les prescriptions, indépendamment de toute considération de plaisir actuel ou d'utilité personnelle et prochaine. Le Bien a donc, de quelque façon et à quelque moment qu'on le considère, tous les caractères du Vrai : la précision, la fixité, l'intelligibilité ; c'est réellement un objet de connaissance, car c'est l'ensemble des rapports positifs qui existent dans un système de phénomènes naturels. Peu importe ici la différence entre l'idéal et le réel, car l'idéal n'est que le réel de l'avenir, le terme nécessaire d'une nécessaire évolution, ou, dans tous les cas, le prolongement normal que réclament les lois établies par la science.

Mais il semble qu'on puisse concevoir autrement, sous une loi plus haute encore et plus rationnelle, moins assujettie à l'expérience, cette réduction de la morale à la science. Ici, en effet, malgré tout, c'est le plaisir qui reste le but comme le fait fondamental ; si on l'oublie, ce n'est que pour mieux le retrouver, plus étendu et plus durable. Mais tout dépend de cet optimisme, lequel dépend lui-même de l'expérience et de l'individu. On peut entendre les choses autrement. Réclamant pour la philosophie de la pratique, ou pour la philosophie plus large encore de l'idéal, plus de rigueur scientifique que ne lui en accordait S. Mill, on fait de la Téléologie elle-même un système de lois et de vérités. « Le système tout entier de ce que S. Mill
« entend par l'art peut se transformer en un système
« de faits donnés comme conditionnels, et en une science
« réelle si on suppose certaines conditions données. Et
« à chaque pas, dans les sciences, nous trouvons des
« suppositions analogues fondées sur l'hypothèse de la
« réalisation de certains phénomènes[1]. » Ces premiers principes que l'on pose comme majeures générales, dominant toute une série de déductions, que sont-ils eux-mêmes, sinon des faits très généraux, des lois de la nature? Ils doivent l'être, du moins, pour que la théorie tout entière soit solide, et les erreurs individuelles ne doivent pas nous abuser sur les conditions logiques de ces démarches, et sur le caractère scientifique de la philosophie morale.
« Affirmer qu'une chose est désirable, c'est, dans l'opinion
« de celui qui parle, énoncer une loi générale de la nature ;
« car, énoncer qu'un événement devrait arriver, c'est in-

---

[1] Paulhan, *Revue philosophique*, XVII, p. 529, sqq.

« diquer que son apparition produirait des effets d'une
« certaine nature, c'est établir un lien entre ce phénomène
« et d'autres, c'est énoncer un fait ou une loi... Ainsi l'art,
« considéré au point de vue théorique, ne s'oppose pas à
« la science; il dérive d'elle entièrement; il est une science
« conditionnelle, une science idéale qui indique le rapport
« des choses, non pas tels qu'ils sont actuellement, mais
« tels qu'ils peuvent être sous certaines conditions. A ce
« titre, la morale est une science[1]. » Et l'on montre que
le même critérium s'applique à la science, à la philosophie,
à l'art, à la morale enfin; ce critérium est tiré de l'idée
de systématisation. Toutes les théories morales s'accordent en ceci, que la conduite la meilleure est la plus systématisée. Que la vertu soit le but, ou que ce soit le bonheur,
l'idéal est toujours une systématisation plus haute, une
forme supérieure de l'unité, car le plaisir même, élément
du bonheur résulte de la coordination et de l'harmonie. La
morale est donc une science, et le Bien est une partie de la
Vérité; c'est la vérité idéale qui concerne les relations des
facultés ou éléments de l'individu entre eux, et de l'individu
avec la société. Mais, d'un autre point de vue, cette science
particulière domine toutes les autres sciences; car elle
étudie les conditions de toutes les actions humaines; et de
celles-ci dépend, dans une certaine mesure, l'ordre supérieur, et, pour ainsi dire, l'achèvement idéal de l'univers. « Pour qu'une systématisation scientifique parfaite
« (offrant une hiérarchie de lois soumise à une seule
« loi suprême) soit possible, il faut évidemment que le
« monde s'y prête, c'est-à-dire que l'unité y règne et la

---

[1] Paulhan, *Revue philosophique*, XVII, p. 520, sqq.

« systématisation. Il faut donc que le monde réalise la
« plus haute moralité possible... La philosophie idéale
« ne peut devenir réelle qu'en devenant scientifique,
« de même que la philosophie scientifique ne peut de-
« venir parfaite que par la réalisation de la philosophie
« idéale[1]. »

Voilà une interprétation ingénieuse de la primauté de
la raison pratique ou au moins de ses relations avec la raison théorique. On s'efforce de retenir, dans une philosophie
déterministe, tout le mérite de la thèse chère au Criticisme.
Il n'y a ici ni miracle, ni contingence, pas plus dans le
noumène que dans le phénomène; il n'y a qu'un certain
agencement de phénomènes et de lois (entendez de lois
naturelles et positives) qui, entre les limites mêmes de la
science, réaliserait un système supérieur, objet d'une
science plus haute, combinaison plus logique des lois
abstraites que formule la science actuelle. « Une réalisa-
« tion complète de la morale » (chimérique et impossible
du reste) « ajouterait une loi abstraite aux autres lois
« abstraites; cette loi, indiquant le rapport des phénomènes
« concrets dans leur écoulement même, indiquant la loi de
« cet écoulement..., achèverait la science en systématisant
« les autres lois et les réunissant solidement par un lien
« logique[2] ». Il semble donc que tel soit l'enchaînement des
phénomènes : la connaissance des lois réelles et actuelles
engendre, par le jeu des associations mentales, la conception d'une systématisation idéale qui réalise petit à petit
cette systématisation même, et la réalité de cette loi idéale.
Nous n'avons pas à reprendre ici en lui-même le problème

[1] Paulhan, *Revue philosophique*, XVII, p. 529, sqq.
[2] *Ibid.*, 550-551.

de la contingence, et à rechercher si le déterminisme qui laisse place à ces alternatives variées pour un univers en train de s'organiser et risquant de ne pas réussir, si ce déterminisme est vraiment rigoureux. Nous n'avons pas non plus à examiner le passage de la loi réelle ou conditionnelle à la loi impérative : ceci concerne la forme du devoir. Nous n'avons à considérer que le contenu de la loi et la définition proposée du Bien assimilé au Vrai, en nous demandant : 1° s'il fournit réellement une matière à nos déterminations, c'est-à-dire s'il est praticable ; 2° si c'est réellement le Bien, c'est-à-dire s'il se concilie avec la forme de la moralité une fois donnée.

Supposons d'abord admis que le Vrai pourrait être un idéal d'action, et cherchons seulement si l'individu, en face de tout problème pratique, peut saisir, avec toute la précision nécessaire, soit la vérité actuelle, soit une vérité idéale. Dans le premier cas il suffirait, pour déterminer l'action à faire, de connaître les relations exactes entre les termes du problème, c'est-à-dire entre l'homme et l'univers, entre les éléments constitutifs d'un être social ou individuel ; c'est ainsi que la valeur de l'inconnue apparaît par la résolution de l'équation posée. Mais, comment chacun de nous arrivera-t-il à connaître les conditions positives du moindre de ses actes ou même de ses plus importantes décisions ? Résoudra-t-il seulement ces problèmes fondamentaux dont la solution domine tous les cas particuliers ? ceux-ci par exemple : quelle est la place de l'homme dans l'univers, son importance et sa valeur positive par rapport à tout le système des forces de la nature ? Y a-t-il une différence entre un individu et une personne ? Qu'est-ce qu'une société humaine ? Est-elle une somme d'éléments, une synthèse organique, un concert de volontés ? Quelle place y tient chacun des individus et, en particulier, celui qui se propose d'agir ? Comment est-il lui-même constitué, quel est son tempérament, la nature et la force de ses passions, les limites de son esclavage ou de sa liberté ? Sur chacun de ces points il y a, il doit y avoir une vérité; et on ne saurait légitimement rien entreprendre avant de la connaître. Mais quelle est-elle, et qui peut se flatter de la connaître par la science ? Les esprits simples, si ardente que soit leur volonté de bien faire, doivent évidemment désespérer d'y atteindre ; et, pour l'immense majorité des hommes, les nécessités de la vie, sans parler de la limitation de leur intelligence, leur refuseraient même les loisirs nécessaires à une telle étude. — A chacun sa tâche, dira-t-on ; il n'est pas possible que tous soient savants; il suffit qu'il y ait des savants pour chercher, trouver et démontrer la vérité ; les autres, comme dans l'industrie les ouvriers, recevront et suivront docilement leurs enseignements. — A ce compte, la moralité est le privilège étroit d'une élite. Les autres, c'est-à-dire presque tous les hommes, sont des non-valeurs, moins encore, des termes encombrants, car leurs passions et leurs erreurs entravent les progrès de la science. Tout au plus sont-ils bons à fournir aux savants eux-mêmes les ressources matérielles de l'existence, et encore sont-ils beaucoup trop nombreux et réclament-ils plus qu'ils ne rendent. Ils auraient toute la valeur dont ils sont capables, si du moins ils savaient que tel est leur rôle et qu'ils seront d'autant plus utiles, qu'ils seront plus dociles et plus aveugles, véritables manœuvres dans le laboratoire de la science. Ce n'est point là un paradoxe : toute aristocratie est disposée à se regarder comme seule digne d'exister, et les autres hommes comme des instruments à son service ; et, de nos jours, c'est la science qui confère les titres de noblesse. Encore faut-il qu'il y ait réellement des savants : or, à qui attribuer une science positive, une possession définitive de la vérité sur les questions que nous posions tout à l'heure ? Les plus grands esprits sont là-dessus les plus modestes, et si l'on a pu penser que la science proprement dite était sur le point de résoudre tous ces problèmes et d'assigner à chacun sa place dans les rouages de l'univers, c'était une illusion dont on semble être revenu. Notre mécanique est encore impuissante à comprendre parfaitement les relations de trois corps obéissant à une loi relativement simple; et l'on songerait à calculer les mouvements des passions humaines, les lois de l'intégration et de la désintégration sociales ! Où donc est le Bien, et comment conseiller aux hommes de renoncer au plaisir et à l'intérêt pour poursuivre cette insaisissable chimère de la Vérité universelle?

Si l'on renversait les termes, et si l'on donnait à la science l'industrie pour but, on rencontrerait du moins un critérium positif, et les hommes pourraient, comme ils le font maintenant, apprécier les services d'une science, même partielle, qui transforme leur existence. Mais si la Vérité est le seul but à atteindre, il faudra aller jusqu'à la solution des grands problèmes, pour le moment sinon pour toujours insolubles, faute de quoi on ne sera assuré de rien. Sans doute, les joies profondes d'une certitude même limitée et la confiance en l'avenir de la science peuvent produire, en certaines âmes, la résignation sereine ou l'enthousiasme. Mais comment garantir à tous que la résignation est le seul salut, quand il reste tant d'ignorances à dissiper ? Comment leur persuader qu'il n'y a pas d'autre bien et qu'ils n'ont d'autre ressource pour bien faire que de devenir de purs esprits sans passion ni volonté ? Si on y réussit, ne sera-ce pas encore, comme l'entreprend Spencer lui-même, en faisant appel à l'intérêt, en promettant la joie entière et profonde ; et où donc est le Bien sinon dans ce bonheur dont la Vérité n'est plus qu'un moyen et une condition ? Et dans tous les cas, ce que l'on proposerait comme le Bien, ce que chacun devrait s'efforcer de réaliser, ce ne serait pas la Vérité, mais la connaissance de la Vérité, c'est-à-dire encore quelque chose d'intime et de subjectif. Mais ceci nous conduit déjà à la seconde question. Contentons-nous de conclure, pour le moment, que le Bien, identifié avec la Vérité positive et actuelle, est inaccessible à la plupart des hommes, disons mieux, à tous les hommes ; et que l'on ne peut tirer de là ni un contenu des actions, ni la résignation qui renoncerait à l'action comme il le faudrait faire pour être jusqu'au bout d'accord avec cette théorie.

Du moins, la connaissance d'une vérité idéale aurait un autre sens et donnerait un contenu à l'action. Serait-elle plus accessible, et un sujet quelconque pourrait-il espérer l'atteindre ? Evidemment non, de quelque façon qu'on l'entende. Pour les uns, en effet, la vérité idéale c'est simplement la vérité de l'avenir, parce que le progrès naturel et nécessaire des choses conduit la réalité actuelle vers une perfection inévitable. La science de cet avenir est-elle plus saisissable que la science du présent? On ne saurait s'arrêter à cette idée. A la rigueur, on pourrait réclamer ou espérer de chacun une entière confiance en l'infaillibilité de la science et de ses prédictions ; encore n'est-il pas facile de comprendre comment on obtiendrait l'adhésion, je ne dis pas la soumission contrainte des ignorants, ni ce que vaudrait cette adhésion. Dans tous les cas, le commun des hommes devrait toujours, pour déterminer le détail et même la direction générale de leur conduite, attendre les ordres de ceux qui savent et creuser ensuite docilement le sillon tracé. Que d'erreurs, c'est-à-dire que de fautes inévitables, jusqu'au jour où la science sera achevée ! Et quand elle sera achevée, que restera-t-il à faire ?

Pour d'autres, la vérité idéale pourrait fort bien ne pas se réaliser ; il est même probable, ou mieux certain qu'elle ne se réalisera jamais, du moins tout entière. Ce serait un système mieux équilibré et plus complet que le système actuel des choses, un univers mieux unifié et plus intelligible, et spécialement, sinon peut-être uniquement, un ordre plus rationnel dans les relations humaines. Notre intelligence a donc ici, ce semble, une tâche plus facile ; au lieu d'avoir à trouver les cadres d'une réalité dont elle ne sait pas les limites, elle construit dans ses propres cadres un système où elle ne retrouve qu'elle-même. Idéalement, c'est le système total des choses ainsi ramenées à une seule loi qu'il faudrait concevoir ; pratiquement, il suffira que chacun détermine pour ses propres actions et pour les relations dans lesquelles il est engagé, la construction la plus systématique. — Moralité, c'est systématisation, dans le contenu comme dans la forme : cette formule est à retenir, mais elle ne saurait être prise avec cette rigueur. Il est possible et nécessaire que chacun cherche à coordonner ses actions entre elles et, avec elles, les autres ou, par elles, celles des autres et peut-être certains phénomènes de l'univers. Mais est-il possible qu'il saisisse toujours cet ordre idéal qui serait le plus vrai, ou mieux le seul vrai ? Et s'il manque à le concevoir, l'œuvre elle-même sera-t-elle toute mauvaise et sans plus de valeur qu'une solution fausse ? Pourtant, comment espérer rencontrer souvent cette vérité ? D'abord, elle n'est point indépendante de la vérité actuelle et positive ; et il faudra déjà, comme tout à l'heure, connaître les lois de fait, les lois abstraites et inflexibles de la nature avec laquelle il faut toujours compter. Bien faire est impossible à qui les ignore. Ensuite, même en prenant cette science comme donnée, sera-t-il possible à chaque homme, et pour chaque action, de fixer cet agencement idéal qui rendrait tout intelligible ? Remarquons une fois encore qu'il ne s'agit plus de la forme et de l'intention, mais du contenu, et qu'il faut non plus seulement désirer, mais posséder le Vrai. Or, la Vérité est unique, impersonnelle, sans quoi elle n'est plus la Vérité. Si l'on conçoit plusieurs systèmes possibles ayant chacun sa logique et sa valeur, ils pourront, dans leur inégale valeur logique, avoir par exemple un égal intérêt artistique ; mais un seul sera le Vrai, à moins qu'on n'admette plusieurs raisons qui ne dépendraient pas d'une raison supérieure. La condition est plus rigoureuse pour le savant que pour l'artiste. S'il y a plusieurs façons de chercher et de trouver la Vérité, il n'y a pas plusieurs vérités sur une même question comme il y a sur un même sujet plusieurs chefs-d'œuvre possibles. Comment espérerions-nous donc atteindre cette vérité supérieure qui serait la loi idéale de l'univers comme de nos actions, et régler sur elle, en en déroulant les conséquences, toute notre conduite ? A supposer que nous l'ayons formulée — et qui pourra jamais s'en flatter ? — comment être sûrs de nos déductions et de nos calculs ? Comment rejoindre par une démarche toujours logique l'infinie complexité de la vie, et déterminer avec précision quelle serait au moment présent, dans le choix d'une carrière ou d'une installation, la décision que réclamerait la systématisation parfaite de l'ensemble des choses ? Nous avons mille peines à voir les conséquences prochaines de nos idées les plus simples et les plus abstraites ; or, ceci est essentiel, les plus simples, les plus élémentaires, les moins significatives de nos actions ont des conséquences et des prolongements infiniment plus lointains et multiples que les plus compliquées de nos idées. Une idée une fois conçue et affirmée engage sans doute et fixe une foule d'autres idées associées, parce qu'elle les réclame comme conditions ou comme corollaires ; de même qu'en faisant varier dans une équation l'une des données, on change le système tout entier et tout un ensemble de solutions. Et si l'on songe qu'un système d'idées une fois posé en réclame d'autres à son tour et enfin, peut-être, un système total de conceptions et d'affirmations sur tous les objets concevables, on admettra que la moindre de nos pensées enveloppe un détail infini de pensées, et signifie infiniment plus que nous ne pouvons comprendre. C'est déjà un acte intérieur ; mais que dire des actions au sens propre du mot ? Agir, se déterminer, ce n'est pas seulement fixer pour le moment et en nous-même tout un ensemble de dispositions, de désirs, et d'énergies jusque dans le fond inconscient de notre être : c'est dépasser de beaucoup ces limites et d'autres encore. Prendre à droite, par exemple, pour sortir d'un carrefour, c'est commencer, en écartant les autres, une série d'événements qui peut changer tout notre avenir, décider de notre santé ou de notre vie : un geste, une parole peuvent être mortels ; c'est donc notre moi tout entier, non plus seulement le système de ses représentations qui est engagé. Ce n'est pas assez ; l'idée, et avec elle tout un système ou même plusieurs systèmes d'idées, comme des conceptions poétiques ou métaphysiques, peut rester en nous, sans autre intérêt ni résultat que de servir d'objet à nos méditations. L'action va toujours au delà, et porte plus loin que le moi lui-même. Par un acte nous changeons quelque chose non seulement en nous, mais hors de nous, la place d'un objet matériel, la condition d'un être animé, les relations que nous avions avec nos semblables. Le moindre de nos pas déplace des milliers de grains de poussière, écrase peut-être des milliers d'êtres vivants. Une réponse, une attitude, un silence peut nous réconcilier avec un autre homme ou nous aliéner à jamais sa sympathie. Que l'on suive, si possible, les ricochets et les prolongements de chacun de ces effets ; que l'on voie de proche en proche se modifier ainsi d'abord le milieu immédiat où l'action s'est produite, puis, plus ou moins selon les différents sens, des régions de plus en plus éloignées, jusqu'à un horizon indéfiniment reculé ; que l'on songe, même en laissant une part à la contingence, au déterminisme qui tient ensemble, solidaires les uns des autres, tous les phénomènes, et l'on concevra que par nos actes nous atteignons beaucoup plus loin que nous ne pouvons viser ; nous entreprenons, malgré nous peut-être, sur l'univers lui-même, nous engageons un avenir indéfini. Et c'est justement pour cela que nos émotions morales sont si vives et si profondes : nous sentons, confusément mais profondément, que notre action nous dépasse, que nous ne pouvons en mesurer l'étendue, que nous ne sommes pas maîtres de tout ce que nous faisons en y mettant toute notre clairvoyance ; et nous sommes effrayés d'une puissance aussi redoutable, et de tout ce qui nous échappe.

N'oublions pas, en effet, que l'action une fois accomplie est irrévocable ; ses conséquences pourront être modifiées par une action nouvelle, mais celle-ci même, qui n'aurait pas été sans elle, n'efface pas la première, et ces conséquences ne dépendent plus, comme avant, de nous seuls ; il y en a parmi elles que rien ne peut arrêter. L'esprit est beaucoup plus maître de ses idées et les manie plus aisément ; il peut les reprendre, les rejeter, y revenir encore, les engager simultanément dans les combinaisons les plus diverses, les laisser subsister ensemble, juxtaposées, malgré les contrastes les plus violents. Sans doute, il ne peut faire qu'une idée n'ait pas été pensée, ni rester identique à ce qu'il était avant de la penser, parce que là déjà il y a une action. Mais quelle différence, malgré tout, quant au contenu, entre les représentations mobiles, légères, avec lesquelles joue l'imagination, et les actions qui, une fois faites, tombent dans l'irrévocable et peut-être irréparable passé !

Si maintenant nous revenons à la comparaison du Bien et du Vrai, pourrons-nous demander à tout homme de bonne volonté de concevoir puis de réaliser, pour sa part et dans les limites de ses décisions, cette vérité idéale qui rendrait toutes choses parfaitement intelligibles ? N'est-ce pas une tâche chimérique, puisqu'il ne faut pas seulement s'y efforcer, mais y réussir, sans quoi on reste dans l'erreur c'est-à-dire dans le mal ? Ce qui est certain, c'est que, faisant acte de raison, il coordonnera de son mieux sa décision avec les conditions et en vue des conséquences qu'il apercevra.

il fera effort et déjà œuvre de systématisation. Voilà ce qu'il y a de profondément juste dans la thèse proposée. Mais il ne peut tout comprendre et tout prévoir ; il se trompera peut-être sur les relations immédiates, certainement sur les prolongements éloignés de son action. Celle-ci sera fausse au moins par quelque côté, et exclue ainsi du système idéal. Accordera-t-on que chacun fera de son mieux, que la bonne volonté, étant raison, rencontrera toujours au moins un fragment, une parcelle de vérité, et que cela suffit puisqu'il faut agir ? A la bonne heure ; mais cette chance même n'est pas assurée ; on peut se tromper du tout au tout, prendre la cause pour l'effet, la terre pour le centre du monde, un caprice pour une vocation, un fantoche pour un héros, un traître pour un bienfaiteur, et agir en conséquence. L'erreur sera complète, et grave sera la faute, malgré l'intention. Rien n'aura servi de croire sincèrement vrai le système que l'on a échafaudé : il fallait avoir la science, et non l'illusion. En somme, il en sera toujours ainsi, et l'homme ne sera jamais capable de saisir l'objet de la moralité, si on lui demande d'atteindre un *résultat* définitif, le Vrai ou l'Utile : car il lui faudrait être infaillible pour bien faire. Donner un tel contenu à la loi morale, c'est la rendre illusoire, et ceci nous amène à notre seconde question. Même en le supposant accessible, le Vrai serait-il d'accord avec la forme du devoir ?

S'agit-il de la vérité positive et de la connaissance, métaphysique ou scientifique, des choses telles qu'elles sont ? Mais d'abord, dans cette philosophie tout objectiviste, où les choses sont éternellement ou fatalement ce qu'elles doivent être, cette connaissance même est un phénomène que réclame la nécessité absolue des lois. Ce ne sont pas seulement les événements extérieurs qu'il me faut attendre avec calme et constater avec joie en en comprenant la nécessité ; c'est aussi bien la succession de mes pensées qui, confuses ou distinctes, sont toutes également inévitables. Elles seront ce qu'il faut qu'elles soient, j'y suis condamné ou destiné, comme on voudra l'entendre, et la réflexion qui me les fait voir est elle-même fatale : c'est un mode de la Substance. Il n'y a donc pas de *moi*, pas de sujet, pas d'avenir ambigu ; que signifierait le devoir, et comment trouver un point de départ d'action dans cette continuité où tout s'écoule sans arrêt ni contingence possible ? Parle-t-on du devoir de la pierre qui roule au fond de l'abîme ! Il n'y a pas plus de Bien que de devoir. Spinoza a pourtant retrouvé un sens relatif à cette notion ; par un artifice nécessaire au système lui-même (puisque sans cela il n'y aurait plus d'Ethique), il a refait de l'individu un centre et un sujet, et défini le Bien par rapport à sa nature. Laissons les difficultés propres du spinozisme. Est-ce le Vrai qui est notre bien et qui, si le devoir était rétabli, en serait le contenu ? Evidemment non. La Vérité est en elle-même, hors de nous et sans nous, tout ce qu'elle peut être ; elle est une chose donnée et éternelle. Elle n'est ni bien ni mal ; elle serait autre qu'elle ne serait ni meilleure ni pire, nous aurions aussi bien à nous y accommoder. Ce qui est bon, c'est la connaissance, la possession de la Vérité, parce que le bonheur en est le prix. Nous voilà revenus à la théorie utilitaire : utilitarisme supérieur, si l'on veut, et tout intellectualiste, où ne subsiste que le sentiment attaché à l'exercice même de l'intelligence (encore n'est-il pas sûr qu'il n'y soit pas nuisible), utilitarisme néanmoins, qui nous expose de nouveau à tous les caprices du sentiment et qui ne peut se concilier avec la forme de la moralité, théorie trop étroite enfin qui exclut toute la morale, parce qu'elle a réduit l'homme à une intelligence pure, et qu'elle n'a pas su voir dans cette intelligence même une activité, une initiative de raison qui est un commencement de volonté.

Il faudra donc au moins proposer comme objet une vérité idéale, une vérité dont ni la connaissance, ni l'ignorance, ni même la réalisation ne soient nécessaires. Il faut, pour qu'on puisse parler d'un bien, que nous ayons quelque chose à faire, au moins par la pensée. Aussi, malgré tout l'intérêt de la théorie évolutionniste et toute sa popularité, nous ne pouvons reconnaître dans son idéal scientifique les caractères du Bien. Sans doute, malgré le principe de cet utilitarisme, le bien, pour l'homme actuel, ce n'est pas son plaisir puisqu'il peut être obligé de se sacrifier; et l'objet auquel son intelligence doit s'attacher tout d'abord, c'est la vérité actuelle à laquelle il faut se plier, puis la vérité à venir à laquelle il faut se dévouer en préparant de son mieux l'avènement de la société idéale. Assurément, il y a là l'idée d'un progrès que nous pouvons, ce semble, précipiter ou ralentir; mais ce n'est encore qu'une apparence. La vérité à venir n'est que la suite naturelle de la vérité présente, et, si nous avons foi à la théorie, l'idéal n'est qu'un moment lointain, mais inévitable, dans la durée; les lois de l'évolution en garantissent la réalisation, et cette simple différence de temps, tout extrinsèque, est insignifiante. La Vérité reste toujours indépendante de nous; ce ne peut être un bien ou un objet moral.

Pour lever cette contradiction d'une morale scientifique qui ne peut être une science proprement dite sans cesser d'être une morale, il faut évidemment admettre une certaine contingence, et que la vérité idéale puisse être, suivant nos efforts, plus ou moins exactement comprise, plus ou moins complètement réalisée. L'objet actuel de la science, les lois données en fait ne seraient que des systèmes fixés mais partiels, et, pour nous, des éléments ou des moyens d'une œuvre plus haute à laquelle il pourrait nous être commandé de travailler. Ainsi entendue, la théorie reprend une valeur morale, et ne saurait être écartée tout entière de la solution que nous cherchons. La ressemblance est grande, en effet, entre cette vérité et le devoir, et les deux idées semblent s'appeler réciproquement comme la forme et le contenu. La Vérité ne souffre pas plus que le devoir d'ambages et d'artifices ; il ne faut biaiser et tergiverser ni avec l'un ni avec l'autre ; elle est nette et impérieuse comme lui, et d'une rigueur inflexible. Ni l'un ni l'autre ne comporte d'à peu près ni de réticences ; il faut obéir au devoir sans chercher à l'esquiver ou à le restreindre ; il faut affirmer la Vérité sans chercher à la masquer ou à la déformer. Comme le dit Littré : « Des deux côtés l'assentiment est commandé ; ici il s'appelle démonstration, là il s'appelle devoir[1]. » Ne semble-t-il pas logique de reconnaître entre eux précisément le rapport qui existe entre l'intelligence et la volonté ? Ce que la volonté doit réaliser, n'est-ce pas l'objet idéal de l'intelligence, c'est-à-dire le système de rapports qui serait parfaitement rationnel ? Et peut-il y avoir pour la volonté, qui est raison pratique, d'autre loi que de le réaliser ? N'est-ce pas la seule thèse qui lève, sans méconnaître la différence de leurs rôles,

---

[1] Littré, *La Science au point de vue philosophique*, p. 341.

l'opposition établie mal à propos entre raison théorique et raison pratique? Ainsi la morale, sans être une science pure, une science de faits, est cependant scientifique, et cesse d'être un exercice littéraire; elle n'est pas une simple constatation, mais elle n'est pas non plus une déclamation : elle peut formuler des lois avec une indiscutable autorité.

Quel que soit le mérite de cette thèse, elle ne présente qu'un élément de la solution. La logique ne peut fournir que la forme de la moralité, non le contenu. S'il en était autrement, l'homme ne pourrait bien agir que si cette vérité idéale lui était déjà donnée, et cela n'est pas possible : cela n'est pas non plus souhaitable. En effet, on rapprocherait ainsi, une fois de plus, la morale de l'art industriel. En dehors des succès de hasard (ce qui nous éloignerait encore plus de la morale), l'industriel n'agit qu'une fois maître de la vérité. Il doit savoir la vérité positive, les lois réelles des phénomènes; il doit comprendre aussi, ou au moins connaître les lois des relations, encore idéales, que ses agencements ou combinaisons ont pour but de réaliser. Il sait à quelles nécessités il faut se soumettre pour tisser une étoffe, et quelles difficultés présentent le fil, la teinture, l'arrangement des dessins et des nuances ; il sait aussi, sans quoi son effort serait puéril, quel système de rapports réalisera ce travail, quelle sera la solidité, la commodité et la beauté de l'étoffe, tout au moins que cette étoffe sera résistante et agréable à l'œil. L'œuvre de l'industriel n'est pas une recherche de laboratoire, une expérience pour voir ; si le résultat est manqué, l'échec accusera son ignorance et sa faute; le succès objectif est le critérium incontesté de la valeur de l'œuvre. Il n'en est pas de même de l'action morale; ce critérium fait défaut, puisqu'il faudrait connaître les conséquences éloignées qui peuvent changer du tout au tout la valeur objective de l'acte. Et si l'on connaissait tout ce qu'il faudrait savoir, si l'homme avait la science idéale, son action ne serait plus morale; elle n'aurait plus le désintéressement ni l'initiative que réclame le devoir ; ici déjà, comme pour la sanction suprême, une certaine ignorance, un certain risque est nécessaire.

Supposons, en effet, que l'on ait atteint, au moins théoriquement, cette limite idéale où toutes les actions seraient commandées par la logique d'un système définitif et que chacun de nous, n'ayant plus effort à faire pour discerner le devoir, n'ait plus que la peine d'exécuter une consigne. Sa tâche serait exactement tracée jusque dans l'infime détail d'après les principes d'une mécanique morale, de même et mieux encore qu'un règlement d'administration, d'atelier ou de caserne fixe dans des cadres inflexibles le rôle de chaque employé, ouvrier ou soldat ; on tracerait ainsi le graphique de ses moindres obligations. Sans doute il reste la nécessité d'un effort pour s'y soumettre et fonctionner en rouage irréprochable; pour cela, on fait appel à l'honneur, au respect de l'opinion, à l'abnégation de l'individu s'absorbant, jusqu'à s'y anéantir, dans une œuvre immense ou sublime[1]. Et il y a là, au moins provisoirement, place pour la diversité et l'initiative individuelle. Mais, ce provisoire même paraît regrettable, et l'on devra reconnaître que « l'automatisme « tout à fait invraisemblable, est pourtant désirable »[2] et

[1] Tarde, L'Avenir de la Moralité (*Revue philosophique*, octobre 1886).
[2] *Ibid.*

que le mouvement réflexe, avec sa sûreté et son adaptation parfaite au système général des mouvements, est le type de l'acte moral[1]. Aussi, en essayant de préciser les conceptions futures du Bien, et les métamorphoses prochaines de la moralité, en vient-on à regarder « la mora- « lité militaire actuelle comme la peinture anticipée de la « moralité sociale future[2] », l'armée, milieu exclusivement masculin, étant, avec la congrégation religieuse, l'organisation la mieux systématisée. Ainsi, le Bien devrait être, pour l'individu, aussi exactement déterminé qu'un théorème mathématique ou un article de la théorie du soldat.

Quelles que soient l'ingéniosité et l'autorité avec lesquelles ces idées sont défendues, nous ne pouvons y reconnaître le véritable sens de la moralité. Il y a là une double erreur. D'une part, la conception est déjà une action, et elle a déjà une signification morale ; dès cette première démarche le devoir nous demande un effort, nous commande de faire œuvre d'imagination, d'initiative raisonnable, de liberté, enfin. Il y a du mérite déjà à trouver et même à chercher une idée meilleure de l'action à faire et du but à viser, c'est-à-dire du Bien. Voilà pourquoi notre impuissance même à le définir comme une vérité exacte est salutaire ; notre action n'aurait pas toute sa valeur si elle n'était nôtre dès le point de départ, c'est-à-dire dès la conception, et si nous n'y étions pas déjà présent par l'esprit comme par la volonté. Le Bien ne peut nous être livré tout fait et reçu par nous comme un produit obtenu

---

[1] Paulhan, La Morale idéale (*Revue philosophique*, novembre 1880).
[2] Tarde, *loc. cit.* Cf. sur cet avantage de la suppression du sexe et de la famille dans la société, un article de M. Houssay, *Revue philosophique*, mai 1893.

par d'autres. Tout le monde l'accorde quand il s'agit de l'acte de la volonté proprement dite ; mais cela est déjà vrai de l'effort théorique, de l'intention intellectuelle où la volonté a sa source. — Mais que deviennent alors les préceptes, les maximes toutes faites, les règles bien fixées du bon sens ou des théories morales ? Tout cela est-il sans valeur ? N'y a-t-il pas là un héritage précieux et un ensemble de vérités pratiques dont l'individu a le devoir de faire son profit ? Et avant de demander à chacun de trouver du nouveau, ne serait-il pas plus urgent, plus nécessaire, et déjà suffisant de faire pratiquer les vérités établies ? — Soit, mais comment y réussira-t-on ? Suffit-il donc de consigner ces vérités dans des livres ou même de les expliquer, de les démontrer à tous ? Pourquoi restent-elles si souvent lettre morte, et pourquoi y a-t-il, parmi ceux qui les savent par cœur ou même les enseignent, tant de récalcitrants et d'indifférents ? N'est-ce pas que ceux-là se sont contentés de les recevoir et de les enregistrer dans leur mémoire ? Et ne faut-il pas obtenir d'abord qu'ils les trouvent, ou — l'effort est le même — les retrouvent sous la formule abstraite et stérile ? C'est ainsi seulement qu'ils se les assimilent et les font vivre en eux-mêmes : c'est en leur donnant d'abord la vie de leur esprit ; et sans cette évocation, qui est une découverte, il n'y a rien à espérer. Cette condition s'impose déjà pour la science proprement dite : on ne comprend que ce qu'on a trouvé ; le livre ou le maître ne peuvent qu'aider à cette initiative, la provoquer, l'encourager, non la remplacer et en dispenser l'élève. Cette nécessité est évidemment plus impérieuse quand il s'agit de la science qui doit aboutir à l'action. Comment l'idée aura-t-elle assez de force pour aller jusque-là, si elle n'est pas plus vivante encore, c'est-à-dire plus personnelle ? Les préceptes, la sagesse déjà fixée sont utiles, comme les livres pour l'étudiant, moins que les livres cependant; mais ils ne sont rien sans l'esprit qui les appelle à la vie. Pour connaître le Bien, il faut donc un effort de l'intelligence soutenue par l'amour et la volonté.

Ainsi apparaît doublement fausse l'identification du Bien avec le Vrai, moralement et psychologiquement. Elle confond, en effet, un système d'actions avec un objet déjà fixé, et susceptible d'être représenté dans l'intelligence comme en un miroir. Se représenter une action, c'est l'accomplir en idée; car il faut imaginer non seulement le geste qui l'exécute et qui parfois est peu de chose, mais encore et surtout l'intention, le mouvement interne de l'activité. Et cela ne se peut que si le sentiment y est déjà intéressé, si on se l'assimile déjà dans une certaine mesure. L'action ne saurait donc être un pur objet, malgré qu'il y ait en elle quelque chose d'objectif et des conditions intelligibles. Le Bien, ensemble idéal d'actions, n'est donc pas un objet tout logique; malgré qu'il soit assujetti à des cadres logiques, et quels que soient ses éléments intellectuels, il ne peut être défini par un jeu d'abstractions et conçu par l'entendement seul. L'entendement est ici solidaire de la sensibilité, et ceci nous conduit à la seule hypothèse qui nous reste.

En résumé, la science objective ne peut que constater ce qui est passé ou présent : déterminer l'avenir c'est encore constater, car cela ne se peut que si l'avenir est, pour notre esprit, semblable au passé et immuable comme lui. Ce n'est donc pas en ce sens que la morale pourrait être une science, et le Bien un système de vérités. D'autre part, on peut appeler science une construction logique établie sur des hypothèses ou des postulats légitimes ; encore faut-il, pour que la morale soit une telle science, que cette construction, embrassant l'idéal de l'humanité et de l'univers, puisse être rigoureuse et complète. Or, il n'est ni logiquement possible, ni souhaitable moralement, que le Bien soit ainsi exactement et complètement défini.

CHAPITRE IV

L'OBJET MORAL EST UNE FORME DU BEAU

Tout ce qui précède, écartant les conceptions industrielle et logique du Bien, nous amène à une conception nouvelle. Déjà vraisemblable par là même, elle sera justifiée et démontrée peut-être par des raisons directes; dans tous les cas, nous devons l'essayer avant de déclarer la notion du Bien irréductible. Cette dernière hypothèse assimile le Bien à une forme du Beau, en prenant ce terme au sens le plus large, c'est-à-dire sans distinguer pour le moment entre le beau et le sublime. Le Bien serait donc le Beau dans l'ordre des actions, le Beau pratique. L'idée antique était juste, mais trop courte, puisqu'elle laissait de côté le devoir, dangereuse par là même, parce qu'elle semblait compromettre la sévérité de la règle, à moins qu'on ne sacrifiât la liberté du génie. Pour nous, cet idéal esthétique ne serait que le contenu de la loi, et l'action bonne serait celle qui, sous la tyrannie du devoir, aurait été conçue, sentie, exécutée comme la plus belle de celles qui étaient possibles. Autrement dit, le devoir commandant de faire de son mieux, on lui obéirait en réalisant ce qui, dans un ensemble donné de circonstances, aurait apparu comme le chef-d'œuvre de la conduite ; réciproquement, en agissant par devoir, par pur respect de la loi, on accomplirait toujours la plus belle œuvre pratique. Evidemment, il faudrait tenir compte de ces circonstances mêmes ; nous savons la différence entre l'art proprement dit et la pratique ; on ne peut souvent pas attendre pour agir, et l'on est bien des fois réduit au pis-aller. Mais, en admettant que cette différence fût radicale — et elle ne l'est pas sans doute si l'on envisage d'ensemble tout le système de la conduite, — on y devrait simplement reconnaître la condition spéciale d'un art déterminé ; la musique a les siennes de même que la peinture ou la sculpture, dont chacune a son domaine, ses limites, ses moyens d'expression. Rien n'empêche donc, ce semble, de rapprocher par leur objet, abstraction faite de la forme, l'art et la moralité, et de regarder l'homme de bien comme un artiste qui n'avait pas le droit de ne pas l'être. Nous rencontrerons pourtant des difficultés, et qui arrêteront toute notre attention ; avant d'y arriver, il convient de montrer brièvement le sens positif et la valeur de cette hypothèse.

A priori, elle paraît réclamée par les arguments que nous avons opposés aux précédentes. S'il est impossible à la fois de définir exactement et universellement le Bien, et d'en abandonner l'idée au caprice individuel, n'est-ce pas que l'entendement et la sensibilité isolément impuissants doivent, pour le déterminer, s'unir en un jugement qui ne peut être qu'un jugement esthétique. Il faut renoncer, en effet, d'une part à établir pour les jugements moraux une

universalité et une immutabilité de fait et même de droit.
Si l'on s'y attache encore, c'est faute de distinguer entre la
forme de ces appréciations qui est universelle — c'est l'affirmation pure de la loi — et le contenu qui ne peut pas
l'être, car les éléments en sont infiniment divers et variables. Erreur naturelle, du reste; l'homme ne pouvait se
sentir tenu par une loi aussi impérieuse sans être convaincu d'abord qu'elle imposait à tous les mêmes actions,
comme l'évidence impose les mêmes affirmations. Les premières réflexions morales devaient dégager de ce sentiment l'idée de l'universalité des données de la conscience, et
les premières théories, coordonnant ces réflexions, en faire
le principe d'une science morale. Aujourd'hui encore, le
bon sens semble réclamer pour les actions une logique semblable à celle des affirmations, et il faut, à ceux qui ne sont
pas sceptiques, un grand effort pour admettre des contradictions dans la conscience à travers les âges et les latitudes : le besoin d'une unité idéale accompagne la croyance
à l'unité de fait. On concède des variations de détail, des
obscurités, des confusions, des malentendus ; on reconnaît
que certaines consciences sont exceptionnellement aveugles, ou faussées et comme infirmes, par le fait de la naissance, d'un accident ou d'une maladie. Mais on maintient
qu'il suffit de dissiper les équivoques, d'écarter les brouillards des préjugés et des passions, de se mettre et de
mettre les autres hommes simplement et franchement en
face de la conscience ; l'unité doit apparaître, éclatante, et
semblable à la lumière du soleil dans un ciel éclairci. En
un mot, on invoque l'intuition qui fournit les principes, et
qui, bien dirigée, doit suffire à la pratique comme à la
théorie. — L'intuition rationnelle est précieuse à coup sûr;

c'est à elle qu'il faut demander la certitude, morale autant que logique ; et pour le contenu même du devoir, où la vérité aura sa part, il sera toujours nécessaire de faire appel à la raison de l'individu délivrée de tout ce qui l'encombre; ce retour à la sérénité de la raison est le salut de bien des âmes, et, par là du moins, les hommes sont rapprochés les uns des autres. Cependant cela ne suffit pas à mettre d'accord toutes les consciences, parce que chacune d'elles ne peut être en fait une raison pure. Ce n'est pas seulement sur des détails que portent les divergences : c'est sur des choses essentielles comme le suicide, l'homicide, la vengeance, etc. Ce ne sont pas seulement des malentendus, plus ou moins faciles à dissiper : ce sont des oppositions radicales entre des convictions également profondes et loyales, où s'affirme une foi morale, tantôt solidaire, tantôt séparée d'une foi religieuse, mais également sincère. Il faut donc, nous n'insisterons pas davantage, renoncer à l'universalité de fait, même pour un minimum d'appréciations fondamentales sur le Bien.

Du moins, on pourra s'en tenir à l'idée d'une universalité idéale, à laquelle doivent tendre et travailler tous les théoriciens et tous les apôtres de la moralité, tous les savants et tous les sages. N'y a-t-il pas, en fait, convergence des jugements et sentiments moraux, comme il y a unification progressive des mœurs ou des préjugés ? Mais cet idéal est la limite d'une série indéfinie ; il est inaccessible, et il faut qu'il le soit. Sans doute, l'unité est souhaitable et, en partie, réelle, pour ces préceptes essentiels auxquels on pense exclusivement parce qu'ils expriment, avec certaines conditions de la vie sociale, les conditions du progrès moral. Mais, outre que chacun peut et doit les sentir à sa façon, l'originalité, l'individualité morale, comme le disait Schleiermacher, reste en principe préférable à la routine. On ne saurait mesurer par sa distance à l'idéal objectif la valeur d'une conduite donnée ; car on condamnerait tous ceux qui, de bonne volonté, de bonne foi, s'en sont écartés, et souvent ont bien paru lui tourner le dos. Il faut un autre critérium pour apprécier les actes sincères des ignorants, des humbles, des impatients et des maladroits qui ont voulu et cru bien faire, enfin de tous ceux dont la science est trop courte, c'est-à-dire de tous les hommes. Un fait, à défaut d'autres, le prouverait ; c'est l'existence inévitable de la casuistique et en même temps sa perpétuelle insuffisance. Il est puéril aujourd'hui de récuser la casuistique et de la déclarer, *a priori*, illégitime, stérile ou funeste. Sous prétexte qu'on lui a demandé de tristes services et qu'on en a faussé l'esprit, on n'a pas le droit d'oublier ses bienfaits. La casuistique stoïcienne ne fut-elle pas bienfaisante et ne servit-elle pas, théoriquement et pratiquement, à mieux poser le problème moral [1] ? Tous les moralistes, y compris les auteurs des grands systèmes, de Socrate à Kant, n'ont-ils pas été des casuistes ? Casuistes aussi les romanciers, les dramaturges, d'Eschyle à Dumas fils, et les directeurs de conscience, et les donneurs de conseils, et les éducateurs, et nous tous enfin, qui discutons, et avec quelle ardeur de dialectique! un cas singulier, souvent artificiel. Conflits de sentiments légitimes et même de devoirs, questions du suicide, du duel, du divorce, de la recherche de la paternité ou du mensonge honnête, oppositions de la légalité et de l'équité, n'est-ce pas dans ces cas embarrassants que la question morale

[1] Thamin, *Un problème moral dans l'antiquité.*

étreint les consciences scrupuleuses, et inquiète les plus indifférentes? N'est-ce pas de ces débats et de ces controverses que jaillissent les solutions partielles, en attendant le système, provisoire lui-même, qui les coordonnera? N'est-ce pas ainsi que les théories sont éprouvées et rectifiées, que l'opinion se fixe et, petit à petit, avec elle, la vérité? Mais cette universalité même de la casuistique témoigne que les principes n'aboutissent pas jusqu'à la pratique. Les théorèmes sont trop généraux ; il faut en déduire de multiples corollaires, puis des applications de plus en plus particulières ; et il se trouve, quand on a rejoint la pratique, que ces conséquences ne sont plus d'accord entre elles : il faut vérifier les déductions, interpréter les formules, en briser la rigueur, les faire plier aux exigences du détail. N'est-ce pas une preuve que les intuitions simples sont trop courtes et trop simples ? Ce n'est pas tout. Cette œuvre dialectique elle-même est toujours à recommencer et indéfiniment impuissante. D'autres questions apparaissent, ou les mêmes renaissent plus compliquées, avec l'enchevêtrement croissant des relations sociales et des passions. Et surtout les cas particuliers, même résolus, ne sont jamais eux-mêmes assez particuliers ; il y a toujours, dans le problème pratique qui se pose devant la conscience d'un homme, quelque chose de singulier ; la formule est trop abstraite, et encore loin de la vie. Bien des fois on la trouve inutile et encombrante : la vraie morale se moque de la morale. Il faut, dans tous les cas, que chacun, au delà de la théorie ou à côté d'elle, devienne son propre casuiste ; il faut trouver soi-même la solution ou plutôt une solution [1].

[1] Il suffit de rappeler là-dessus les fines observations de M. Janet dans sa *Morale*, liv. II.

Et pourtant, ce n'est pas le sentiment seul ou la pure fantaisie qui décide. Autant que des goûts et des couleurs on dispute de la moralité, et la raison ne peut être indifférente à son contenu. Laisser, une fois la bonne volonté obtenue, le sentiment seul juge, et abandonner l'action à l'inspiration du moment, c'est se rejeter dans le mysticisme ou nier la moralité. Et si l'on entend que ce sentiment n'est pas le pur caprice, il faut qu'il y ait déjà là quelque chose d'intellectuel et de rationnel; la réflexion ne l'y mettra pas, mais l'y trouvera, et cherchera seulement à le dégager et à le développer. L'invention est nécessaire, mais le hasard et la bonne fortune ne suffisent ni à cette invention, ni aux autres. Il y faut aussi une longue patience, une accumulation méthodique de connaissances, des cadres bien établis, parfois de l'érudition. Le devoir n'exige pas que nous soyons tous des érudits de morale et de casuistique : il commande pourtant que nous n'attendions pas la dernière minute pour penser à ce que nous allons faire, que nous profitions de l'expérience acquise, que nous nous instruisions enfin.

Tout cela est évident, il est inutile d'y insister; il fallait pourtant le rappeler, car cela nous fournit déjà de singulières présomptions pour le rapprochement du Bien et du Beau. Comment ne pas conclure, en effet, *a priori*, que les mêmes démarches de l'esprit aboutiront au même résultat, et que cette inévitable collaboration de l'entendement et de la sensibilité nous donnera un jugement de goût? Il importe assez peu que, d'une part, l'intelligible soit rendu sensible, tandis que, de l'autre, c'est le sensible qui est intellectualisé; ou que dans un cas le sensible, dans l'autre l'intelligible soit l'essentiel. Cette opposition même est discutable, et il n'en reste pas moins que, des deux côtés, l'objet est une synthèse du sensible et de l'intelligible, et ne peut être saisi que par les mêmes facultés de l'esprit. La différence ainsi réduite n'est plus que spécifique. Cela ne suffit pas toutefois à convaincre tous les esprits, et il faut examiner plus directement, plus pratiquement la question, pour écarter les préventions et les objections. Elles peuvent venir, soit de ces appréciations communes où Socrate puisait sa science et qui constituent le bon sens moral, soit des théories réfléchies des philosophes.

Il n'y a pas, tant s'en faut, d'opposition radicale entre les deux termes de Bien et de Beau. Non seulement on admet volontiers qu'ils forment avec le Vrai une trinité transcendante, et se rejoignent dans l'absolu, ce qui ne suffirait pas ici; mais les plus rebelles ou les plus hésitants admettent des rapprochements, des coïncidences plus sensibles. Quelques-uns vont jusqu'à subordonner, inversement, le Beau au Bien dont il ne serait qu'un cas particulier; ils distinguent mal sans doute la forme du contenu; car, s'il est très légitime d'astreindre l'artiste, qui est homme, à la loi du devoir et, par là, de soumettre ses actions à la moralité, il n'est pas juste de prétendre que toute belle œuvre soit aussi une bonne action, et qu'il n'y ait de belle œuvre qu'à ce prix; la moralité n'est la condition ni nécessaire, ni suffisante de la beauté. A vouloir le soutenir, on fausserait l'une et l'autre idées en laissant croire que toute beauté est signe de vertu, et que le souci moral engendre tous les chefs-d'œuvre. L'art qui ne songe qu'à prêcher et évangéliser n'est bientôt plus que de l'artifice, et ce n'est pas ainsi que l'art est moralisateur [1]. Mais

---

[1] *Cf.* Renouvier, *Morale*, I, 260.

réserve faite des devoirs de *l'homme,* pour qui l'art de vivre et de vivre bien doit dominer tous les autres, nous n'avons ici qu'à passer outre. Si nous devons en venir à reconnaitre que le concept du Bien est le plus large et enveloppe l'autre, ce ne sera qu'après avoir échoué à l'y réduire. Ce qu'il faut constater et examiner dès maintenant, ce sont ces jugements communs déclarant belles au moins certaines actions morales et affirmant ainsi l'existence d'un terrain commun et d'une zone frontière. Il est beau de mourir pour sa foi ou pour son pays, de jeter sa vie au péril pour en sauver une autre, de voler au secours des faibles qui vont succomber, de braver l'émeute au nom de la loi ou la tyrannie au nom du droit, d'accepter la ruine pour garder l'honneur de sa famille, etc. Les exemples abondent, connus jusqu'à la banalité, et ici d'autant plus probants. Il suffit de prendre au hasard; personne ne contestera une singulière affinité ou au moins concordance entre le Bien et le Beau. L'admiration que soulève chacun de ces actes n'est-elle pas à la fois esthétique et morale ?

Prenons garde même qu'elle ne soit trop esthétique pour être vraiment morale. Ce que l'on cite, en effet, ce sont des coups d'éclat; et, sans rabaisser en rien le mérite des héros qui n'est pas en cause, sans y voir une vertu de théâtre et d'apparat, n'est-il pas vrai que pour nous, spectateurs, ces actions s'accomplissent sur le devant de la scène. Sans que nous démêlions bien nos impressions, elles nous saisissent surtout par leur intérêt dramatique. Ne risquons-nous pas, dans cette incertitude où flotte notre émotion, de prendre pour un élan de la conscience l'emportement du spectateur qui applaudit à un revirement imprévu et à un bel effet de théâtre ? N'admirons-nous pas aussi bien l'héroïsme dans la vengeance, dans l'émeute, dans la résistance à la loi ? La bravoure d'un chef de bandits, prêt à tous les crimes, ne nous paraît-elle pas belle aussi bien, et de la même façon ? N'est-ce pas le panache qui nous fait illusion ?

Il n'en resterait pas moins que les autres aussi, les actions vertueuses, sont belles ; et cela nous suffit pour le moment, quitte à montrer plus tard qu'elles sont vraiment les plus belles, sinon les seules belles pour qui a le goût formé et sait en voir la valeur dans un plus vaste ensemble. Cependant, il y faudrait renoncer si ce caractère esthétique ne se trouvait que là, dans ces actions dramatiques et de grand apparat, devant lesquelles les consciences rigoristes sont gênées, et comme offusquées de tout cet éclat extérieur. Mais, outre que les véritables héros n'ont rien du comédien, et que la pureté la plus naïve se rencontre dans les plus grandes actions, il y en a d'autres aussi qui sont belles, plus discrètes et presque ignorées, mais s'imposant à l'admiration de tous ceux qui en sont témoins et les comprennent.

Ici, c'est le dévouement obscur et continu, la quotidienne abnégation des parents, ou celle des âmes charitables qui, sans ambition et sans espoir de récompense ou de notoriété, sans autre avenir que la fatigue, l'épuisement et la mort, s'obstinent avec une invincible sérénité à une même tâche, toujours pénible, souvent répugnante. Les annales, toujours incomplètes, de ces vertus dont il faut percer l'obscurité et violer le secret, sont pleines d'exemples semblables.

Ailleurs, c'est une mère qui, veuve ou pleurant un

enfant, garde au fond d'elle-même, et pour la solitude, l'élan de sa douleur, prend sur elle, suivant l'expression si familière et si forte, de paraître moins affligée, et même souriante, afin de ne pas élever ses autres enfants dans les larmes, afin qu'on ne soit pas découragé autour d'elle.

Ou bien c'est un maître qui, riche des plus brillantes facultés, dédaigneux des succès bruyants, ayant l'horreur des artifices qui lui vaudraient la renommée, s'enferme d sa tâche professionnelle en s'y astreignant aux plus humbles obligations; malade, il donne à ses élèves tout son labeur, de toute son âme, se reproche de leur dérober le temps que lui prend la souffrance, ou que réclame la santé, et poursuit ainsi dans une obscurité voulue, jusqu'à une mort prématurée et prévue, la formation des esprits et le salut des caractères.

Ou bien encore, c'est l'effort de l'homme qui porte toute sa vie le poids d'un malheur de famille ou d'une faute — qui peut-être fut légère, peut-être ne fut pas la sienne — et qui, sans se plaindre, sans rien révéler de ses regrets ou de ses angoisses, sans défaillance, donnant du courage à ceux qui l'entourent, lutte obstinément contre les déceptions et les misères de la vie.

Au-dessous de ces héros, c'est l'homme qui aurait facilement, en vivant seul et pour soi, conquis l'aisance, les jouissances du monde, les joies de l'esprit, les succès de l'opinion, mais qui a renoncé à toute autre ambition que celle d'élever ses enfants, et, pour y suffire, se penche sur une besogne ingrate et monotone, dont le mérite sera sans doute méconnu, trop heureux si on ne lui en fait pas le reproche.

Comment qualifier encore la délicatesse de ces âmes

qui, à la suite d'une offense, s'appliquent à ne pas humilier le coupable et à relever sa dignité, et mettent toute leur amabilité, on dirait presque — n'était le soupçon d'artifice — toute leur coquetterie à rentrer elles-mêmes en grâce, comme si elles avaient à se faire pardonner d'avoir été l'occasion d'une faute ?

Dira-t-on enfin tout le charme de cette vertu féminine qui sait s'effacer et, au besoin, souffrir en silence pour apaiser les querelles et les antipathies, travaillant discrètement, mais obstinément à obtenir de tous les concessions nécessaires à la vie commune, se sacrifiant, s'accusant s'il le faut, et cachant sous une grâce et une sérénité inaltérables un effort de tous les jours ?

Ce ne sont pas là des vertus de montre et de représentation. Ce n'est pas non plus l'heureux et facile épanouissement d'un talent ou d'un génie naturels. C'est l'effort obscur, et le sacrifice qui se cache. Comment n'y pas reconnaître les caractères du beau, du gracieux ou du sublime ? Qui donc hésite, résolu ou non à les imiter, à déclarer que ces actions sont belles ? Et elles sont de toutes les époques, de tous les jours, de toutes les conditions sociales.

Les présomptions s'accusent ainsi et se multiplient, et il ne s'agit plus d'un rapprochement superficiel, peut-être fortuit. Mais on peut dire encore que ces actions dépassent et débordent le cadre rigoureux du devoir ; elles sont bonnes, excellentes, mais avec quelque chose de surérogatoire que la loi ne peut réclamer et qui vient d'une libre générosité[1] ; c'est par là qu'elles sont belles. On montre-

---

[1] Schiller, *Lettres sur l'Education esthétique*, tr. fr., p. 329.

rait de même que les moindres de ces actions de choix où apparaît un surplus d'initiative morale, on montrerait, dis-je, qu'elles sont belles autant que bonnes. La moindre aumône de bon aloi, et vraiment charitable, est une belle action ; de même pour toute démarche désintéressée, comme le pardon d'une légère offense, l'abandon d'un petit privilège, une largesse bien placée, un sacrifice d'amour-propre. La courtoisie, la politesse vraiment sincères, débarrassées du masque de la convention, ne sont-elles pas gracieuses, comme le déclare le langage populaire, et n'y reconnaît-on pas ce qu'on pourrait appeler l'élégance morale ? Ainsi, on conviendrait facilement que toutes les actions de devoir large ont un caractère esthétique [1], les autres restant simplement morales.

Rien n'est moins précis, toutefois, et plus équivoque que cette distinction entre les *devoirs de droit*, ou stricts, et les *devoirs de vertu*, ou larges. Elle est très légitime si on l'entend bien, en disant que les premiers peuvent être réclamés par la force, et surtout exigent moins d'initiative et d'invention. Elle est fausse si l'on admet que les derniers sont facultatifs, qu'on peut les esquiver et rester vertueux, et que chacun de nous peut, sans démériter, s'abstenir de ce zèle moral, ainsi qu'un fonctionnaire correct s'en tient à la tâche réglementaire. La correction est précieuse, à coup sûr, et nécessaire ; mais celui qui s'en tient là, et surtout qui y songe, prenant bien garde de ne pas dépasser la ligne, est-il même un bon fonctionnaire ? Fait-on bien tout ce qu'on doit quand on est si impatient d'en avoir fini, si attentif à ne donner ni une heure, ni un

---

[1] V. Renouvier, *Morale*, I, p. 277, sqq.

effort de plus ? Celui qui ne s'est jamais oublié à la tâche n'a pas rempli toute sa fonction. Où est l'administration qui ne serait qu'une machine et ne réclamerait jamais de dévouement ? A plus forte raison pour la moralité, qui n'est pas chose administrative. Elle réclame, en effet, l'homme tout entier, non pas seulement l'emploi régulier et mécanique de quelques heures de son temps, et de quelques aptitudes spéciales. Il ne suffit pas de fournir, sans plus ni moins, et en se croyant quitte du reste, une besogne savamment mesurée par un règlement ou un chef hiérarchique. Il ne faut pas s'y prêter en gardant son quant à soi, et en réservant jalousement ses loisirs et ses congés ; il faut s'y donner sans arrière-pensée et sans jalousie, parce que c'est l'œuvre de la personnalité, qui est indivisible, non du spécialiste qui peut être en chaque individu ; le métier d'homme est de tous les instants. Ou bien il y a seulement des limites imposées du dehors à nos caprices, maintenues par la contrainte sociale et observées à regret, par peur et par routine ; mais alors il n'y a plus qu'une autorité sociale, non une obligation morale. Ou chacun a le devoir de faire tout le bien qu'il sent et comprend ; alors, le bien, une fois aperçu, c'est une faute d'y manquer, et il n'y a pas d'obligation facultative [1]. Aussi verrons-nous les actions de devoir strict, de légalité, prendre aussi bien que les autres une valeur esthétique, au lieu de se réduire à une sèche et routinière observance du règlement.

Il serait facile de les soumettre à cette critique en pas-

---

[1] *Cf.* M. Janet, *Morale*, p. 230, sqq. Ne semble-il pas en lisant ces pages que l'on doit conclure en faveur de la conception esthétique du Bien ?

sant en revue les catégories dans lesquelles on peut les classer. Mais cette énumération des devoirs de justice serait fastidieuse; il suffira de prendre deux ou trois exemples vraiment caractéristiques, c'est-à-dire, ici, aussi terre-à-terre, aussi peu esthétiques que possible. Encore faut-il que ces actions aient tout leur sens moral, et qu'on reconnaisse en chacune d'elles l'accomplissement d'un devoir, non l'effet d'une contrainte sociale ou d'une menace. Si nous considérons l'acte, banal en somme, d'un débiteur qui paie au jour dit, il faut en prendre un qui le fasse volontiers, parce qu'il le doit, et non pas avec le regret de ne pouvoir s'y dérober par violence ou par ruse. Malgré ces réserves, il semble bien encore que l'action est trop simple, trop unie et trop rigide pour avoir la moindre beauté. Comment dire qu'il faut être artiste pour payer une traite à l'échéance, ou porter son argent chez le percepteur ? Et pourtant, sans rien ajouter à l'action elle-même, imaginez qu'elle s'oppose aux habitudes d'un milieu dépravé, que les mœurs commerciales ou civiques soient relâchées; elle ne paraîtra plus aussi insignifiante. Envisagez, non plus l'un de ces cas isolés, mais la conduite du commerçant qui, pendant toute une carrière, a ponctuellement, avec une exactitude impeccable, fait honneur à sa signature; alors se révélera, manifestée par le contraste, la beauté de cette régularité même, ou plutôt des qualités morales et des efforts qu'elle trahit ; car on sentira, sous une apparente monotonie, la vie d'une volonté qui a dû lutter sans doute, et qui s'est imposée à tous les hasards et à toutes les tentations. Songez, cela est plus simple encore, à la démarche de l'homme qui paie, loyalement et spontanément, en passant à l'octroi, les quelques centimes dont il se sait redevable. En soi-même, cela n'est rien et ne vaut pas de grands éloges; agir autrement serait voler. Mais l'action est si rare qu'elle devient belle; elle est, en fait, jugée telle par celui qui est frappé du contraste; elle est admirée par tous ceux qui n'ont pas, sur ces devoirs très clairs et très méconnus, une conscience faussée, mais seulement une volonté faible. De même, si la plupart raillent comme une sottise, d'autres admirent comme une belle conduite l'habitude de ne pas présenter une monnaie que l'on sait fausse.

Mais il faut écarter ces hypothèses même et ces complications objectives; il faut prendre purement et simplement l'une de ces actions et en dégager le sens. Il suffit seulement de la prendre comme une action, non comme un fait tout objectif, c'est-à-dire de se mettre un instant, spectateur impartial mais intelligent, à la place de celui qui l'a accomplie : le critique ne peut apprécier une œuvre d'art s'il n'a cherché à la comprendre, s'il n'est entré un moment dans la pensée et dans le sentiment de l'auteur. Or, ici, la pensée est simple. S'abstenir, esquiver sa dette serait une faute, un crime peut-être; faut-il admirer celui qui reste à la lisière et que l'on mépriserait s'il la franchissait? Lui-même refuse les éloges ou s'en offense, parce qu'ils laissent entendre qu'il aurait pu mal faire. Il n'a fait que son devoir; mieux encore, son action est toute naturelle; instinct ou habitude prise, c'était comme une nécessité pour lui de se conduire ainsi, et c'est le contraire qui lui aurait coûté un effort, s'il avait pu y songer un instant. — Pourtant, il y en a beaucoup qui y songent; moins heureusement doués ou disciplinés, ils se complaisent à l'idée de mal faire et de jouir du profit, se laissent aller presque jusqu'à la faute, puis réfléchissent, se ressaisissent et, par un effort de volonté, restent dans la règle. L'action, si mince qu'en soit l'objet, sans que rien soit changé aux démarches extérieures, sans que personne ait rien soupçonné, l'action est-t-elle encore insignifiante ? et a-t-on le droit de ne juger que le geste extérieur, tout semblable à un fait naturel ? Le mérite en est grand, tout au contraire, et c'est peut-être un exploit de vertu, qui a dû tenter par sa grandeur même et sa beauté celui qui s'y est résolu. Notre théâtre est plein de semblables scènes, où le geste le plus naturel fait frissonner le spectateur averti et qui en sait la valeur morale. Sans doute, ce n'est plus l'ordinaire, et ce qui nous saisit d'une émotion esthétique, c'est précisément, comme tout à l'heure, ce qui dépasse la mesure et nous surprend par une grandeur inaccoutumée. Qu'importe ! Il reste que des actions de devoir strict, des actions légales, réglementaires nous semblent belles, et belles dans la mesure même où elles sont morales; car c'est en nous détournant de la routine sociale pour retrouver par sympathie la vie intérieure qui les anime, c'est en en pénétrant la signification morale que nous arrivons à les admirer. Dira-t-on que ce n'est plus seulement un objet que nous contemplons en spectateurs, et que nous nous mettons à la place du sujet ? Mais il est impossible qu'il en soit autrement, et l'objectivisme rigoureux est aussi impraticable que le formalisme absolu. Il est impossible de comprendre et d'apprécier une action si l'on n'y voit qu'un fait brutal, matériel, tout objectif enfin; car, de ce point de vue, pour le spectateur qui ne veut envisager que le dehors, les plus sublimes dévouements se réduisent à des mouvements banals. Une action, comme une œuvre d'art, est une pensée qu'il faut retrouver; elle nous échappera à jamais si nous n'y mettons rien de nous-même, si nous ne la reproduisons pas au dedans de nous par l'imagination. Le spectacle que nous devons nous donner, c'est celui de cette activité même et de son domaine intérieur, non de son prolongement matériel. La seule précaution à prendre, c'est de ne pas nous oublier dans cet élan de l'imagination jusqu'à accomplir l'action pour notre compte, et de rester en même temps, par la réflexion, juge et critique; démarche difficile peut-être, mais nécessaire; encore une fois, spectateur et acteur ne peuvent être ici ni dissociés, ni identifiés l'un à l'autre.

Dès lors, nous pouvons aller plus loin encore et considérer, réduite à toute sa simplicité, l'action morale élémentaire, celle de l'honnête homme qui paie sa dette aussi naturellement qu'il salue un ami sur son chemin. L'exacte probité lui est aussi naturelle que la politesse à l'homme bien élevé; c'est l'idéal de la vertu pour ceux qui la réduisent à une fonction sociale, et qui assimilent l'homme de bien au mécanisme d'une horloge parfaite ou d'un distributeur automatique; mais c'est aussi pour le formalisme le plus bas degré du mérite et de la moralité. Quoi qu'il en soit, cet acte attendu, inévitable n'a, ce semble, aucune valeur esthétique. Il en a une pourtant, s'il a une valeur morale. Distinguons, en effet, deux cas possibles. Ou bien cet homme paie sa dette non seulement sans hésiter, mais sans y penser pour ainsi dire, sans songer du moins qu'il pourrait faire autrement, sans délibérer. Il paie par une sorte de réflexe compliqué, comme un automate dont on a poussé le ressort. Alors son action, ainsi détachée de toutes les autres, simple fait de routine, n'a pas de signification morale, pas plus que son salut sec et froid n'est une démonstration de politesse. Elle n'est pas belle; elle n'est pas non plus vertueuse. Encore peut-on dire qu'à la prendre ainsi on ne la prend pas tout entière; on oublie sa lointaine origine, les volitions initiales dont elle n'est que le prolongement, et l'intention reculée qui y est, malgré tout, encore présente. Ce n'est qu'un élément d'un système bien réglé et qui fonctionne seul; mais ce ne serait rien pourtant, non plus que le système, sans la raison qui l'a voulu, et qui le maintient par une sorte de création continuée. Ce n'est qu'un fait d'habitude, et qui s'opposerait à une initiative nouvelle; ce réflexe compliqué n'est pourtant pas semblable aux réflexes inférieurs; cette nature acquise n'est pas dans le sujet malgré lui, ni sans lui, comme son tempérament et ses instincts. Elle est à lui parce qu'elle vient de lui; il est, inconsciemment peut-être, mais réellement présent à son œuvre; cette nature reste le témoignage et l'auxiliaire de sa volonté. Le spectateur qui cherche le sens de son action ne doit pas le méconnaître, sans quoi il ne la lui attribuerait pas, et n'y verrait pas un trait de probité. S'il en est ainsi, elle apparaît comme un morceau bien à sa place dans un bel ensemble, comme une note juste dans une mélodie où la réclameraient à la fois le rythme et la couleur de la phrase musicale. Et ne suffit-il pas que l'auteur lui-même y songe, dans un éclair de réflexion, pour se retrouver en cette routine qu'il semblait subir, pour y reconnaître ou y remettre toute la vie de son vouloir et de son initiative ?

Supposons, en effet — c'est la seconde hypothèse — que cet homme paie son créancier avec la conscience de ce qu'il fait, avec l'idée plus ou moins vague qu'il observe un devoir de justice, et, par suite, qu'il pourrait chercher à s'y soustraire, avec la décision, si rapide qu'elle soit, de ne pas manquer à sa dignité. Alors cette action, qui paraissait sans valeur, devient vraiment morale, non plus seulement de cette moralité latente qui soutient toute la série, mais par la réflexion spéciale qui lui a donné son sens propre en même temps qu'elle ravivait l'intention générale. Mais n'apparaît-elle pas comme belle aussi dans ce tableau rapidement entrevu de toute une vie d'irréprochable probité? Elle prend sa place à la suite des actions passées et en continue, pour ainsi dire, le dessin; semblable à chacune d'elles, puisqu'elle est conforme à une même loi, elle respecte l'unité qui les coordonne; nouvelle pourtant, puisqu'elle vient à un autre moment de la vie du sujet, elle a nécessairement sa couleur propre et sa physionomie individuelle. Cet intérêt déjà esthétique, où se trouvent les conditions du jugement de goût, devient plus vif encore et plus profond si l'on se tourne vers l'avenir; car nous devons voir en cette résolution nouvelle une promesse et un gage d'espérance. La bonne intention n'est jamais un calcul limité au moment prochain; et le sujet, qui s'y met tout entier, voudrait absorber dans l'unité de son vouloir toute la diversité des accidents de l'avenir. Dès lors, une simple action porte en elle tout un monde, et le spectateur y peut pressentir à sa façon toute la riche variété des déterminations futures. Ajoutons enfin qu'elle est, dans le présent, comme toute volition, la synthèse des désirs et tendances qu'elle organise, et nous reconnaîtrons que l'émotion ainsi suggérée[1] a tous les caractères de l'émo-

   Cf. Bergson, *Essai sur les données immédiates de la conscience*, p. 12.

tion esthétique. L'objet du jugement n'est-il pas à la fois intelligible et sensible, et le jugement lui-même n'est-il pas l'acte d'un spectateur qui retrouve dans les choses ce qu'il y a mis et ne les comprend qu'en se reconnaissant en elles?

Cette analyse conviendrait aussi bien à d'autres exemples, aussi simples et aussi instructifs en leur banalité même ; et ce qui vient d'être dit de la probité élémentaire s'appliquerait au respect de la vie d'autrui, au respect de la liberté ou de l'honneur, à l'observance des devoirs civiques comme à celle des devoirs individuels. On montrerait toujours que certains actes dépassent, par l'effort qu'ils réclament, les limites d'une formalité réglementaire, et doivent provoquer, chez celui qui en voit toute la portée, une émotion, peut-être le frisson du sublime. Pour les autres, qui semblent la menue monnaie de la vie courante, ils prennent eux aussi un intérêt esthétique à mesure qu'on leur reconnaît une signification morale ; et si, malgré tout, il y en a qui soient désespérément plats et terre à terre, c'est que ce ne sont pas des actes volontaires. Veut-on un exemple encore entre mille autres, et des moins favorables? Venir à l'heure fixée pour le travail, être là quand s'ouvrent les portes de l'atelier ou du bureau, voilà une action qui ne comporte ni variété ni grandeur. On ne saurait ici faire plus que le devoir ; venir trop tôt est inutile ou même fâcheux, puisqu'il faut attendre et que le temps pourrait être mieux employé. On ne saurait faire moins non plus sans mal faire : venir trop tard est une faute. Où trouver ici une place pour le talent ou l'invention artistique? Regardons-y de plus près ; ce trait d'exactitude n'est pas (sans quoi nous n'aurions même pas à en parler), un fait de hasard,

un accident heureux arrivé à un étourdi, ni le résultat
d'une contrainte. C'est sans doute un terme d'une série ;
il est inséparable des autres et de la chaîne qu'il continue.
Or, cette continuité même, pour la comprendre, il faut,
comme tout à l'heure, l'opposer à la fois à l'incohérence
des irréguliers, aux défaillances des autres, à la variété
des circonstances à travers et malgré lesquelles elle a été
obstinément maintenue. On lui reconnaîtra ainsi quelque
beauté, et on aura plaisir à la suivre en imagination comme
on suit une ligne ferme et vigoureuse qui donne de l'allure à un dessin ; et l'on pensera sans doute qu'il a fallu
plus d'une fois, pour ne pas faillir, vaincre des tentations,
s'encourager soi-même, résister à des entraînements,
trouver enfin la solution des difficultés présentes, et qu'il
y a tout un art sous cette rectitude inflexible. S'il s'agit,
en dernière analyse, d'une de ces actions prise isolément
dans une conduite d'ailleurs flottante, on n'aura plus le
droit de porter sur elle le reflet de toutes les autres ; mais,
d'une part, elle prendra en raison du contraste un relief
singulier ; de l'autre, si elle ne peut être reliée à un passé
incohérent, elle ne peut être détachée de l'avenir dont
l'idée est présente dans toute résolution sincère. Si, con-
fiant en cette sincérité, on envisage cette action éclairée de
toutes les espérances, illusoires ou non, d'une vertu
désormais assurée, on y pourra trouver tout le charme
d'une aurore. Sans doute, il ne faut pas grossir au delà
de la mesure l'importance de ces minuties morales ; mais,
outre qu'une bonne intention n'est jamais un détail négli-
geable et que la plus inaperçue de ces décisions peut être
le commencement d'une vie nouvelle, nous voulons seulement conclure que la moindre éclaircie de moralité doit

éveiller un sentiment esthétique, et qu'une action est belle dès qu'elle est morale.

Inversement aussi, la preuve n'est pas moins nette, toute immoralité est une laideur. On l'admet d'emblée pour certains crimes, ou même pour tous les crimes, comme aussi pour des actions mesquines qui provoquent le dégoût et répugnent au moins autant à la conscience esthétique qu'à la conscience morale. Le traître des mélodrames est toujours antipathique, je ne dis pas aux lettrés qui jugent l'œuvre littéraire, mais aux simples qui se laissent prendre au courant de l'action. Toute trahison est laide, en effet, parce qu'elle est une discordance qui choque l'intelligence et une démarche de haine qui ne peut provoquer que de l'antipathie chez le spectateur désintéressé. Le mensonge est laid parce qu'il est de même une dissonance dans les manifestations du vouloir, et un acte anti-social arrêtant cette contagion de sympathie où l'on a pu voir une des conditions essentielles de l'émotion esthétique [1]. La brutalité est laide aussi pour une raison semblable, parce qu'elle tend à renverser tout un système de relations établies que l'on se plaisait à prolonger en pensée et à idéaliser dans l'avenir ; brisant ainsi une foule d'énergies, elle détermine un retour violent d'antipathie et de répugnance. Plus évidemment encore, la lâcheté est laide ; quand même le mensonge ne s'y ajouterait pas, c'est toujours une défaillance, un anéantissement du vouloir qui nous surprend, nous désenchante et paralyse l'élan de notre imagination ; nous assistons indignés ou attristés à l'effondrement, à la désorganisation d'une personnalité que

---

[1] V. Guyau, *L'Art au point de vue sociologique*.

nous avions pu croire solide et vigoureuse. Et de ce point de vue, qui est le vrai point de vue moral, il est impossible que tous les vices, les défauts et jusqu'aux moindres fautes n'apparaissent pas comme des laideurs, depuis l'horrible et ignoble brutalité où sombre la dignité humaine, jusqu'aux petites et mesquines faiblesses qui froissent le goût d'une conscience affinée. Plus on s'élève, pour se placer au-dessus des passions qui troublent le jugement, au point de vue de l'artiste qui embrasserait d'un coup d'œil toute l'œuvre d'un homme, plus on est frappé de ces contradictions qui apparaissent comme des taches violentes et grossières. Plus aussi on a de pénétration et de goût, plus on est sévère pour les mensonges d'un art qui ne cherche qu'à se faire valoir. L'éducation d'une conscience n'a-t-elle pas justement pour but, comme l'éducation du goût, d'obtenir cette élévation et cette délicatesse qui ne se laissent tromper ni par la grossièreté des effets, ni par les artifices de la manière.

On peut donc proposer, ce semble, à l'homme qui a la volonté de bien faire, de se fier à ce critérium pour donner un contenu à son intention ; les bonnes actions sont belles comme les mauvaises sont laides. Il reste pourtant des difficultés, tout au moins des cas embarrassants que l'on aperçoit clairemement si l'on considère la réciproque de chacune de ces propositions. Peut-on dire vraiment que toutes les actions belles soient bonnes, et que toute action laide soit immorale ? Sans doute on pourrait — la conclusion aurait déjà son intérêt — se borner à prétendre que le Bien est toujours beau, en admettant qu'il peut y avoir d'autres actions belles et que l'immoralité même, souvent laide (nous l'avons montré) ne l'est pas toujours, et peut être belle ou indifférente. Le Bien serait alors non plus une espèce du beau, le beau pratique, mais une variété de cette espèce même, et il faudrait chercher la différence qui, parmi les actions belles distinguerait celles qui sont bonnes. Mais ces difficultés sont-elles insolubles ?

Il nous a paru qu'une conduite morale était toujours belle ; mais n'y a-t-il pas des actions obligatoires qui sont répugnantes ? En voici des exemples. Ne regarde-t-on pas comme pratiquement nécessaires, par suite obligatoires, ou au moins moralement indifférents la délation, l'espionnage, l'exécution ou le dur traitement des criminels, les opérations de la boucherie ou de la vivisection ? Et n'y a-t-il pas dans ces actes, dont les uns impliquent le mensonge et la trahison, les autres la brutalité, quelque chose de repoussant ou au moins de disgracieux qui offense notre goût ? Nous profitons de leurs résultats, nous les déclarons salutaires, indispensables, mais nous écartons avec dégoût l'idée d'être délateur ou bourreau. Il nous semble même que ceux qui se chargent de ces besognes sont en dehors du commun des hommes ; si, mis en face de la question, nous sommes pressés de juger leur valeur morale, nous ne pouvons les déclarer coupables puisque l'humanité a besoin de leurs services ; mais notre conscience esthétique, plus sévère, ne peut vaincre sa répugnance et s'intéresser à ces actions. Elles sont donc bonnes, mais infiniment plus laides que le vice élégant et distingué.

Mettons à part, tout d'abord, dans les causes de ces impressions pénibles, ce qui est proprement physique et ne touche que les sens. Les détails d'une opération chirurgicale, les soins à donner aux cholériques, le transport ou l'ensevelissement des cadavres en temps d'épidémie, les sauvetages dans les égouts soulèveront aussi bien les mêmes répugnances ; et certains raffinés ou soi-disant esprits forts affecteront peut-être de confondre ce dégoût avec une émotion esthétique. Pourtant, on ne saurait sérieusement s'y tromper ; on ne saurait nier que ce sont là de beaux dévouements, ni marchander son admiration au chirurgien, au sauveteur, à la sœur de charité. Que l'on soit capable ou non de les imiter, on est saisi de l'impression du sublime en imaginant toutes les épreuves à travers lesquelles ils affrontent la mort. Il suffit, pour cela, d'envisager non les accidents extérieurs, mais l'action elle-même, son intention, sa portée, et de se hausser jusqu'à la comprendre. Revenons maintenant aux exemples qui précédent, ou prenons, cela revient au même, la conduite du délateur ou de l'espion, puisque là les répugnances physiques n'ont rien à voir. Elle nous inspire de l'horreur, et avec raison ce semble ; mais n'aurions-nous pas tort de confondre la délation intéressée et vile de l'homme qui satisfait ses basses passions ou exploite celles des autres, avec celle (la seule qui soit ici en question) de l'honnête homme qui sert son pays ou la justice. La première n'est pas plus morale qu'elle n'est belle ; mais, en jugeant l'autre, nous avons peine à les dissocier, parce que le métier de délateur est le plus souvent exercé par de tristes personnages. Nous aurions déjà moins de dégoût si nous considérions l'acte d'un homme intègre et dévoué qui, ayant surpris le secret d'un projet criminel, en informe ceux qu'il menace ou la justice. Nous arriverons même à admettre, sans en être choqué, qu'il cherche à surprendre ce secret et provoque les confidences, parce que nous voyons le sens de son action et le système supérieur auquel elle se rattache. Et si nous apprenons que, dans ces démarches, il risque sa vie tous les jours et en fait d'avance le sacrifice pour la sécurité de ses semblables, ne devrons-nous pas admirer sa conduite comme celle d'un sauveteur, et ne sentirons-nous pas toute la grandeur de cet héroïsme obscur et méconnu ? En effet, s'il nous faut un effort pour rendre ainsi justice au policier dévoué et nous placer au point de vue d'où se manifeste la beauté de son dévoûment, nous sommes plus touchés par le courage du soldat d'élite qui se fait espion ; il conquiert par la ruse, mais au mépris de sa vie, les secrets utiles à la défense nationale, et son patriotisme n'est ni moins pur ni moins admirable que s'il mourait sur le champ de bataille. Comprenons donc que ces actes, en ce qu'ils ont d'obligatoire et de vertueux, non seulement ne sont pas laids, mais sont vraiment beaux, d'autant plus beaux qu'il faut à celui qui s'y dévoue plus d'héroïsme encore pour se résigner à l'obscurité ou braver l'ignominie.

Il serait facile d'interpréter de même, et sous les mêmes réserves, les atrocités de la guerre, de l'échafaud ou de la boucherie, une fois admis qu'elles sont nécessaires et morales. On doit évidemment pour cela les attribuer non à un brutal qui y prend plaisir et s'y avilit encore, mais à un homme qui s'en charge par nécessité ou par devoir, comme cela peut arriver à chacun de nous dans la vie militaire. Ce n'est pas le fait que l'on a à juger, mais l'action, l'intention objectivée dans un système idéal qu'elle affirme ou réclame. — Malgré tout, quelque chose encore nous inquiète ; notre sentiment est contraint, nous admi-

L'OBJET MORAL EST UNE FORME DU BEAU 205

rons à contre-cœur, par la force d'un raisonnement et sans l'élan de l'enthousiasme. — Cette gêne tient à l'état de guerre où nous sommes condamnés ; elle est morale aussi bien qu'esthétique. Nous sommes plus à l'aise pour admirer l'héroïsme quand il ne se déploie pas contre des hommes ou des animaux, mais contre les éléments de la nature, et notre conscience esthétique peut souhaiter un âge d'or où la guerre, la ruse et la violence ne seraient plus nécessaires. Notre conscience morale n'en est pas moins impatiente, et il n'y a aucun désaccord de l'une à l'autre. Malheureusement ce n'est qu'un rêve ; nous n'avons pas, dans l'ordre des actions, à choisir entre toutes celles que nous pouvons concevoir, mais seulement entre celles qui sont possibles ; et la pratique ne nous offre souvent que deux ou trois solutions dont chacune a ses tristes exigences. Mais cela est en dehors de notre discussion présente ; il nous suffit que, de ces solutions, la plus morale soit aussi la plus belle aux yeux de celui qui les juge ; et les exemples qui semblaient s'y opposer se résolvent à leur tour dans la même interprétation.

Enfin on allègue que certaines actions sont belles sans être morales, ou même qu'il y a de belles révoltes contre la loi. « Par exemple, que Byron..... ait été, sous l'empire
« d'un sentiment exalté, se faire tuer pour un pays qui ne
« lui était rien et auquel sa mort était fort peu utile, c'est
« là une action belle, j'en conviens : mais je ne suis nulle-
« ment persuadé que ce fût une action bonne ; car ce n'est
« là qu'un brillant suicide. Que Byron, au lieu de recher-
« cher cette bruyante gloire se fût, au contraire, imposé de
« rendre à sa vie la dignité, à son foyer domestique la
« paix, à son génie la sérénité et par suite la fécondité,

« il aurait fait une action infiniment meilleure et aurait
« donné aux hommes un exemple plus sérieusement
« utile..... Tout ce qui est beau n'est pas toujours bon,
« quoi qu'en dise Platon [1]. » Cet exemple, surtout ainsi
présenté, est plein de sens pour notre thèse ; car il n'est
pas bien sûr que Byron ait fait une belle action, et, de
plus, ce qui nous importe davantage, il est sûr que ce
n'était pas la plus belle qu'il pût faire. Si par hasard, en
effet, il n'a fait que saisir l'occasion d'un suicide retentissant, il a recherché un effet assez grossier et de mauvais
aloi ; et il ne l'a obtenu que par fraude auprès de ceux qui
se sont laissé prendre aux apparences et ont cru à un généreux dévouement. Ramené à son vrai sens, son haut fait
n'aurait donc plus rien d'admirable et trouverait ceux qui
ont été dupes d'autant plus sévères. Mais surtout, même
en écartant cette hypothèse, comment ne pas estimer plus
belle la conduite qu'on y oppose en termes si heureux,
c'est-à-dire la résolution de rétablir partout autour de soi
et en soi une harmonie féconde par la vie puissante de son
génie ? Pour qui se le représente ainsi, déployant une
force bienfaisante qui s'épanouit et rayonne à l'infini,
dans tous les sens, par les imitations qu'elle provoque, il
n'y a pas de doute possible : c'est là un spectacle auprès
duquel devient pauvre et insignifiant ce brillant et stérile
suicide.

Il en faudra dire autant des beaux crimes (si l'on veut
aller jusque-là), de toutes les révoltes éclatantes du mal,
ou des belles horreurs de la guerre, ou du charme de certains vices. Ce qui nous frappe ou nous séduit, ce n'est pas

---

[1] M. Janet, *Morale*, éd. in-12, p. 230.

l'immoralité même, c'est le spectacle d'une énergie souple
ou puissante, où nous retrouvons plus ou moins inconsciente une moralité faussée et rétrécie; car cette énergie
autrement dirigée, mieux équilibrée serait — cela se voit
chaque jour — une force morale. Il ne s'agit pas, en effet,
de la bestialité pure de l'assassin qui se rue sur sa victime,
ni de la vile bassesse qui est au fond de tous les raffinements plus ou moins élégants de la sensualité : cela est
répugnant autant qu'immoral. Ce qui nous fait illusion,
c'est l'habileté et, pour mieux dire, l'art des combinaisons savantes, c'est la fécondité de l'imagination
inventive, c'est la puissance de l'autorité et de la discipline, c'est la coordination des efforts et la vigueur
de l'initiative autant que de la résistance, la maîtrise
de soi et des autres, la bravoure avec laquelle on
s'affranchit de la tyrannie de l'opinion, ou le talent qui
semble se jouer au milieu d'inextricables difficultés ; en
un mot, c'est une valeur singulière d'esprit et de caractère qui, le but une fois oublié, l'horizon limité à un
cercle plus étroit, serait aussi bien morale qu'elle est
admirable. Les criminels n'ont-ils pas eux-mêmes leur
moralité, et comme un orgueil de conscience professionnelle ; et n'est-ce pas justement en nous plaçant un instant à
leur point de vue, en entrant dans leur conscience que
nous sommes saisis de la grandeur ou du charme de
certains de leurs actes ? Mais notre admiration est limitée
et gênée par là-même ; car notre réflexion normale et
impartiale ne peut s'enfermer en ce cercle; elle ne peut pas
ne pas regarder au delà, et réclamer une systématisation
plus haute. Notre jugement ne serait pleinement satisfait,
notre jouissance esthétique ne serait entière que si nous

voyions cette force contribuer à un ensemble plus large, et s'harmoniser avec toutes celles qu'elle rencontre au lieu de les heurter et de les briser ; ou encore si nous sentions que son effort tend à cette harmonie et nous en suggère la représentation idéale. Autrement dit, elle ne serait vraiment belle que si elle était vraiment morale, et nous ne l'admirons qu'en nous la figurant pour un instant et peut-être inconsciemment comme morale. Et nous cessons de la trouver belle quand nous songeons aux conflits violents et aux dissonances qu'elle provoque de toutes parts, quand elle apparait comme bouleversant toutes les relations humaines et menaçant toute l'harmonie sociale; nous n'en voyons plus que l'horreur, et elle est en nous cause de souffrance esthétique autant que morale[1]. Si nous reportons alors notre pensée vers l'un de ces humbles dévouements où s'abime une âme simple, obstinée à bien faire, nous éprouverons, avivé encore par le contraste, le sentiment de la véritable grandeur. Cette volonté porte, plus loin que l'autre, et son intention va, pour ainsi dire, jusqu'aux limites de l'humanité ; le spectacle idéal de ce qu'elle réaliserait si tout y conspirait autour d'elle a de quoi éveiller les émotions esthétiques les plus pénétrantes, et jusqu'à l'enthousiasme.

En résumé, si l'on est tenté de voir là un paradoxe et de restreindre à certaines prouesses morales les qualifications esthétiques, en refusant d'admettre la coïncidence complète du Beau pratique et du Bien, c'est que l'on s'en tient à une vue trop simple et superficielle. On oublie

---

[1] V. plus loin ce qui concerne le dilettantisme en son principe; nous nous contentons ici d'analyser les données communes de la conscience esthétique et de la conscience morale.

d'abord, peut-être, que l'émotion esthétique est suggérée plutôt que directement produite par l'objet auquel elle s'attache. Loin de se mesurer à un effet immédiat et grossier, la valeur d'une œuvre d'art ne se révèle qu'à celui qui en pénètre le sens par un effort de réflexion ou un élan de sympathie. On oublie aussi surtout les conditions propres de la pratique, au moment même où on cherche à y appliquer les diverses formes du jugement de goût. On s'arrête à l'impression immédiate comme un critique qui jugerait une toile d'un coup d'œil; on n'est frappé que du geste ou de l'attitude extérieure, et souvent la crânerie ou la gaucherie de l'allure décident de tout; le moindre ridicule empêche de voir les plus belles qualités; c'est ainsi qu'un détail grotesque masque à certaines gens les mérites des plus grandes œuvres. Ou bien on ne veut envisager que les résultats, le succès, non pas même tout le succès, car il faudrait pour cela apercevoir toutes les conséquences heureuses d'une bonne action, soit en son auteur, soit dans les autres hommes en qui elle se prolonge; et, si cette intuition totale de l'avenir est impossible, du moins a-t-on le droit de dire que l'action est méconnue par ceux qui s'en tiennent au résultat extérieur et immédiat.

Ainsi, déjà l'idée des conséquences positives qui se continuent au delà de ce que nous pouvons voir, et notre impuissance même à les mesurer sont éminemment propres à augmenter l'effet esthétique en nous suggérant le sentiment de l'infini. Mais il ne serait même pas juste de s'arrêter là; car l'action n'est pas toute dans ses résultats, même obscurs et éloignés. L'industriel et le commerçant apprécient une entreprise par les profits ou les pertes traduits en chiffres; leur point de vue est légitime, mais tout spécial et trop étroit. Encore ne sont-ils pas toujours disposés à s'y tenir ; c'est bien souvent l'entreprise elle-même qui les intéresse, les passionne, les absorbe ; et plus d'un se laisse aller, uniquement par l'amour d'un beau risque et d'une grande œuvre, à compromettre les profits de l'avenir ou même ceux du passé. Plus d'un, à qui un surcroît de fortune est inutile ou indifférent, continue par goût et comme par instinct d'artiste à entreprendre et à agir. C'est donc que l'action a en elle-même une richesse que n'épuise pas la somme de ses résultats ; il y faut songer soit pour en jouir, soit pour la juger. Le risque est ici un élément essentiel : tout ce que l'on peut et doit faire, c'est de réfléchir et de prévoir de son mieux ; mais il faut agir avant d'être assuré de l'avenir. L'action, même objectivement considérée, c'est donc ce que l'on a voulu faire, non pas ce que l'on a fait. Néanmoins il faut agir comme si l'on était assuré, sans quoi il n'y a pas de résolution. La volonté arrêtée à une décision empiète donc sur l'inconnu et s'empare, idéalement d'abord, de tout ce qu'elle vise à réaliser, puis de tout ce qui serait par là modifié, et, en vertu de la solidarité des phénomènes, de tout l'avenir. Qu'elle y réussisse ou non, cela ne change rien à l'action elle-même qui, le premier geste une fois fait, est irrévocable et se livre ainsi à l'appréciation. Si l'homme disposait de plus de temps ou de puissance, il enfoncerait davantage son idée dans le fait ; à la limite, il transformerait l'univers ; sa volonté ne serait pas autre et n'en vaudrait ni plus ni moins. En d'autres termes, ce qui s'offre au juge de l'action, c'est bien un objet, non l'acte en sa mystérieuse et ineffable initiative ; mais ce n'est pas un résultat brut et palpable, trop souvent en disproportion, ou en contradiction avec l'intention, et qui ne lui est jamais adéquat ; si pauvre et si bornée que soit cette intention, elle tend toujours au delà de ce qu'elle réalise. L'objet est donc ici idéal ; c'est l'intention objectivée, c'est-à-dire l'ensemble des relations qu'elle établirait, l'œuvre qu'elle accomplirait si elle était toute-puissante. Voilà le point de vue auquel il est juste de se placer pour apprécier non des faits, mais des actions. Or, ce point de vue est éminemment esthétique. D'une part, en effet, le jugement ne peut être purement intellectuel puisqu'il ne s'agit pas de concepts arrêtés et déterminés; pourtant l'intelligence y a un rôle nécessaire, puisqu'il y a dans les actions volontaires un effort de systématisation rationnelle. D'autre part, la sensibilité pure y est de même insuffisante, puisqu'il faut raisonner, et nécessaire, puisqu'une action ne peut être comprise sans une sympathie qui en suppose l'imitation intérieure et l'accompagne. Enfin, comme nous venons de le montrer, l'action, dont les prolongements vont à l'infini en des sens multiples, devient l'objet d'une interprétation plus libre où se jouent la pensée et le sentiment. Il peut donc y avoir, pour un ensemble de circonstances données, plusieurs belles actions, comme il y a plusieurs expressions poétiques d'une même idée. Et, une même action étant donnée, chacun peut lui trouver, comme à un poème, non pas n'importe quel sens, mais pourtant une interprétation personnelle; il peut, en effet, y associer des conceptions et des souvenirs très divers, et imaginer, suivant son tour d'esprit et de sentiment, l'œuvre d'ensemble dont elle est l'ébauche, la finalité qui lui donne un sens.

Ainsi s'expliquent toutes les discussions de casuistique,

qui n'auraient vraiment pas de raison ni d'occasion si la règle du devoir, toujours impérieuse en sa forme, était aussi nette en son contenu que le suppose un rigorisme mal compris. Ainsi s'expliquent aussi, par les mêmes causes, les hésitations, les tourments des consciences trop méticuleuses, qui ne croient jamais avoir pris le bon parti parce que d'autres belles actions étaient possibles. Les Grecs avaient donc raison ; la vie morale est une œuvre d'art, d'un art qui a sa logique avec ses rigueurs, mais qui est autre chose qu'une logique en actions. Il faut non seulement comprendre, mais aimer et trouver pour bien faire, et il y a diverses formes de la vertu et d'une même vertu, comme il y a diversité dans le talent et le génie. D'abord, tous les hommes ne peuvent pas pratiquer toutes les vertus ; il y en a de spéciales, de professionnelles, qui tiennent à la division du travail et des fonctions naturelles ou sociales. Autant de rôles naturels comme ceux de père, mère, enfant, ou de carrières comme celles de soldat, médecin, avocat : autant de façons d'être honnête, juste et dévoué ; autant de formes du talent moral. A égalité de bonne intention, il faut conduire autrement sa vie, sculpter une autre statue, trouver d'autres expressions d'un même sentiment. L'attitude morale du soldat n'est pas celle du savant, malgré que tous deux puissent avoir même mérite. Ce n'est pas assez dire ; il y a encore, pour chacun de ces rôles et de ces métiers, diverses façons de pratiquer les vertus qui lui sont propres ; et il n'y a pas un modèle unique auquel on rapporterait, se contentant de mesurer les écarts, toutes les imitations. Il y a plusieurs types moraux du père de famille, du soldat ou du médecin. Dans l'un on admirera l'énergie de la résistance, dans l'autre la vigueur de l'initiative ;

ici le calme toujours maître de soi, là la vivacité impatiente du mieux, ailleurs la fertilité de l'invention, la délicatesse des moyens, que sais-je encore! et chacune de ces qualités variera depuis le plus pauvre talent jusqu'au plus éclatant génie. Cela est encore trop simple, comme sont trop simples nos classifications des œuvres d'art et des artistes. S'il y a des cadres ou des types, ce sont des schémas, non des modèles, et, en réalité, quelles que soient les ressemblances qui rapprochent les bons soldats ou les bons médecins entre eux, chacun a sa manière propre et son talent original. Ici, non plus que dans l'art proprement dit, l'originalité n'exclut pas le respect de la règle; et les plus grands sont ceux qui ont à la fois le plus de personnalité et le plus d'humanité.

De même encore pour ces vertus et ces devoirs qui n'ont plus rien de professionnel, mais qui sont communs à tous les hommes, soit dans leur vie individuelle, soit dans leur vie sociale ou religieuse. Depuis les hautes obligations comme celles de la dignité et de la justice, jusqu'aux plus menues règles du savoir-vivre, il y a pour chacune, la lettre restant la même, une si grande variété dans la manière de s'en acquitter, que seule la souplesse du jugement esthétique peut s'y plier. Cela est pour la charité d'une évidence telle qu'il serait oiseux d'y insister : depuis les élans sublimes du sacrifice, jusqu'à la grâce d'un sourire qui excuse une offense légère ou accompagne une aumône, nous retrouverions toutes les nuances du vocabulaire esthétique. Les ouvriers de la bienfaisance sont tous des artistes. Mais cela est vrai aussi des vertus moins variées et plus rigides. En est-il une plus simple que l'intégrité? Pourtant que de façon de s'y tenir et de résister ! Chez l'un, ce sera une attitude raide et un ton brusque dont nous admirerons la courageuse autorité ; chez l'autre, ce sera une froide et calme obstination dont la sérénité ne sera pas moins belle ; un autre encore, sachant refuser avec une politesse exquise, sera élégamment intraitable. A qui faire des reproches et comment imposer à tous une même démonstration et une même formule ? Ne serait-ce pas paralyser l'initiative et la vertu même? et ne faut-il pas reconnaître que le génie, au sens large du mot, est nécessaire à la vie morale? Il y a des audacieux et des timides, des discrets et des exubérants, des ardents et des modérés, des résignés et des impatients, des classiques et des romantiques; et tous peuvent être aussi vertueux les uns que les autres. Songez en effet à la variété des tempéraments qui sont à la base des caractères. On a essayé, sans y réussir pleinement jusqu'ici, de les classer; et quand on les aurait classés, il faudrait toujours avouer que chaque individu est une rencontre singulière des différents types. Or, qu'est ce que la vertu par rapport à cette nature donnée (en laissant de côté pour le moment la nature acquise)? De deux choses l'une ; ou bien c'est une lutte sans trêve et sans merci contre un ennemi qu'il faut terrasser; ou bien c'est, comme nous pensons l'avoir montré, une conquête progressive qui rencontre d'abord des alliés et s'en fait tous les jours de nouveaux. Dans les deux cas, il est facile de dégager ces deux idées ici essentielles : c'est que toute vertu est originale et que toute vertu est belle.

D'une part, quel que doive être le traitement imposé à la nature vaincue, qu'il faille la détruire ou l'assimiler, cet ennemi est si ondoyant et si divers, si fertile en ressources qu'il faut être soi-même à la fois très ingénieux et très fort, très habile à prévenir ou déjouer ses ruses, très vigoureux à repousser ses attaques; il n'y a donc pas une tactique simple et uniforme, mais une infinité de tactiques, c'est-à-dire autant que d'individus. La théologie ne nous présente-t-elle pas le démon comme un merveilleux artiste qui varie ses procédés avec chacun de nous, et ne faut-il pas que chacun de nous soit un artiste original pour répondre à ses inventions? Et dans l'autre hypothèse, si la nature peut être un auxiliaire et se prêter à l'œuvre morale, il faut de l'art aussi, et davantage encore peut-être, et un art bien personnel pour ne rien briser, pour ménager les forces mêmes auxquelles on résiste et les discipliner enfin sous la loi du devoir. En un mot, il faut toujours être soi-même, et la vertu n'est jamais une froide et impersonnelle copie d'un modèle rigide. Si le tempérament est individuel, le caractère, au sens étroit et élevé du mot, ne peut être qu'original. Si les appétits et les désirs ont déjà une marque propre en chacun de nous, il faut bien que la volonté aussi et la raison soient en chacun originales et personnelles. C'est toujours un effort pour obéir à une loi universelle; mais cet effort ne saurait être lui-même impersonnel; il est nôtre, et c'est par là que nous valons et que nous sommes moralement quelque chose. Il y a donc autant de formes de vertu que d'hommes de bien, comme il y a autant de formes de talent que d'artistes[1].

D'autre part, on établirait facilement l'assimilation du bien et du beau par un sorite plus simple et plus décisif

---

[1] *Cf.* Herbart, *Œuvres*, II, p. 78, sqq.

que celui de Chrysippe, qui insère entre les deux termes les concepts assez vagues de désirable, aimable, louable. Il suffit de remarquer que le courage est beau et que toute vertu est une forme de courage. Sans doute, il ne s'agit pas de cette ardeur du tempérament qui peut aller jusqu'au mépris de la mort, mais qui est tout instinctive; il s'agit de l'énergie réfléchie, maîtresse de soi, qui fait les hommes de caractère; courage ou bravoure intérieure qui réclame un effort obstiné. Dans tout homme de bien il y a un héros. Qu'il faille résister ou prendre l'initiative, c'est toujours faute de courage que nous nous laissons aller à la tyrannie ou au charme des appétits et des tentations. Nous n'osons pas nous étudier, rester chez nous; ou, si nous nous connaissons, nous n'avons pas la hardiesse de nous réformer. Un défaut ou un vice, même chez les hommes les plus actifs, n'est jamais qu'une forme de la paresse, c'est-à-dire de la lâcheté. Dès lors, si l'on songe à l'attitude contraire de celui qui engage la lutte, décidé à voir clair au-dedans de soi et à s'avouer ses faiblesses, puis surveille les moindres défaillances pour attaquer ensuite les passions les plus fortes, et finit ainsi au bout d'un long effort par s'emparer de soi-même, comment ne pas y reconnaître toutes les conditions de la vertu et tous les caractères du beau?

CHAPITRE V

DU VÉRITABLE SENS DE L'ESTHÉTIQUE MORALE

La conclusion semble donc établie par cette analyse des jugements moraux et des sentiments qui en sont inséparables. Reste pourtant une objection essentielle que cet exposé a dû provoquer plus d'une fois, mais qu'il convenait de ne pas introduire incidemment. Ne pourrait-on voir ici un appel ou au moins un encouragement au dilettantisme et à la fantaisie? A vouloir ainsi réduire la vie à une œuvre d'art, ne risque-t-on pas d'en faire un jeu d'amateur, et d'autoriser, au nom de la liberté de l'art et du goût, tous les caprices individuels? Quand on se borne à déclarer belles certaines actions morales qui passent l'ordinaire, il est toujours sous-entendu qu'elles sont déjà conformes à la règle, et l'on peut, sans inquiétude, s'abandonner à une émotion personnelle. Mais il n'en est plus de même ici; cette garantie nous manque si c'est le goût qui dirige les intentions et décide de la moralité. Chacun pourra, et très sincèrement, justifier ce qui paraît aujourd'hui une faute ou un crime, invoquer son sentiment d'artiste ou d'esthète indépendant. Au jugement du prud'homme que séduit la régularité et qu'effarouche toute allure un peu libre, il opposera le droit souverain de l'art qui se joue comme il lui plaît dans les choses, l'autorité du connaisseur qui sait comprendre tous les idéals. Qu'importe dès lors le respect de la règle, et que devient la servitude du devoir? Il n'y a plus d'action qu'on ne puisse légitimer; il se trouvera toujours bien un dilettante ingénieux pour lui découvrir une valeur artistique, et la protéger de sa fantaisie. Les plus bizarres ne seront qu'originales, les plus féroces deviendront de sublimes audaces; les plus perverses ne seront que des habiletés d'artiste qui sait son métier, et de jolis raffinements où se pourra complaire le goût de l'exotisme; la lâcheté même apparaîtra tantôt comme une belle révolte contre l'absurde tyrannie du devoir, tantôt comme une élégante nonchalance d'amateur. Seules peut-être ne trouveront pas grâce les humbles et lourdes actions des braves gens, qui ne se soucient pas d'être artistes ni originaux, mais se contentent de suivre la ligne simple et droite de la vie terre-à-terre, et creusent laborieusement le sillon indiqué. Les meilleurs seraient donc les aventuriers et les raffinés, les don Juan ou les Sforza, tous ceux que séduirait cet idéal de la Renaissance italienne dont on a dit qu'elle « concevait la vie comme une œuvre d'art et l'art comme raison d'être de la vie[1] ». Ainsi disparaîtrait, devant la fantaisie, la majesté du devoir et l'autorité d'une loi universelle. En face de ces conséquences, ne faudrait-il pas dire avec Kant: « Je dormais, et je rêvais que la vie

---

[1] M. Brunetière, *Revue des Deux Mondes*, 1er décembre 1889, p. 697.

est beauté; je me réveillai, et je vis qu'elle est devoir », ou encore avec Schiller : « Il faut seulement jouer avec le beau et ne pas le prendre au sérieux : quant à la vie réelle, au contraire, il faut toujours la prendre au sérieux, loin de jouer avec elle[1]. » « Le cœur se déprave dès que nous nous abandonnons exclusivement au sentiment du beau et que nous érigeons le goût en législateur absolu de notre volonté[2] ». L'assimilation qui semblait séduisante est donc plus dangereuse encore; et elle est fausse, car ce n'est pas l'imagination, c'est la raison qui commande dans la vie morale. « Le jugement esthétique dilate le cœur tandis que le jugement moral le gêne et le resserre[3]. »

Evidemment, si une conception du Bien nous conduisait jusqu'à la négation de la moralité, il y faudrait renoncer. Et rien ne serait plus immoral, en effet, que ce dilettantisme qui peut s'amuser de tout sans être assujetti à rien. L'utilitarisme du moins maintient une règle et peut prétendre encore à constituer une morale; ici, il n'y a plus de règle que le caprice, et cet hédonisme de rafiné n'en est pas moins la suppression de la loi, puisque la jouissance pure décide de tout. Si don Juan est le type de la moralité, autant vaut dire qu'il n'y a pas de moralité; si le moraliste est ce fantaisiste impertinent qui raille la gaucherie des volontés naïves et robustes pour applaudir à la désinvolture du cynisme, autant vaut dire qu'il n'y a pas de moraliste. Tout cela est certain, et quand on songe que l'idée d'une Esthétique morale risque fort d'être interprétée ainsi, on hésite longtemps avant d'en proposer même le titre.

---

[1] Schiller, *Lettres sur l'Éducation esthétique*, Lettre XV.
[2] *Ibid.*, Lettre XXVI, p. 329.
[3] *Ibid., Du pathétique*, p. 142.

L'idée reste juste pourtant. Il importe seulement de protester contre un tel malentendu, et de dissiper une confusion.

Il ne s'agit pas du tout, en effet, de laisser libre jeu à toutes les aberrations du sens moral, ni d'écarter de la scène le devoir comme un personnage déplaisant et disgracieux. Il n'est pas question de livrer la conduite de la vie à toutes les débauches d'une imagination artistique, en demandant seulement au dévergondage d'être pittoresque. L'esthétique n'est pas toute la morale; elle n'en est que l'auxiliaire. Le goût n'est pas le seul arbitre de la moralité; il y doit servir, non commander. L'erreur est toujours la même; et l'on confond encore le contenu du devoir avec sa forme; ou plutôt on en vient à subordonner la forme au contenu, et, par suite, en renversant les termes, à fausser l'un et l'autre. Mais, nous y avons tout de suite insisté, la démarche qui nous assujettit au devoir nous impose d'abord la forme; c'est l'acte simple de réflexion s'appliquant aux actions et réclamant une systématisation rationnelle, à laquelle tend la moindre intention volontaire. C'est une démarche de la raison, non de l'imagination; démarche logique, non esthétique. Prétendre s'affranchir de cette nécessité, c'est sortir du domaine moral; mieux encore, puisqu'on ne peut se soustraire à la nécessité de réfléchir et de vouloir, c'est raisonner contre la raison; c'est l'appliquer à la pratique pour conclure qu'elle n'a rien à y voir. La morale de l'esthète et la moindre de ses réflexions pratiques le soumettent d'abord à la loi. Il faut d'abord sincèrement vouloir, c'est-à-dire tendre à mettre un ordre rationnel dans ses actions. Cela étant donné, et irrévocable, il se peut que cet effort de la raison toute seule n'aboutisse pas au succès qu'elle réclame. Son activité ne suffit déjà pas toujours à systématiser les idées ; à plus forte raison est-elle impuissante à imposer la logique aux actions, dont les conditions sont complexes et les prolongements incalculables. Car elle n'est pas une raison souveraine et divine qui, d'un coup, coordonnerait toutes choses, ou plutôt créerait tout le système qu'elle aurait conçu. Gardant toute son autorité pour imposer aux actions volontaires leur forme, puisque sans elle il n'y aurait pas de volonté, elle n'en fournit pas à elle seule le contenu pourtant nécessaire, parce que ce contenu, trop complexe, échappe en partie à ses prises et n'est pas tout entier intelligible. Et alors, mais alors seulement intervient l'imagination avec le sentiment, non pour se substituer à la raison qui la réclame, mais pour collaborer avec elle, sous sa loi ; sans quoi il n'y aurait plus d'œuvre réfléchie et volontaire, ou il n'y aurait plus qu'une volonté illusoire, indéfiniment en contradiction avec elle-même. Tel est le véritable sens des choses. Par conséquent, si, dans certains cas, le contenu du devoir pouvait être déterminé avec autant de rigueur que sa forme, et si la logique y suffisait, le jugement de goût n'aurait ici rien à faire ou ne pourrait être que surajouté à l'occasion. Cela n'arrive pas en fait, parce que l'action la plus simple est encore trop compliquée ; mais cette distinction suffit à bien marquer le rapport des deux termes.

Cependant nous devons nous demander s'il y a entre eux accord ou conflit naturel ; si le goût n'est pas un auxiliaire rebelle, autrement dit, si l'esthétique ne réclamerait pas souvent d'autres actions que la raison. On ne songe ici, pour s'en alarmer, qu'aux fantaisies d'un goût qui peut aller jusqu'à l'extravagance; mais s'agit-il vraiment de se fier au dilettante? Même en le supposant sérieux et sincère, ce qui n'arrive pas toujours, même en admettant que le parti-pris, la mode, le souci de l'effet à produire, le plaisir de scandaliser les bonnes gens n'y aient aucune part, le dilettantisme n'est pas plus une autorité en esthétique qu'en morale. Le dilettante n'est pas plus, s'il s'en tient là, un critique ou un artiste qu'un homme de bien, ou un moraliste ; car il n'est épris que de son plaisir, et sur le moment, non de la beauté elle-même. C'est un hédoniste et un sceptique, un dédaigneux qui ne demande aux œuvres d'art qu'une jouissance passagère. Non seulement il ne pratique guère, et reste amateur; mais il n'est même pas un convaincu et un fidèle ; il n'est ni enthousiaste ni même désintéressé. Son jugement manque à la première condition du jugement de goût. Il ruinerait l'art aussi bien que la moralité; nous n'avons donc pas à nous inquiéter des surprises qu'il peut causer quand il se porte sur les actions. Resteraient seulement les appréciations de l'artiste sincère ou du critique consciencieux. Elles peuvent être fort variables assurément, et la fantaisie garde ses droits dans cette sincérité même. Mais, jusque dans ses caprices, l'artiste comme le critique est soumis à sa loi propre, au respect, à la religion de son art, à ce qu'on pourrait appeler son devoir professionnel, librement accepté, mais toujours impérieux. Transposez cette condition dans le domaine de la pratique, et vous retrouvez la forme de la moralité. Dans les limites de cette loi, l'artiste a toute liberté; tandis que l'un, d'un tempérament austère et rigoriste, répugnera aux excès de la fantaisie et assujettira son imagination à une discipline classique, l'autre, aussi consciencieux, mais plus impatient de nouveauté, se risquera à des hardiesses plus romantiques. Pourquoi n'en serait-il pas de même pour la moralité? Les erreurs sont possibles assurément; une instruction plus complète, une culture plus haute, un goût plus sûr pourraient les corriger; il en est de même dans l'art, et l'artiste comme l'honnête homme a le devoir de s'instruire, avec cette différence toutefois que ce devoir est plus intraitable dans la pratique parce qu'il saisit l'homme tout entier.

Il y a une autre différence encore, peut-être, mais qui ne compromet pas davantage l'assimilation proposée. Une action ne saurait être isolée des autres; elle se rattache à celles qui sont passées, et elle va toujours plus loin dans l'avenir que l'effet du moment présent; elle ne saurait donc être appréciée sur une impression fugitive, comme tel ou tel bibelot artistique. Celui qui l'accomplit est un artiste qui continue, ou tout au moins commence une œuvre d'ensemble, sans quoi sa volonté ne serait pas sincèrement bonne et de ferme propos. Il faut en voir ou en deviner les lointains reflets; il faut achever idéalement le système qu'elle commence. Mais cela signifierait tout au plus que l'art de la conduite est un art supérieur, et dont les œuvres veulent être étudiées de près pour révéler toute leur valeur et livrer tout leur charme; un grand art, dont les chefs-d'œuvre réclament un long effort et ne se jugent pas sur un détail aperçu en passant. En quoi ces chefs-d'œuvre ne se distingueraient pas des autres, car, dans les autres aussi, il faut voir au delà de la sensation présente, et découvrir ou imaginer, sinon un avenir comme pour les actions, du moins un riche système de relations, mystérieuses aussi, et qui se prolongent à l'infini.

Enfin, et pour les mêmes raisons, il n'est pas vrai de dire que cet art, à la fois si délicat et si grandiose, soit réservé à une élite intellectuelle et veuille une culture savante de l'esprit. Tout d'abord, comme il faut agir, on aura toujours bien fait quand on aura fait de son mieux. Puis, là comme ailleurs, l'art exige plus de sensibilité et même de volonté que d'érudition ; les qualités purement intellectuelles peuvent être précieuses, dangereuses aussi parfois ; dans tous les cas, elles ne sont ni suffisantes, ni indispensables. Le zèle ardent et la conviction naïve des primitifs réussissent mieux que les savants artifices des habiles. Dans la pratique, les bonnes volontés obstinées sont assurées au moins d'avoir du talent. S'attacher à son œuvre avec le souci toujours présent de mieux faire, acquérir par la pratique du métier un savoir-faire de bon aloi, se former ainsi petit à petit une technique personnelle, en gardant une conscience toujours plus modeste et plus scrupuleuse, déployer à chaque nouvelle occasion une initiative qui rajeunit ces procédés, une ardeur généreuse qui donne à l'œuvre sa vie, un effort de volonté qui arrête toutes les défaillances, ainsi font les héros et les grands maîtres de la moralité. Et cela est à la portée des plus humbles et des plus ignorants ; il y a parmi eux aussi, et surtout peut-être, de ces artistes dont le génie moral nous confond quand nous prenons la peine et le temps d'aller à la découverte. Pour ne retenir qu'un exemple, songez à la charité, telle qu'ils savent la pratiquer. Quelle puissance de labeur et d'énergie, quelle fécondité d'imagination, que d'ingénieuses trouvailles ! Mais aussi quel tact et quelle délicatesse, quelle sûreté de goût dans cette bienfaisance qui sait se plier à toutes les souffrances et relever le courage des plus accablés ! N'y faut-il pas un art merveilleux, d'autant plus admirable qu'il s'ignore et s'inquiète peu de se faire connaître ?

Nous devons donc revenir à notre conclusion. Et, pour montrer que le paradoxe n'est qu'apparent, nous devons ajouter qu'elle est d'accord d'une part avec le sentiment commun où se cristallise à la longue toute une philosophie morale, de l'autre, explicitement ou non, avec plus d'une doctrine philosophique.

N'est-ce pas en effet par sa beauté que le désintéressement de la moralité pure est le plus facilement compris ? Chacun sent bien qu'il faut écarter les idées de crainte ou de calcul égoïste; mais la forme toute sèche de la loi, dégagée de toute autorité extérieure, est difficile à saisir et à exprimer. On l'objective naturellement, et, naturellement aussi, puisque les autres sont inexactes ou insuffisantes, c'est par un jugement esthétique que l'on traduit ce sentiment à la fois si universel et si personnel. Provoquée par l'abnégation héroïque, par la probité inattaquable, par la générosité du pauvre envers un plus pauvre, l'admiration populaire ne trouve pas d'autres mots que ceux-ci : C'est très beau ! ou ceux-ci, plus familiers encore : C'est très joli ! Et de même, pour exprimer l'indignation purement morale et débarrassée de tout sentiment de vengeance, les termes les plus forts sont encore empruntés au langage esthétique; la honte inspire le dégoût comme une laideur repoussante. Les parents n'en usent pas autrement avec leurs enfants ; on le peut constater jusque dans les éducations les plus grossières, toutes les fois que l'appréciation morale n'est pas compromise ou faussée par les menaces et les promesses, les flatteries et les reproches. Sans doute, c'est d'abord par la crainte de Dieu et l'amour des parents, par le respect d'une autorité personnelle, que le motif moral entre dans la conscience d'un enfant; mais, lorsqu'on sent en lui une réflexion déjà plus sérieuse, si fugitive qu'elle soit, et la première ébauche d'une personnalité, lorsqu'on veut l'initier à la moralité toute désintéressée, on fait appel au sentiment de la beauté et de la laideur. Dès la première enfance, on lui dit qu'il est gentil ou qu'il est vilain, et l'usage si familier de ces termes, en diverses langues, nous montre combien est naturelle cette conception esthétique du bien.

Beaucoup de philosophes ont aussi, mais non pas toujours avec une précision suffisante, accepté cette idée. Comme nous l'avons rappelé déjà, de Socrate aux Stoïciens, elle est trop souvent formulée en des textes trop connus pour que nous ayons le droit d'y insister davantage; faut-il citer une fois de plus le mot grec si caractéristique qui rapproche les deux termes? Le concept d'ordre ou d'harmonie, si cher à l'optimisme grec, servait de lien entre le Beau et le Bien, soit qu'il les dominât tous les deux, soit qu'il fût le caractère essentiel du Beau, dont le Bien ne serait qu'une espèce, ou inversement. C'est évidemment par là que les Grecs levaient la contradiction entre l'ordre moral et l'ordre naturel, sur laquelle se fonde toute morale pessimiste. « L'idéal classique, suivant la « judicieuse remarque de Vischer (*Æsthetik*, II, 459), « est l'idéal d'un peuple qui atteint la moralité sans « rompre avec la nature[1]. »

---

[1] Zeller, *Histoire de la philosophie grecque*, trad. de M. Boutroux, préface I, V.

L'idée est donc ancienne et banale chez les Anciens. Admirablement exprimée, surtout par Aristote[1], elle se retrouve jusque chez Plotin et chez les derniers des Stoïciens. Il faudrait s'excuser de la reprendre si elle avait chez eux toute la netteté désirable, ou plutôt si elle n'y était pas trop simple le plus souvent, et si les théories philosophiques n'avaient pas besoin d'être renouvelées, rajeunies, et pour ainsi dire tenues à jour. Or, les Anciens se sont presque toujours contentés d'analyser ou d'expliquer ce concept d'harmonie, et de commenter cette formule que la vie est une œuvre d'art. Ils n'ont guère fait attention à la forme de la moralité, et il restait, non seulement à examiner de plus près à la lumière des théories modernes cette assimilation, mais surtout à rechercher si elle pouvait s'accorder avec les exigences légitimes du formalisme.

Certains modernes l'ont fait, en particulier Schiller et Herbart[2]. Il y a dans Schiller sur ces relations du beau et du bien des analyses tout à fait remarquables, et dont on a pu reconnaître l'inspiration dans les pages qui précèdent. Montrant l'étroitesse du rigorisme kantien, il l'explique par la nécessité de frapper d'abord le sensualisme pour sauver la moralité. « Kant fut le Dracon de ce temps « qui ne méritait pas encore de Solon. » Mais il estime aussi qu'il ne fallait pas « rendre suspectes en même temps « les inclinations désintéressées, c'est-à-dire les enfants[3]

---

[1] V. outre les textes d'Aristote, le livre de M. Ollé-Laprune sur la *Morale d'Aristote*, où les textes sont si heureusement commentés.

[2] Kant a abandonné l'idée après l'avoir expressément indiquée. V. plus loin.

[3] *Lettres sur l'Éducation esthétique*, et surtout: *De la grâce et de la dignité*.

« de la maison pour châtier les valets » et, comme la nature humaine forme un tout étroitement uni, il faut que « l'instinct soit un ennemi réconcilié plutôt que vaincu[1]. » Mais sur deux points essentiels, tout au moins, sa théorie nous paraît insuffisante.

1° Il n'admet pas que toute action morale puisse être belle. Suivant lui, trois rapports sont possibles de la partie sensible avec la partie rationnelle de notre être : Domination de la raison qui fait taire les exigences de la nature sensible. — Despotisme brutal de la sensibilité. — Etat d'harmonie où l'homme est en parfait accord avec lui-même, l'obéissance à la raison devenant objet d'inclination. Celui-ci seul est beau, parce que dans les deux autres, il y a une violence et une contrainte qui excluent la beauté. On ne saurait le contester pour l'état de l'âme livrée aux désordres des appétits, et où n'apparaîtrait aucune lueur de raison. Mais il n'en est pas de même pour la lutte ou le triomphe de la raison qui peuvent nous donner l'impression du sublime. Sans doute on a le droit, comme le fait Schiller après Kant, de distinguer le beau et le sublime, sinon de les opposer ; et l'on pourrait tout accorder soit en prenant, ainsi que nous l'avons fait, le terme de beau en son sens le plus large, soit en déclarant que cette souveraineté inflexible, et sublime, de la volonté est du moins objet de jugement esthétique[2]. Mais cela ne suffit pas. Cette raison ne saurait être séparée de toute autre activité ni de toute sensibilité, comme le veut le formalisme sur lequel Schiller a du reste hésité. Elle peut dominer les instincts et les désirs ; elle ne peut les supprimer, car elle deviendrait elle-

---

[1] *Esthétique*, trad. Regnier, *De la grâce et de la dignité.*
[2] *Ibid.*, p. 464.

même pratiquement impuissante ou insuffisante; il faut qu'elle s'en serve et les discipline sous sa loi. Et cette coordination de forces, cet effort qui unifie une diversité sensible nous offre, pris comme objet, toutes les conditions du beau. De plus, cette raison est elle-même une activité, et, comme telle, comporte le plaisir qui en accompagne l'exercice. La rencontre des deux éléments est, là encore, nécessaire; et nous n'avons pas à revenir sur la discussion du formalisme. Schiller ne dit-il pas lui-même. « L'objet « de l'impulsion sensible est la vie; celui de l'impulsion for- « melle est la forme. Donc l'objet de l'instinct de jeu est la « forme vivante ou la beauté[1] ? » Il suffit d'ajouter que la forme de la moralité ne saurait être, en pratique, séparée de la vie.

2° Il semble bien proposer comme idéal un état de nature où la volonté n'aurait plus rien à faire et où l'homme n'aurait plus qu'à se laisser aller à l'heureux entraînement de son penchant : « C'est la vertu qui est prescrite, et la « vertu n'est qu'une inclination au devoir... C'est lorsque « l'homme ramasse son humanité tout entière et que ses « idées morales sont passées à l'état de nature, c'est alors « seulement que sa moralité est garantie... Et c'est l'har- « monie des deux principes qui met le sceau à la perfection « de l'être humain, et qui constitue une belle âme... C'est « alors le caractère tout entier qui est moral..., il n'a d'autre «, mérite que d'être une belle âme, et ne se doute point de « la beauté de son action[2]. » N'y a-t-il pas là une illusion, à la fois sur les conditions de l'activité humaine et sur celles

---

[1] *Esthétique*, trad. Régnier, p. 241.
[2] *Ibid.*, p. 87-91.

de la vertu? L'homme n'est pas capable d'atteindre à cette impeccable sérénité; ce serait la sainteté, non la vertu, qui en est distincte et qui seule lui est accessible. Et un tel état — idyllique, dit Schiller — ne serait pas moralement souhaitable; car nous ne pouvons, le noumène étant inintelligible, le concevoir que comme un retour à une spontanéité bien réglée mais aveugle et stationnaire. Loin d'être la perfection, du moins relative, que l'on peut entrevoir pour l'homme, ce serait une condition inférieure; et Schiller se rencontre ici avec ceux qui font de la moralité idéale un instinct bien fixé, un simple épanouissement de la nature[2]. Dira-t-on que la libre volonté est toujours présente dans cette libre nature? Le concept de liberté devient alors bien équivoque, et le libre arbitre s'évanouit dans la liberté toujours et nécessairement raisonnable des Stoïciens ou de Spinoza. Malgré tout, volonté implique réflexion; et, à chaque action nouvelle, un instant au moins d'hésitation avec un nouvel effort. Ce n'est pas ainsi qu'il faut entendre la beauté morale: elle n'est ni dans cet *état* de transition, qui conduirait « de l'homme sensitif à l'homme raison-« nable[1] », ni dans l'*état* de perfection désormais fixée et facile: dans l'un des cas il n'y a pas encore, dans l'autre il n'y a plus d'effort, ni de volonté, ni de moralité. Voilà pourquoi nous avons cherché une conception à la fois plus large et plus précise, en montrant non dans un résultat déjà établi, mais dans l'action même et dans le système dont elle peut suggérer l'idée, l'objet du jugement esthétique.

---

[1] *Cf.* Adam, *Essai sur le jugement esthétique*, p. 236, sqq, où les sentiments moraux sont fort ingénieusement comparés aux sentiments esthétiques.
[2] Schiller, *Lettres*, XXIII, p. 274.

En résumé, Schiller a pensé que les actions morales pouvaient dans certains cas être belles ; nous avons tâché de faire voir qu'elles le sont par leur essence même.

C'est bien ainsi, semble-t-il, que l'entend Herbart, dont le nom est inséparable de cette théorie ; car il a nettement, systématiquement rattaché la Morale à l'Esthétique, et fait du jugement moral une espèce du jugement esthétique [1]. C'est précisément le principe de cette conception que nous nous sommes efforcé d'appliquer au contenu de la loi morale ; mais, en faisant hommage à Herbart de ce qui lui revient, il importe de marquer ici des différences et même des oppositions essentielles. D'une part, en ce qui concerne le contenu lui-même, quelle que soit la valeur de ses analyses, souvent suggestives, souvent obscures aussi, il attribue au jugement esthétique une simplicité et une clarté que ne comportent toujours ni l'Esthétique, ni l'objet moral. Il prend pour types les jugements immédiats et comme irrésistibles, qui nous font reconnaître les accords musicaux tels que ceux de la quinte ou de l'octave. Il conçoit une esthétique rattachée à sa psychologie mathématique, et où les notions les plus complexes, dégagées de tout élément hétérogène (par exemple, du plaisir) se réduiraient, en fin de compte, à des jugements semblables. « Les théories musi-
« cales du contre-point sont le vrai modèle valable jusqu'ici
« pour une esthétique sérieuse, le contre-point exige et
« obtient par ses simples intervalles, accords et progrès, un

---

[1] V. surtout, *Introduction à la philosophie* (œuvres I), ch. i-ii ; *Éléments de philosophie pratique* (œuvres II), ch. v-vi ; *Philosophie pratique générale* (œuvres VIII) introd. ch. i ; *Exposition esthétique du monde* ; *Introduction à la pédagogie* (tr. Pinloche). M. Dereux en a fort bien mis en lumière l'importance dans son Étude sur la morale de Herbart. *Critique philosophique*, 1889.

« jugement absolu, sans prouver ni expliquer quoi que ce
« soit. Ce n'est pas autrement qu'on doit ici présenter les
« rapports du vouloir pour les transporter dans l'agrément
« ou le désagrément absolus [1]. » Et ailleurs : « Pour chacun
« des rapports de la volonté soit avec elle-même, soit avec
« les autres volontés ou avec les choses, on verrait saillir
« un jugement esthétique original, indépendant, d'une
« nature toute spéciale, d'une évidence immédiate, » ainsi
qu'il arrive « pour certains rapports de sons, de lignes, de
« couleurs qui donnent lieu à une approbation ou à une
« désapprobation immédiate [2] ». Et ses disciples ont pu
pousser jusqu'au détail l'assimilation entre les sons et les
idées pratiques, rapprochant l'octave et l'idée de perfection, la tierce majeure de la liberté inférieure, etc.[3]. Même
en renonçant à ces développements plus ou moins fantaisistes, il est impossible de ramener à ces formes simples
tous les jugements esthétiques, y compris ceux qui concernent la pratique. Sans doute, il y a dans les objets esthétiques, tels que les formes, les couleurs, les sons, des rapports mathématiques ; et peut-être, idéalement, n'y a-t-il
dans tout objet proprement dit que de tels rapports. Mais
nous ne les saisissons pas ainsi dans nos intuitions ; nos
concepts y peuvent à peine atteindre, en appauvrissant du
reste la réalité ; à plus forte raison notre sentiment, plus
profond mais plus confus. Sans doute nos perceptions musicales ont pour objet des combinaisons de sons qui se traduisent en formules mathématiques : ou, si l'on veut, les sons
que nous déclarons musicaux par une intuition simple sont

---

[1] Herbart, *Werke*, VIII, ch. I.
[2] Cité par M. Dereux, *Critique philosophique*, 1889, p. 195.
[3] V. Zimmermann, *Revue philosophique*, mai 1879.

précisément ceux où se vérifient ces formules ; l'idée s'impose donc d'une analogie ou d'une relation profonde et essentielle. Mais, sans parler des anomalies et exceptions, a-t-on le droit de réduire tout jugement esthétique à des perceptions élémentaires ? Toutes nos représentations ne sont pas aussi bien fixées et organisées ; surtout il y a toujours dans un jugement esthétique autre chose que ces données simples à peine dégagées de la sensation. Autrement, tous devraient sentir et juger de même, pourvu qu'ils fussent sainement constitués, et il n'en est rien. Chacun y met nécessairement de soi-même, interprète l'objet à sa façon ; et le même objet, suggérant à chacun des combinaisons particulières de représentations et d'émotions, même s'il est admiré par tous, est diversement admiré. A plus forte raison peut-être pour les jugements pratiques où il faut voir et pressentir, à l'occasion du donné et au delà, tout un avenir mal déterminé. Comment constater ou exiger ici l'uniformité d'une intuition immédiate qui trancherait toute discussion et lèverait tous les scrupules ? L'objet moral ne saurait être aussi simple, ni aussi simplement reconnu que le veut Herbart.

Mais surtout, Herbart a eu le tort d'appliquer indistinctement à la forme et au contenu de la moralité cette intuition esthétique. Le contenu comporte un jugement esthétique parce qu'il est complexe, variable et malgré tout individuel, mais non pas la forme qui est simple, universelle, impersonnelle. Suivant lui, le jugement moral proprement dit n'apparaît qu'avec la résistance du penchant auquel la volonté devra commander, mais la loi ou plutôt la nécessité qui s'impose à la volonté est antérieure ; ce n'est pas la volonté qui peut se commander à elle-même.

La nécessité vient, dit-il très justement, de ce que nous ne pouvons nous échapper à nous-mêmes. « C'est seulement de lui-même que l'homme ne peut se séparer[1]. » Mais, ajoute-t-il, elle n'est ni théorique — la représentation ne comporte ni préférence, ni rejet — ni logique, car celle-ci est une nécessité de fait, non de droit, un *mussen* non un *sollen*. « Cette sorte de jugement qui attribue à l'objet
« ce droit à être préféré ou rejeté, immédiatement et
« involontairement, sans preuve ou sans prédilection ou
« antipathie est un jugement esthétique. » Car « parmi les
« nécessités connues, il ne reste plus que la nécessité
« esthétique, caractérisée par ce fait qu'elle parle en des
« jugements nettement absolus, sans produire aucune
« démonstration et sans mettre d'ailleurs de violence à sa
« demande... L'évidence qui accompagne les jugements
« moraux est aussi immédiate et aussi invincible que la
« conviction du musicien, relativement à l'harmonie des
« sons. » On y retrouve « les conditions du jugement
« esthétique : simplicité, clarté de l'objet, calme dans les
« représentations, indépendance[2] ».

Ce qui est vrai, c'est que la forme de la loi, ici mal distinguée de l'objet, est une donnée simple tenant à ce fait que l'homme ne peut s'échapper à soi-même. Mais Herbart s'abuse en attribuant au jugement esthétique une évidence immédiate et par suite une universalité qu'il n'a pas; il y faut reconnaître, au contraire, une variabilité et une complexité qui compromettraient singulièrement la netteté formelle et impérative de la loi[3]; car, loin d'être une expres-

[1] Cité par M. Dereux, *Critique philosophique*, 193.
[2] *Éléments de philosophie pratique*, ch. v. Œuvres II.
[3] *Critique philosophique*, 1889, 199.

sion de la raison pure, ce jugement est tout pénétré de sentiment et d'émotion. Ce n'est pas de là que peut venir la loi de la volonté, mais bien de cette nécessité *a priori* que l'homme ne peut pas ne pas réfléchir sur ces actions et les apprécier. Ce n'est pas du jugement esthétique lui-même ; c'est de la condition qui rend nécessaire ce jugement, ce qui est tout différent ; car cette nécessité est un fait rationnel, tandis que le jugement en ses déterminations positives est multiple et divers. Il faut réfléchir sur ses actions et vouloir : cela s'impose à tous et n'a rien d'esthétique ; mais les actions à faire sont variables : voilà l'objet du jugement esthétique. Herbart a donc bien vu une relation entre la morale et l'esthétique ; mais, faute de distinguer la forme et le contenu de la moralité, il a méconnu l'un et l'autre. Il a attribué à ce contenu et au jugement esthétique une simplicité qui leur manque ; et il a compromis la simplicité de la forme en en faisant l'objet d'un jugement esthétique [1].

Quoi qu'il en soit de ces divergences, l'idée d'une Esthétique morale, d'accord avec le sens commun et avec la philosophie antique, est confirmée par ces théories modernes. Cependant, il faut reconnaître que, parmi les modernes, la plupart de ceux qui s'en sont expressément occupés l'ont écartée pour deux raisons essentielles. L'une est tirée des dangers de dilettantisme, et nous y avons répondu par avance. L'autre objecte l'incertitude de l'Esthétique. Ne faudrait-il pas l'avoir définitivement constituée

---

[1] Il faut signaler aussi, avec des réserves semblables, la théorie de Kraus, *Vorlesungen über Æsthetik*; ainsi que le petit ouvrage suggestif de M. F. Chapman Sharp, *The Æsthetic Element in Morality*, Berlin, 1893.

avant de songer à y ramener la Morale? On réclame, en effet, pour la Morale une fixité et une rigueur qui la rapprochent bien plutôt de la Logique. Il y a des vérités morales : il n'y a que des théories esthétiques, si même une théorie est possible, et s'il ne faut pas s'en tenir au sentiment individuel. Les termes s'opposent radicalement, au lieu de se rapprocher. — L'antithèse n'est qu'apparente cependant. Cette fixité absolue que nous prenons comme admise, ne peut, il faut le redire encore, concerner l'objet de la moralité; sans quoi la Morale serait depuis longtemps une science précise. En face d'une multiplicité de solutions possibles, il ne reste de rigoureux que l'obligation d'en choisir une, celle que l'on croira la meilleure.

Sans doute beaucoup de préceptes sont mieux fixés, et le contenu général des devoirs stricts s'exprime en des formules d'une netteté toute scientifique : tu ne tueras point; tu ne voleras point. Le goût personnel n'a rien à voir ici. Morale et Esthétique ne sont pourtant pas incompatibles. Rien n'empêche de penser d'abord que l'Esthétique des actions, plus nécessaire, étudiée de plus près et depuis plus longtemps a pu réussir plus tôt à fixer un certain nombre de lois essentielles. Les exigences de la vie sociale n'ont pas peu contribué à la détermination de ces vérités morales; mais nous devons bien les distinguer ici des exigences morales, car le respect des contraintes sociales peut fort bien n'avoir pas de valeur morale. Or, toutes les consciences ne sont pas uniformément d'accord sur ces formules si simples; on est souvent embarrassé pour déclarer immorales certaines actions qui y sont contraires et qui pourtant ont paru belles et bonnes à leurs auteurs. Nous voilà déjà plus près de l'Esthétique. Tout ce que l'on peut dire, c'est qu'ils auraient dû réfléchir, s'instruire, se renseigner, et qu'ils auraient probablement trouvé la vérité. On ne peut garantir qu'ils auraient réussi; ils ont bien fait s'ils ont, en y mettant toute leur conscience, accompli l'action qui leur a semblé la plus belle. — Ils se sont trompés, et, pour l'avenir, il faut en définir et proposer une autre que réclament les conséquences logiques des principes. — Soit : il y a une logique dans les actions morales, et la raison qui impose la forme ne peut se désintéresser du contenu ; c'est à son défaut que le sentiment intervient. Mais ce défaut et, par suite, cette collaboration sont inévitables. D'autre part, s'il y a pour ceux qui savent, analysent et raisonnent, des vérités objectives en morale, n'y en a-t-il donc pas en Esthétique? Est-ce donc le domaine du pur caprice, du pur hasard? Il faudrait donc que l'homme n'y fût pour rien, car il y a dans tout ce qui vient de lui, et jusque dans le plus bas degré de sa sensibilité, quelque chose d'intelligible ; il ne peut ni réaliser, ni concevoir, ni subir la diversité pure. Nos sensations, dont il ne faut pas disputer parce que chacun n'éprouve que la sienne, ont pourtant des ressemblances qui permettent de les classer et des conditions communes qui permettent d'expliquer ces ressemblances : il y a donc déjà en elles de l'intelligible. N'y en aura-t-il point aussi dans les sentiments et les émotions ? Que sont-t-ils donc s'ils ne sont provoqués ou suggérés par des idées, si l'on n'y peut démêler quelque démarche supérieure, consciente ou non de l'intelligence ? L'intelligence ne suffit pas à goûter une œuvre de Raphaël ou de Beethowen : il serait puéril de prétendre qu'elle n'y est pas nécessaire, et que l'émotion n'est qu'un état purement physique, un accès de somnambulisme ou d'hystérie. Les plus hardis, même en forçant complaisamment la ressemblance, ajoutent que dans cette « hypnose », « ce n'est pas le sommeil que nous voulons, c'est le rêve[1] », et jusque dans le rêve il y a de l'intelligible. Que serait donc sans cela toute cette technique du métier qui peut être formulée souvent en des règles si précises, et que les génies même doivent deviner ou découvrir quand ils ne l'ont pas apprise ? Et cette technique n'est-elle pas pour chacun des arts comme le premier chapitre de son Esthétique spéciale? Faut-il rappeler la mathématique indispensable aux théories de la musique, la géométrie et l'anatomie plus ou moins inconscientes que l'analyse retrouve dans toutes les belles formes[2], ou bien encore les lois psychologiques qui s'imposent à tous les arts littéraires? Ne peut-on donc admettre que l'art de la conduite aurait ses premières conditions dans des vérités scientifiques, et concevoir une Esthétique morale qui aurait ses règles techniques ?

Du moins, il reste que l'Esthétique générale, dépassant ces données positives qui ne sont que des moyens, et s'efforçant de définir le beau et l'art, n'est pas établie. Et il semble vraiment illusoire de prétendre définir le bien par le beau avant de savoir au juste en quoi consiste le beau. Remarquons déjà que cette technique spéciale ne pourrait être fixée elle-même si l'Esthétique était toute incertaine et flottante. Si l'idée du beau n'avait rien de déterminé, comment en déterminerait-on les conditions mécaniques? On peut seulement avouer que nous ne tenons pas tous les

---

[1] Souriau, *Suggestion dans l'art*, p. 67.
[2] V. en particulier, P. Richer, *Le canon des proportions du corps humain*, Paris, 1892.

éléments d'une définition scientifique, et que, au delà de ce qui est saisissable à l'analyse, il reste un objet de sentiment, provisoirement ou à jamais indéfinissable. De là le défaut des deux conceptions extrêmes dont l'une nous promet une science positive et complète du beau, et dont l'autre semble fermer la porte à l'analyse scientifique, n'admettant entre les goûts individuels dont chacun est souverain, que des coïncidences peut-être accidentelles [1]. Mais si nous revenons à notre question, pourquoi n'en serait-il pas de même du bien ? A-t-on démontré qu'il soit rigoureusement définissable ? N'oublions pas qu'il s'agit seulement de l'objet de la moralité, et, rassurés ainsi sur le respect dû à la loi, ne devons-nous pas reconnaître que cet objet n'est que partiellement intelligible, et qu'on peut seulement fixer des limites au jeu de l'imagination et du sentiment ? Dès lors, l'insuffisance scientifique de l'Esthétique n'en éloignerait pas la Morale, puisque la Morale elle-même est incapable de définir son objet comme on définit une figure géométrique ou une réaction chimique. Cette ressemblance une fois admise, il suffirait, pour rapprocher décidément le bien du beau, d'appliquer, comme nous l'avons fait, le jugement de goût aux actions morales. Mais on peut aussi analyser les caractères généraux de ce jugement lui-même, et tirer de là une confirmation. Il n'est pas nécessaire pour cela de constituer une Esthétique nouvelle et complète. Il faut seulement montrer que les déterminations logiques du beau jusqu'ici proposées ou établies sont précisément celles du bien, quand on les applique aux actions volontaires.

[1] E. Droz, *La Critique littéraire et la science*, p. 30. *Cf.* sur cette question le cours de M. Souriau dans la *Revue des cours et conférences*, 1895.

Une conception pourtant s'y opposerait : c'est celle qui identifierait le beau avec un objet sensible, et considérerait la sensation comme condition essentielle du sentiment Esthétique. Nous n'avons pas à nous inquiéter de la théorie extrême qui réduirait tout à la sensation. Nos conclusions n'en sont en rien menacées, pas plus qu'elles ne seraient confirmées par celle qui ne lui attribuerait aucun rôle. Car, s'il n'y a rien de plus dans l'émotion esthétique qu'une sensation complexe, c'est qu'il en est de même de toutes les émotions; l'empirisme radical peut seul aller jusque-là, et, de ce point de vue, les sentiments moraux ne seront ni plus ni moins réductibles aux sentiments esthétiques, non plus que les jugements, résidus ou résultantes de sensations. Mais une différence radicale pourrait apparaître, si la sensation était d'une part élément constitutif, indispensable, de l'autre insignifiante ou hétérogène. Or, n'est-ce pas toujours à travers des sensations auditives ou visuelles que sont provoquées les émotions du beau ? N'en sont-elles pas inséparables ? Sans doute la musique et les arts du dessin s'adressent d'abord aux sens ; s'ils dépassent la sensation, ils ne peuvent s'en passer. Mais l'émotion, même ici, est bien plutôt évoquée que produite par la sensation, et il y a des cas où le rôle des sens s'affaiblit singulièrement, jusqu'à changer tout à fait de valeur, comme dans les arts littéraires. Faisons la part aussi large que possible à la mélodie des vers, à la musique des phrases, à la couleur des mots : là n'est pas l'essentiel. Le plaisir que nous causent un drame, un roman, un sonnet, un discours est sans doute plus vif quand le geste et la déclamation en accentuent le relief; mais ce relief même est ailleurs que dans les sons, et la lecture silencieuse et immobile nous peut donner, aussi bien un plaisir intense et profond; les aveugles et les sourds-muets sont fort capables d'émotions littéraires. D'une part, en effet, la forme est liée à des sensations auditives, visuelles ou motrices, mais elle est autre chose aussi, puisqu'elle est dans l'ordre et le mouvement des mots et des phrases. De l'autre, les idées et les sentiments même sont assez indépendants de ces symboles, puisqu'ils peuvent être exprimés par d'autres, et leur arrangement est œuvre et objet d'intelligence et d'imagination. Que dire de l'art du savant et de la beauté irrécusable de certaines démonstrations ou expériences? L'exemple est décisif, et il faut conclure que si la pensée a toujours besoin d'un langage, il y a du moins un beau intelligible, et une forme de l'art qui s'affranchit de la sensation. Les images sensibles deviennent de purs symboles, et ces symboles peuvent être fort divers pour un même plaisir esthétique. De plus, dans la littérature (ceci nous rapproche davantage encore de l'Esthétique morale), n'est-ce pas justement par des combinaisons d'actions et par la beauté de ces arrangements que cherchent à nous plaire le drame, le roman et l'épopée? Nous n'avons donc pas à nous arrêter à l'objection tirée de la sensation, puisqu'elle rétrécirait sans raison l'Esthétique et méconnaîtrait les caractères du jugement de goût.

Quant aux autres théories, elles se placent à deux points de vue, cherchant les unes une définition objective, les autres une définition subjective du beau. Les caractères qu'elles proposent conviennent dans un cas comme dans l'autre (car ils ne s'excluent pas nécessairement) aux actions morales.

Les premières font appel aux conceptions d'ordre, de

forme, de grandeur, de proportion, de splendeur, d'unité sensible, de rapports, etc. A travers toutes ces formules se trouve cette idée que le beau est à la fois quelque chose d'harmonieux, c'est-à-dire d'intelligible, et de vivant, c'est-à-dire de sensible. Toutes font une place au beau moral, quand elles n'identifient pas le beau et le bien [1]. Et en effet, si l'on s'en tient à ces deux caractères objectifs, rien n'est plus facile que de les rapprocher. L'idée du bien est trop évidemment inséparable de l'idée d'ordre et d'harmonie. Elle n'est pas moins liée à celle de la vie, puisque le bien ne se trouve que dans les actions. Et l'on pourrait, de ce point de vue tout objectif, le définir : une harmonie vivante, ou plutôt il y faudrait voir une espèce de ce genre plus large qui serait le beau.

Les théories subjectivistes, toutes issues de celle de Kant, ne sont pas moins favorables à cette assimilation. Tout d'abord, le principe kantien, savoir que le beau n'est pas une qualité des objets en eux-mêmes, mais dépend de leur relation avec le sujet et réside en nous, ce principe s'applique au bien puisqu'une action objectivement considérée ne serait plus qu'un phénomène: si elle est jugée bonne, c'est comme démarche d'un sujet, et par un sujet qui la revit au dedans de soi. En outre, les déterminations précises empruntées par Kant aux catégories du jugement conviennent au bien comme au beau.

1° Le bien aussi nous cause un plaisir désintéressé. Le désintéressement n'est pas en discussion. Le plaisir se trouve aussi de part et d'autre. Si l'obéissance à la loi dans

---

[1] Sans rappeler Platon, Aristote, les Stoïciens, v. Plotin, *Ennéades* I, 6-4; le Père André, *Deuxième discours*, p. 86, sqq; Diderot, *Recherches sur l'origine et la nature du beau*, p. 28.

sa forme inflexible peut nous paraître pénible, encore n'est-elle pas exclusivement pénible. L'effort de la raison comporte, comme tout autre, une intime jouissance ; et, dans tous les cas, une fois que nous nous représentons l'action morale comme un objet et dans son contenu, nous éprouvons un haut plaisir qui n'est que l'épanouissement de notre conscience. Non seulement le respect est déjà, malgré Kant, un sentiment, mais la contemplation de la vertu, d'une suite d'actions bonnes ou d'une seule action avec toute la fécondité que nous pouvons deviner en elle, cette contemplation nous remplit d'une joie pure qui peut aller jusqu'aux larmes.

2° Le bien aussi plaît universellement et sans concept déterminé. Cette adhésion universelle au jugement moral, nous la réclamons, et il nous est pénible de ne pas la rencontrer d'abord unanime. Quand nous oublions que la forme seule s'impose uniformément à tous, cette diversité et ces contradictions peuvent nous entraîner au scepticisme moral. Quoi qu'il en soit, nous pensons naturellement que l'action bonne doit plaire à tous comme à nous-même, aussi bien que l'œuvre d'art qui nous ravit ; c'est ce besoin qui nous pousse souvent jusqu'à l'intolérance. Cette exigence vient de la raison, mais nous sommes incapables de l'imposer par une démonstration rationnelle ; car la raison n'est pas seule ici, et nous n'avons pas de concept défini à l'unité duquel nous puissions réduire la diversité du détail. Le concept de bonne intention ne suffit pas à déterminer le contenu des actions ; ce que l'on doit faire est variable et ne saurait être traité comme objet purement logique. Ni le vrai, ni l'utile, ni la perfection ne fournissent le concept qu'il faudrait ici. Nous nous heurtons à la complication et à la contingence des actions, par suite aux exigences de la sensibilité. Les conditions du beau sont encore une fois celles du bien ; et nous trouvons là aussi une émotion pour laquelle le jugement postule la propriété de pouvoir être universellement partagée.

3° De même encore au point de vue de la relation. Puisque nous ne pouvons aller déductivement du général au particulier, l'objet moral comporte, lui aussi, un jugement *réfléchissant* qui va du particulier au général, et suppose pour le détail un principe qui le rendrait intelligible. Mais ce principe, nous ne le constatons pas, et il n'est pas uniforme : car chacun se propose par l'action droite, de réaliser l'ordre idéal qu'il aperçoit, et chacun, en appréciant l'action, en rapporte le contenu à une conception personnelle, souvent très vague, de cet ordre idéal. Autrement dit, nous n'avons pas plus pour le bien que pour le beau d'idéal uniforme ; et, tout en devinant ou reconnaissant une finalité dans le contenu des actions morales, nous ne saurions définir pour en fournir à tous le concept, une fin unique, déterminée une fois pour toutes. Pour y affirmer une finalité objective c'est-à-dire une perfection, même utilitaire, il faudrait avoir la connaissance totale de tout le système idéal des actions et de toutes les conséquences possibles de chaque action. Il y a donc, là encore, avec des conditions sensibles, un accord et comme un libre jeu de l'entendement et de la sensibilité. Le bien est une forme de la finalité d'un objet en tant qu'elle est perçue sans représentation de fin déterminée.

4° Enfin pour les mêmes raisons, le jugement de bien comporte une satisfaction nécessaire. Là aussi apparaît, au lieu d'une intelligence qui démontrerait, un *sens commun* qui résulte d'un libre accord de nos facultés. Le bien comme le beau est exemplaire, *exemplarisch*, et nous offre l'application d'une règle générale que nous nous plaisons à pressentir, mais que nous ne pouvons déterminer. Il est donc aussi une nécessité d'attrait; il est reconnu sans concept, comme l'objet d'une satisfaction nécessaire.

Ainsi toutes les formules de l'Esthétique kantienne s'appliquent à l'objet moral. Dans le spectacle que nous nous donnons, nous trouvons un jeu de nos facultés de connaître, imagination et entendement, une heureuse rencontre de « l'entendement qui pense et qui règle, et de l'imagination qui voit, sent et invente[1] ». Cependant, Kant distingue le beau du sublime, et il semble que les actions morales, œuvre d'une liberté qui violente la nature, évoquent bien plutôt l'émotion du sublime, où l'imagination reste impuissante à se représenter ce que conçoit l'entendement. Ne sommes-nous pas invités ici à penser l'infini « dont il n'y a point d'images, mais seulement des symboles? » Nous nous sommes déjà expliqués sur ce point. On ne saurait opposer ainsi radicalement la nature et la liberté, et déclarer que celle-ci ne trouve en l'autre que résistance. Il y a dans la nature de bonnes dispositions qui sont les produits et comme les prolongements d'une volonté antérieure, soit de l'individu, soit de ses ascendants. Sans doute, l'origine de cette volonté libre est transcendante; mais ne faut-il pas admettre dans la nature même un mystère qui révèle une semblable origine? Dans tous les cas, si la liberté est pratique, il faut bien qu'elle joue

---

[1] M. Boutroux, *Cours inédit*, et art. KANT dans la *Grande Encyclopédie*, p. 412.

le rôle d'une force dans la nature; s'il y a conflit, c'est qu'il y a relation et que l'accord est possible. La victoire de la volonté libre n'est donc pas nécessairement sublime, et surtout le contenu de l'action nous apparaît tantôt comme sublime, tantôt aussi comme beau ou gracieux. Enfin, Kant lui-même regarde le sublime et le beau, non comme deux termes hétérogènes, mais comme deux espèces du même genre. Il s'agit dans les deux cas de ce jugement de goût, où se révèlent à la fois « notre nature supra-sensible et le besoin d'un accord entre cette nature et notre nature sensible.[1] » N'est-ce pas aussi un jugement moral? Et Kant, d'ailleurs, ne les a-t-il pas rapprochés en disant que l'homme de bien a une juste estime de soi et un sentiment profond de sa beauté interne [2] », et enfin que « le beau est le symbole du bien moral? » Ce concept indéterminé n'est-il pas, dans un cas comme dans l'autre, celui de liberté? n'est-ce pas, de part et d'autre, une manière d'adapter plus complètement les phénomènes à nos facultés ou de considérer en eux, outre la quantité, la qualité? Si le bien moral est dans le noumène la réalité dont le beau est pour nous le symbole, nous dirons que : objectivement, c'est seulement sous la forme du beau que le bien nous devient sensible et saisissable.

Résumons brièvement, pour conclure, les conséquences et les avantages de cette Esthétique morale :

---

[1] M. Boutroux, *Cours inédit*, art. KANT. *Grande Encyclopédie*, p. 412.

[2] *Doctrine de la vertu*, Introd. VII, et 1⁰ partie, § 4. Rappelons aussi les *Considérations sur le sentiment du beau et du sublime*, où l'Esthétique morale avait été expressément proposée. Cf. M. Renouvrier, *Morale* I, 282 : « Prenons les idées mêmes du vrai, du bien, du juste, considérons-les comme des mobiles en elles-mêmes, elles s'identifient aussitôt avec le mobile du beau. »

1° Sans compromettre la forme de la loi qui reste impérieuse, elle permet de concilier les diverses théories qui identifient le Bien avec l'agréable, l'utile ou le vrai ; car ces différents concepts, ainsi que celui de perfection relative, peuvent se rencontrer dans celui du beau et dans celui-là seul. Le beau est nécessairement agréable, et, par là, le plaisir retrouve son rôle dans l'action morale qui ne peut se passer de lui. Le sentiment n'y est ni souverain, ni sacrifié. Le formalisme pur l'élimine à tort, car il est indispensable à l'élan de l'action comme à la représentation de l'avenir. L'hédonisme et le mysticisme en font à tort l'arbitre de la conduite, car cela revient à nier toute règle dans la conduite. Il ne prend son vrai sens moral que soumis à la loi de la raison, mais uni à l'intelligence pour en trouver le contenu. Il faut que nous prenions plaisir à l'action, mais un plaisir désintéressé, un plaisir esthétique.

L'utilitarisme se présente dans les théories modernes avec une haute valeur morale ; mais l'utile, comme on l'y entend, coïncide précisément avec la beauté des actions, et c'est par là qu'il se relève. On a souvent tenté de rapprocher le beau et l'utile en invoquant l'expérience, en protestant contre la théorie trop abstraite et trop formaliste du jeu. Récemment encore, on en a proposé une ingénieuse réconciliation fondée sur l'idée de finalité, et aboutissant à cette formule : « La beauté suprême de la « forme est l'adaptation la plus complète de tous les « organes à la fin la plus élevée [1]. » Et l'on montre que l'admiration des objets les plus utiles ne compromet en

---

[1] M. P. Souriau, *Revue des cours et conférences*, 1895, p. 146.

rien le désintéressement, puisque, tout au contraire, le spectateur ne songe nullement à son utilité personnelle, et se détache même ainsi de la jouissance égoïste du dilettante. L'utilité semble bien n'être plus ici que la finalité, et en prenant non plus les détails, mais l'ensemble de l'objet, on échouerait peut-être à lui trouver une fin déterminée. Les « beautés inférieures » ne seraient-elles pas justement celles dont la fin trop vulgaire peut être trop nettement et trop étroitement fixée ? Quoi qu'il en soit, c'est dans la mesure même de sa valeur esthétique que l'utile peut prendre une valeur morale. On écarte ou on recule à l'infini le profit personnel ; il ne s'agit plus que d'une utilité objective, dont la fin est si lointaine et si haute qu'elle ne peut plus avoir qu'un intérêt esthétique. On propose l'utilité de la cité, de la patrie, surtout celle de l'humanité, actuelle ou future ; et, à mesure qu'on s'élève à une idée supérieure d'utilité, on va rejoindre l'idéalisme esthétique et moral. « L'homme ne « peut, dit-on avec Kant, s'isoler de ses semblables, et « ne peut s'aimer que comme partie d'un tout qui est l'hu« manité. » M. Wundt nous montre dans l'utilité sociale des cercles de plus en plus larges, et assigne au devenir spirituel une fin tout idéale, à laquelle nos définitions trop arrêtées seraient toutes insuffisantes. Si cet idéal est indéfinissable, si l'on peut seulement en indiquer la direction, non en arrêter les contours, n'est-ce pas dire qu'il doit être deviné, senti autant que connu, et que c'est un idéal esthétique ? Je puis concevoir d'une façon nette l'action qui soulagerait une douleur présente ; mais s'il faut, et avec raison, que cette action prenne un sens plus large et conspire aux destinées de l'humanité, ce n'est plus sous la forme de l'utile, mais du beau que je puis concevoir le Bien. Dans la démarche morale par laquelle l'individu sort de lui-même pour aller à l'idéal, il rencontre d'abord l'utilité sociale ; mais elle ne l'arrête qu'en devenant pour lui l'objet d'une conception esthétique.

2° On retient aussi tout ce qu'il y a de légitime dans la Logique des actions, en écartant la chimère d'une rigueur scientifique qui paralyserait l'initiative et la pratique. Il y a de la vérité dans le Bien ; la conduite morale réclame un enchaînement, une consistance que l'entendement seul peut y mettre, et c'est toujours un système d'actions que nous cherchons à poser comme idéal. Mais le système des vérités actuelles n'y suffit pas, et nous sommes incapables de nous représenter en un système unique la vérité idéale. Si nous concevons le Bien, c'est sous la forme d'une vérité esthétique.

3° Ainsi encore se résout l'antinomie entre l'unité de la loi et la multiplicité nécessaire des idéals. Il y a là, en effet, une contradiction où s'embarrassent souvent nos consciences. Nous nous récrions en entendant dire qu'il y a deux ou plusieurs morales. Avec raison, si l'on songe à dispenser ainsi une aristocratie, même intellectuelle, de certains devoirs ingrats qui resteraient exigés de la foule. Nous ne pouvons admettre qu'il y ait dans la cité morale des privilégiés et des prolétaires ; s'il y a des privilégiés, ce sont ceux qui ont le plus d'obligations. Mais, sans exempter personne, et à aucun moment, de la loi du devoir, en demandant à tous de faire tout le possible, on ne peut réclamer de tous, même dans des circonstances semblables, les mêmes actions. Le mensonge est une faute ; mais il peut être permis, disons mieux, imposé par le devoir, comme il arrive au médecin et au diplomate. La simplicité est une vertu, mais elle ne saurait être pratiquée de même aux divers étages de la société. La charité est pour tous obligatoire, mais combien de façons de s'y soumettre ! De la complication des fonctions et des relations résulte, *pour le contenu,* une véritable multiplicité de morales, et l'on est tenté de croire qu'il y en a autant que de professions ou même d'individus. Le devoir est pour tous identique ; mais les devoirs sont autres. C'est ici que chacun reprend sa liberté d'artiste.

Cela même rend nécessaire et possible pour tous l'originalité. Ce n'est pas en suivant avec une docilité passive un programme tracé qu'on sera le plus fidèle à la consigne du devoir. C'est en y mettant toute son invention, tout l'effort de son génie, car les plus bornés ont leur génie. Une intention vraiment bonne est toujours neuve et originale ; on ne fait le bien que si on le sent profondément, à sa façon, avec toute son âme. Les hommes de bien ne sont pas des Grandisson taillés tous sur un même patron. Semblables par l'ardeur de la foi morale, ils sont d'autant plus divers qu'ils sont plus ardents et plus zélés. Chacun a sa physionomie propre ; l'effort moral, au lieu d'effacer la saillie des traits, les accentue jusqu'au relief du caractère original. Et si on se les représente comme collaborant tous au salut moral de l'humanité, il ne faudra pas voir en eux des manœuvres répétant un même geste, mais des artistes — tels les musiciens d'un orchestre — dont pas un n'imite l'autre, et dont les plus disciplinés sont aussi les plus profondément originaux.

Enfin, et ceci résume les observations précédentes, la conception esthétique du Bien permet seule de rapprocher comme il convient le sujet et l'objet. Car seule elle rend intelligible l'application d'une forme unique à un contenu aussi divers et indéfinissable. Ainsi seulement le sujet peut être soumis à la rigueur de la loi en gardant la liberté de son initiative, théorique autant que pratique ; ainsi seulement il peut être pris tout entier, sentiment et raison, imagination et volonté, et dévouer toutes les forces de la *Nature* à l'œuvre de la *Moralité*.

Il nous reste à voir, dans une dernière partie, comment on peut prolonger au delà de l'analyse positive, cette étude des rapports entre la Moralité et la Nature.

TROISIÈME PARTIE

RAPPORTS DE LA MORALE ET DE LA MÉTAPHYSIQUE
VALEUR ET LIMITES DU SUJET MORAL

On a vivement reproché à Descartes le cercle vicieux au moins apparent, par lequel, ayant pris le *Cogito* comme point de départ d'une démonstration de l'existence de Dieu, il en revient à considérer la vérité du *Cogito* même comme fondée sur l'existence de Dieu. Pourtant il y a là une vue profonde, et il suffit sans doute, comme on l'a montré, pour tout remettre en ordre, de distinguer deux moments nécessaires dans les démarches de l'esprit, ou deux sortes de vérité. Ce n'est pas l'affirmation de l'existence de Dieu qui est la première, et qui délivre l'esprit du scepticisme par une évidence, c'est-à-dire par une nécessité immédiate et absolue. Celui qui est enfoncé dans le doute et, comme dit Descartes, le douteur le plus résolu résistera fort bien à toutes les démonstrations et aux preuves les plus géométriques ; mais plus il s'enfoncera dans son doute, et plus il s'enfermera dans son parti pris, plus il affirmera sa pensée même et son existence ; en luttant, en résistant, il se place sur le terrain même de son adversaire et ainsi, mais ainsi seulement il se livre. Le *Cogito* est donc bien la première vérité ; c'est la seule qui fasse brèche dans le scepticisme, la première nécessité qui enchaîne et qui accompagne toutes les démarches de la pensée. Descartes devait-il la subordonner ensuite à la véracité divine? N'était-ce pas renverser tout l'édifice en ébranlant la base sous prétexte de l'élargir ? Il n'a manifestement pas pu commettre un paralogisme aussi grossier et aussi nettement accusé par la répétition même des termes dont il se sert ; sa pensée est plus profonde. Le sujet pensant ne peut sortir du doute que par le *Cogito*, première nécessité subjective ; mais, lorsque, par un nouveau retour sur soi-même, il se représente sa propre démarche comme le ferait un autre esprit et qu'il la prend comme objet, elle lui apparaît comme un élément d'un système plus vaste ou même du système total des pensées dans lequel elle trouverait sa place. Et il se rend compte alors que la nécessité qui la lui imposait tenait aux principes mêmes de ce système, c'est-à-dire ici à l'autorité de la pensée divine, et s'impose ainsi à tous les autres esprits. Imaginons qu'un voyageur essaie péniblement de gravir une montagne et ne trouve d'abord qu'un terrain mouvant qui s'éboule sous ses pas et l'enlise ; mais son pied rencontre enfin un sentier qui résiste et lui permet d'atteindre au sommet. Si, une fois là, il se retourne et embrasse du regard toute la vallée, il verra distinctement que ce sentier est la seule voie solide, et que seul il tient à la masse rocheuse de la montagne.

Quoi qu'il en soit de la question historique, c'est bien

ainsi qu'il faut se représenter le progrès de la raison qui réfléchit. En cherchant la réalité sous les images mobiles du phénomène, elle prend d'abord conscience de sa forme ; en se pensant, elle pense seulement *que* elle est, et ne peut qu'affirmer cette existence, sans avoir l'idée claire de *ce que* elle est. Sans doute elle ne peut affirmer à vide en quelque sorte ; dans son affirmation est déjà impliquée la pensée des différences qui la caractérisent. Mais cette pensée ne peut se développer que dans une seconde démarche, où elle sera devenue un objet d'examen et d'analyse. Pour le moment elle s'affirme comme un sujet, qui est assuré de son existence sans se connaître en tant qu'objet. Ou encore, cela revient au même, le sujet c'est le présent, l'actuel au sens étymologique du mot ; il ne peut se connaître que dans la mesure où il devient un objet, quelque chose de passé ; défini, parce qu'il est fini, saisissable parce qu'il est désormais inerte. Le présent, au contraire, fuit sous notre prise et nous échappe, ne laissant en nos mains qu'un objet d'où la vie, la réalité s'est retirée. Et quand nous comprenons bien cette condition de notre connaissance, nous en souffrons, nous faisons effort pour sortir de cette illusion et nous en tenir au sujet, pour traduire toute pensée en langage de conscience, c'est-à-dire pour ne penser que le présent, que dire enfin ? pour être éternels. Vain espoir ! Nous restons assujettis à la durée, contraints de nous représenter seulement le passé et l'avenir, ou plutôt le passé tout seul ; car prendre l'avenir lui-même comme objet de représentation, c'est l'assimiler idéalement au passé, seul déterminé et défini. Voilà pourquoi nous restons impuissants à comprendre, sinon à affirmer la contingence et la liberté. De là l'obscurité des formules qui prétendent exprimer la pensée *sub specie æternitatis;* le langage, avec ses termes, étant plus objectif, est plus inerte encore que la représentation, et comme desséché, semblable aux plantes d'un herbier, aux squelettes d'une collection. Et ainsi de suite à mesure qu'on va du dedans au dehors ; les phrases et les mots écrits traduisant la pensée d'un autre esprit ne sont souvent plus que comme une poussière morte ; ils ne reprennent une vie et un sens que réchauffés et fécondés par une pensée qui y met, pour un moment, sa vie propre. Ainsi l'objet seul, le passé, peut être représenté, compris, expliqué ; nous ne sommes pas éternels, et tout au plus pouvons-nous avoir cette idée que la durée n'est qu'une illusion ou un symbole de l'éternité. N'est-il pas illégitime d'aller au delà, et ne faut-il pas condamner d'avance toute tentative qui viserait à une représentation de l'éternel ? N'est-ce pas le vice de tout dogmatisme métaphysique ou de toute philosophie de la substance ? Car la substance, c'est essentiellement l'objet, la chose ou *res*, permanente, durable, mais par cela même non éternelle, que dis-je ? non réelle, puisqu'elle n'est pas l'acte en qui se concentre toute réalité.

Tout cela semble bien établi, encore que le terme de substance risque d'être équivoque et puisse être autrement entendu. Mais voici que, pensant cette nécessité même qui l'assujettit à la durée et au devenir, en faisant un objet semblable aux autres objets, l'esprit rend cette nécessité toute relative et, dans une certaine mesure, s'affranchit de cette tyrannie. Il doit renoncer à se représenter autre chose que des objets ou des termes fixés et passés ; mais il ne peut pas ne pas penser qu'il existe autre chose, que toute réalité n'est sans doute pas représentable, et que lui-même existe en tant que sujet et actuel; il ne peut connaître pleinement *ce que* il est, car il ne se saisit ainsi que comme objet; mais il affirme du moins qu'il est, sans quoi il n'aurait jamais eu l'idée de cette distinction entre le contenu et la forme, l'objet et le sujet; il n'aurait jamais eu l'idée du devenir et de la durée, ni de la nécessité où il est d'y borner ses représentations. Voilà ce qui est inséparable de l'acte de la réflexion; car, indéfiniment renouvelable, elle dépasse par cet effort les limites du mécanisme, qui sont celles de l'espace et de la durée. Voilà en quel sens est vrai le mot de Spinoza : *sentimus nos esse æternos*. Dira-t-on qu'il n'y a là qu'une subtile dialectique dont on ne trouverait aucun autre exemple ? Fût-elle singulière, cette démarche garderait toute sa valeur; elle serait seulement moins volontiers admise. Mais les exemples d'analogies sont multiples, même dans l'exercice scientifique de la pensée. Nous sommes impuissants à nous représenter *ce que* est une force ou, si l'on aime mieux, la force unique de l'univers; mais nous ne pouvons pas non plus ne pas penser *que* elle est. Autrement nous ne parlerions que du mouvement; le mot même de force serait inutile, encombrant, ou bien ce serait un pur symbole mathématique dont le concept, en admettant qu'il eût pu être formé, n'aurait aucune valeur objective. Ne serait-ce pas supprimer toute continuité, toute liaison des mouvements actuels, et entre eux et avec les mouvements passés ou futurs ? Que dire du mouvement lui-même ? Sommes-nous assurés de nous représenter *ce que* est un mouvement ? Il est inutile de reproduire ici les arguments des Éléates, et nous n'avons pas à nous demander si Zénon a voulu démontrer l'impossibilité du mouvement ou seulement l'absurdité de la théorie pythagoricienne selon laquelle « les corps ne seraient que des « sommes de points ». Quoi qu'il en soit de la question historique, une idée théorique reste très claire : le mouvement n'est pas un objet dont nous puissions avoir une image. Quand nous essayons de saisir, d'isoler, de fixer une telle image, notre photographie nous présente seulement une position ou plusieurs positions juxtaposées, aussi voisines que l'on voudra, mais entre lesquelles il ne manque qu'une chose, le mouvement lui-même. Et si nous voulons l'y retrouver, il faudra que nous l'y remettions par l'élan de notre pensée animant ces images mentales, comme l'impulsion de notre main faisant tourner une série de photographies convenablement disposées redonne à notre œil l'impression du mouvement. Pourquoi insister après tant d'autres ? N'est-il pas évident que nous affirmons *que* le mouvement existe, sans nous représenter véritablement et dans l'objet *ce que* il est ?

Que dire enfin, pour emprunter à la science encore un exemple, des concepts mathématiques d'infini ou de continu ? Ne nous interdit-on pas, par la définition qu'on en donne, de nous représenter l'infini en tant qu'objet, et ne conçoit-on pas, par l'usage qu'on en fait, *que* cela *est*, mathématiquement bien entendu, je veux dire que la démarche de l'esprit ainsi définie est légitime ? On ne saurait se représenter la série des nombres premiers comme on se représente chacun d'eux ; prise comme un tout, comme un objet fini elle nous échappe ; c'est une pure contradiction. Mais on pense *que* elle est, puisqu'on la distingue d'une autre comme la série des nombres impairs, c'est-à-dire qu'il y a là une démarche positive de l'esprit ; et si elle est insaisissable en tant qu'objet, n'est-ce pas qu'il s'agit, ici encore, d'un effort indéfiniment renouvelable de la réflexion? Nous nous représentons un polygone déterminé, un cercle déterminé — ce sont des objets — mais non pas le devenir continu par lequel on passerait du polygone au cercle circonscrit en multipliant indéfiniment le nombre des côtés; en faire un objet, ce serait *réaliser* la contradiction. Et pourtant nous pensons ce devenir; nous pensons *que* il est, mathématiquement, c'est-à-dire que cette démarche de l'esprit est valable et féconde.

Ainsi il n'y a rien là d'extraordinaire, et nous pouvons revenir à notre conclusion : le sujet pensant et agissant ne peut avoir de soi-même une représentation adéquate; ce serait contradictoire, car il ne peut être représenté que comme objet, mais il peut cependant et il doit affirmer *que* il est. Poursuivons l'examen de cette affirmation même ou, cela y revient, prenons-la à son tour comme objet de réflexion. Affirmer que le sujet existe, c'est le distinguer de l'objet, c'est refuser de lui attribuer les caractères ou tous les caractères de l'objet, dût-on n'avoir ainsi qu'une conception négative, un faisceau de négations. C'est donc, imprudemment sans doute, mais nécessairement, en faire un objet ; penser cette affirmation, c'est lui donner un contenu, soit qu'on le détermine par un attribut spécial, soit que le verbe *être*, seul ajouté au sujet dans la proposition prenne ainsi toute sa valeur substantive et cesse d'être une pure copule logique. Voilà bien, en effet, ce que ne peut écarter le criticisme le plus résolu ; penser, ce sera toujours affirmer, toute affirmation implique le verbe ; et si l'on supprime l'attribut, c'est le verbe qui nécessairement en assume la fonction ; n'affirmer que la pure existence, c'est encore poser quelque chose comme un objet donné. Nous voilà donc revenu à un objectivisme, et nous, ne tenons plus qu'une substance inerte ; la réalité, l'acte nous a encore une fois échappé, protée insaisissable qui fuit indéfiniment sous notre prise. Prenons garde cependant, l'esprit averti a fait un progrès. Tandis qu'une première et superficielle réflexion posait sans défiance le sujet comme substance, semblable aux novices qui font de l'infini mathématique un terme comme les autres, on s'aperçoit maintenant de sa faute. Comparant par une nouvelle démarche ces deux degrés de la réflexion et les deux objets qui en sont comme les produits, on saisit une différence ; le premier apparaît comme plus extérieur, plus inerte, déjà refroidi et comme matériel ; le second reste, pour un moment, plus intime, plus près du sujet, tiède encore, si l'on ose dire, et animé du souffle de vie qui l'a projeté hors de sa cause. Le sujet, sans s'y retrouver tout entier (cela est impossible puisqu'il est maintenant en un acte nouveau), y reconnaît pourtant une image plus fidèle de soi-même, et, sans échapper à la nécessité de ce dédoublement, prend de son acte même une conscience plus intime, plus exacte ou du moins plus approchée. Cette conscience ne saurait être adéquate ; mais si, par un nouvel effort de réflexion, il se hausse une fois de plus pour y atteindre prenant ce dernier acte comme objet, et s'il le compare comme tout à l'heure à l'objet antérieur, il retrouvera le même contraste entre ces deux images détachées de soi-même ; l'une est comme la feuille déjà morte et séchée dans l'herbier, l'autre est une feuille verte et vivante encore, plus semblable, quoiqu'elle ne reçoive plus la sève, aux feuilles qui tiennent toujours à la tige. Ainsi s'affirme, par le progrès même de la réflexion, et par cet effort réitéré, cette foi en l'initiative ou la liberté du sujet; ou plutôt, ainsi se justifie rationnellement cette confiance instinctive que la pratique réclame, mais qu'une analyse à courte vue vient trop souvent affaiblir ou même éteindre; ainsi éclate l'erreur de toute philosophie purement mécaniste. Ce n'est pas par excès, mais par faute de réflexion ou de raison que l'esprit se méconnaît soi-même, et s'assimile à cette matière d'où il s'est déjà retiré en la projetant hors de soi. En même temps sans doute apparaît, comme une invincible condition de notre pensée, cette dualité qui pose en face l'un de l'autre objet et sujet, contenu et forme, matière et esprit, substance et acte, produit et cause, passé et présent. Mais, du moins, cette pensée même conçoit lequel de ces deux termes solidaires résulte de l'autre; ou plutôt elle conçoit que l'un des deux seul est un *terme* tandis que l'autre, irreprésentable par là même, ne peut être objectivement déterminé. De celui-ci on ne peut pas, à rigoureusement parler, dire qu'il est ceci ou cela, puisqu'il n'est déjà plus ce qu'on l'a pensé; si la pensée, lassée de cette poursuite indéfinie doit désespérer de se saisir en son éternité, du moins elle saisit la raison de cette impuissance même, et se raffermit par cela seul qu'elle se conçoit comme éternelle.

Mais cette conscience de ses propres limites et de ses entraves l'avertit qu'elle n'est pas l'absolu, car l'absolu aurait conscience adéquate de soi et serait l'acte pur. Notre pensée est un sujet, mais elle ne peut s'enfermer en soi-même ni se suffire à soi-même. N'étant pas l'absolu, il faut qu'elle pense autre chose qu'elle même — comme il arrive dans l'expérience — et, se projetant hors de soi comme objet, elle se place nécessairement au milieu d'objets plus ou moins semblables et *extérieurs*. Et ce monde extérieur, pareil à l'écran nécessaire qui recevrait toutes ces images, étant ainsi déterminé, apparaît — inévitable illusion — comme la réalité même. Cependant, tous ces objets ne sont pas de même valeur, et, pour ainsi dire, de même éclat. Le sujet qui s'en donne le spectacle y reconnaît, au milieu de formes grossières et d'épais fantômes, des images toutes semblables à sa propre image, et pense nécessairement, puisqu'elles ne sortent pas de lui, qu'elles correspondent chacune, comme celle-ci, à un sujet différent. Chacun de ces autres sujets est en soi impénétrable, mais il existe et ne peut être rationnellement conçu que comme une pensée et un esprit. Je n'aurai pas conscience de l'un d'eux comme j'ai la conscience, relative du reste, de moi-même; mais je le penserai d'autant plus exactement que je me rapprocherai d'une telle conscience et que je le concevrai ou, si possible, le sentirai semblable à moi, autre, mais de même nature, de même souche, comme un frère en un mot. Et au-dessous de ces êtres, c'est encore par un effort analogue d'assimilation que je connaîtrai ou devinerai l'être réel de ces formes matérielles, en y mettant des forces de divers degrés qui ne peuvent être, puisqu'elles sont intelligibles en tant qu'objets, que des formes inférieures de pensée. C'est ainsi que, par la réflexion, le sujet doit nécessairement d'une part s'affirmer soi-même avec sa puissance, de l'autre reconnaissant ses limites et qu'il n'est pas seul, se considérer comme un être d'un univers, surtout comme membre d'une société d'esprits, d'une cité d'égaux où il aurait droit — sans plus ni moins — à sa place; enfin penser, au-dessus de toutes ces consciences limitées et de la sienne propre, une conscience absolue qu'il est illusoire et absurde de vouloir se représenter comme un objet, mais qu'il est rationnel et nécessaire d'affirmer à moins de se proclamer soi-même absolu.

Voilà donc comment apparaît la nécessité d'une construction métaphysique. Le Kantisme la dissimule ; il n'y échappe pas. Il reste vrai que les noumènes ne sont pas des objets, des termes connaissables et explicables ; mais, quand le devoir oblige le Kantien à les affirmer, il s'en fait, bon gré, mal gré, une idée, inadéquate mais déjà positive ; s'ils ne ressemblaient pas plus à ce que nous saisissons en nous-mêmes que « le chien constellation au chien aboyant », quelle valeur et quel sens pourrait avoir la foi en ces postulats ? et quelle serait cette puérilité de leur donner des noms qui ne seraient peut-être que des vocables vides de sens, *flatus vocis?* Si chacun de nous ne trouvait déjà dans ce Cogito qui doit, suivant Kant lui-même, accompagner toutes nos représentations, un acte supérieur au phénomène, il resterait emprisonné dans le phénomène sans pouvoir jamais penser autre chose, ni le phénomène comme tel, sans avoir la révélation du devoir, impuissant à saisir, même pratiquement, la forme de l'Absolu non plus que son contenu.

Cela étant donné, il nous reste seulement à montrer, parallèlement à la déduction précédente, comment la réflexion qui nous enferme dans l'obligation peut *ensuite* rattacher cette loi à un ordre transcendant et s'élever de la terre au ciel. Dès que l'effort de cette réflexion se porte sur l'avenir indéterminé du sujet ou, ce qui revient au même, sur les actions à faire, apparaît la volonté de les soumettre à une loi de raison. Et chaque effort nouveau, même pour esquiver toute loi, ne fera que confirmer cette volonté et la nécessité d'une loi, ainsi que les détours du sceptique le ramènent à l'affirmation de sa propre pensée et de sa raison. Mais ce premier acte, cet élan de la raison pratique est indifférent à la nature et au contenu de la conduite à venir ; c'est une simple déclaration de bonne foi, une forme pure ; telle la première démarche de l'étudiant, du novice, qui ne peut témoigner que de sa volonté d'apprendre ou de bien faire. C'est là ce qui devra persister à travers les erreurs, les hésitations, les allées et venues de l'investigation scientifique. Pratiquement aussi, c'est cet acte toujours renouvelé de vouloir rationnel qui sera la première et irréductible condition de la conduite morale ; au-dessous ou en dehors de cette démarche, il n'y a que le mécanisme d'une vie animale. Et chaque fois que l'on voudra remonter à la source, ou point de départ de la moralité, c'est à cet effort initial qu'il faudra revenir ; comme aussi tout progrès, toute conquête d'un nouveau mérite consistera dans une semblable initiative et dans un redoublement de cet effort. Ici, comme dans le domaine de la science, c'est l'invention, non la répétition ou récitation routinière, qui fait la valeur de l'homme. Les grands saints ou les héros de moralité, véritables trouvères ou conquérants, sont ceux dont la vertu se régénère ou s'accroît incessamment par une sorte de création continue. Peu importe que la tâche soit brillante ou obscure, peu importe la matière donnée ; la valeur de l'œuvre se mesure au génie de l'ouvrier : *materiem superat opus;* et dans l'admirable résignation de ceux qui, sans défaillance comme sans profit, se vouent à une humble besogne de chaque jour, éclate cet effort réitéré de régénération morale.

Aussi, lorsqu'un sujet agissant s'avise de penser à la

moralité même, lorsque, pour mieux faire encore et pour commencer un nouvel effort qui ira de la théorie à la pratique, il prend sa première action elle-même comme objet de réflexion, il se trouve impuissant à saisir sa propre démarche ou, s'il a l'illusion de la saisir, il ne s'attachera bientôt plus qu'à l'ombre de la moralité. En effet, ce qu'il se représente comme un objet, ce n'est pas son action, c'est un fait, déterminé parce qu'il est passé, fixé dans la durée, irrévocable mais par là même inerte et froid, comme un cadavre qui ne peut plus présenter que l'apparence de la vie. Pour trouver la vie, c'est-à-dire la moralité, il faudrait produire, créer une nouvelle action, qui ellemême serait vivante tant qu'elle serait présente ou actuelle; ou, si l'action passée semble revivre, c'est que l'effort même du sujet, pour se représenter cet objet, en crée ou en commence une nouvelle toute semblable, qui se réaliserait à son tour si cette pensée éliminait un instant toutes les autres. Ainsi, comme dans l'ordre purement théorique, le sujet est formellement dans le présent; prétendre le saisir comme objet, comme une chose ou une substance inerte, c'est tâcher à fixer, ce qui ne se peut sans les détruire, le mouvement et la vie. Ce qu'il cherche en vain dans son image, désormais inerte, est maintenant en luimême, et ne peut être que dans le présent; l'acte de volonté comme l'acte de pensée est éternel. De là l'erreur de toute morale purement objective : se contenter de poser comme but un bien défini comme un objet, et compter pour amener l'action sur une association mécanique d'idées et de sentiments, c'est passer à côté de la moralité. Ce bien est en effet une chose, un résultat ; il n'est posé que dans l'avenir, mais avec l'impatience de le voir réalisé, c'est-à-dire passé, en ne mettant entre bien idéal et bien réel d'autre différence que celle des moments du temps, laquelle est tout extérieure. On regrette donc de ne pas tenir comme un irrémissible passé cet avenir qui est seulement possible : et on regarde l'effort qui pourra le réaliser comme une nécessité fâcheuse et provisoire ; la science ou plutôt l'industrie morale perfectionnant le mécanisme individuel et social, diminuera progressivement et finira par supprimer cet effort, en nous affranchissant de toute gêne et de toute obligation. Le bien serait donc comme une richesse à acquérir ; travaillons, s'il le faut, pour nous enrichir ; mais si nous encaissons des millions sans travailler, nous n'en serons pas moins riches — et ce sera tout bénéfice. — Encore une fois, on se trompe ici du tout au tout ; ce bien que l'on croit tenir comme de l'argent dans un coffre-fort n'est pas le bien ; cet animal admirablement dressé et domestiqué, ou plutôt cet automate fonctionnant comme un rouage dans un mécanisme social, ce c'est rien qui ressemble à l'homme vertueux.

Jusqu'ici, le formalisme est le vrai. Et il paraît seul rationnel tant que l'on considère une action morale isolée, détachée de tout passé et de toute suite à venir, comme serait un acte pur et éternel. Telle est la haute signification du formalisme ; par là aussi éclate sa radicale impuissance, et l'illusion sur laquelle il repose. Quelle chimère, en effet, que de vouloir faire de l'homme un pur noumène ! S'il doit sentir ou savoir *qu*'il est un sujet et qu'il y a en lui du noumène et s'en souvenir pour chaque action, il est impossible de le soustraire aux conditions de la durée et de sa vie phénoménale. Cette illusion est toute semblable à celle des métaphysiciens dogmatiques tant raillés par

Kant, et qui, dans l'ordre théorique, prétendent à nous donner une représentation positive de l'absolu. Théoriquement, nous l'avons montré, la pensée du sujet porte plus loin que ne le voulait Kant, puisqu'elle permet ou mieux réclame l'affirmation de sa valeur transcendante. Pratiquement, la volonté, en gardant la valeur qui s'attache à l'acte d'un sujet, ne peut rester dans le noumène et, de là, ignorant le phénomène, procéder par inintelligibles fulgurations ; nous ne pouvons vouloir sans rien comprendre, ni rien penser, par conséquent, sans nous souvenir et imaginer. Assurément un acte volontaire n'est pas un simple fait mécanique, un terme inévitable d'une série fixée d'avance ; mais il vient pourtant à la suite d'autres actes et de phénomènes, et il apparaîtra lui-même du dehors comme phénomène. Dans le sujet qui le produit, qui le crée, il procède d'une pensée ou d'une raison qui ne peut pas ne pas prendre dans un objet antérieur ses éléments et ses conditions, comme elle ne peut pas ne pas poser dans l'avenir un but idéal, c'est-à-dire encore un objet que cet effort tend à réaliser. Ces nécessités peuvent être provisoires ou mieux relatives ; elles ne sont pas moins des nécessités. Et lorsque ensuite cette volonté, ce sujet agissant, par un nouvel effort, veut produire un nouvel acte, il rencontre dans son œuvre même, dans ce qu'il vient de créer, une résistance pareille à celle des nécessités extérieures ou matérielles. Notre passé nous tient, et nous sommes, on l'a admirablement montré, étroitement solidaires du moi antérieur. Plus forte a été la volonté première ou plus souvent elle a été, je ne dirai pas renouvelée, mais imitée en des répétitions de l'action, plus nous sommes assujettis au mécanisme d'une habitude qui est pourtant notre ouvrage. Celui qui cherche à se retrouver dans son passé n'aperçoit ainsi le plus souvent qu'une continuité d'actions dont chacune apparaît comme ayant été nécessaire, contrainte, non pas autonome et obligatoire; tel un vieillard qui serait désormais incapable de se retrouver dans ses souvenirs de jeunesse. En un mot, un acte intelligent et réfléchi implique forcément des données ou éléments objectifs à mettre en œuvre: instincts, sentiments, idées, désirs ou habitudes; ces conditions nécessaires ne sont-elles pas suffisantes et, à elles seules, décisives? N'est-ce pas toujours le passé qui se continue? Le sujet présent est-il encore quelque chose?

Même embarras si nous envisageons l'avenir. L'acte que nous cherchons à saisir dans le présent est une volonté, une intention qui vise l'avenir, et qui en implique une représentation anticipée. Par la réflexion nous concevons différentes actions imaginaires comme possibles; nous essayons, pour ainsi dire, idéalement chacune d'elles dans un système qui satisferait notre raison; et de ces actions diverses celle-là nous apparaît comme obligatoire qui cadre seule ou le mieux avec le système. La voilà posée comme un but; ne devient-elle pas par là même un objet, une chose définie semblable pour l'esprit à un fait passé et agissant sur nos tendances, sentiments ou habitudes par une attraction toute mécanique? N'en venons-nous pas nécessairement aussi à concevoir, à poser devant nous une série, un système idéal d'actions semblables, satisfaisant la raison comme une vérité totale? Et cet objet nécessaire que nous appellerons Perfection idéale, Beauté parfaite, Bien absolu, Souverain bien, n'est-ce pas le principe auquel sera suspendue toute la moralité? Mais quoi? N'est-ce pas une chose, une substance inerte derrière laquelle le sujet du devoir et son acte moral ont disparu? Le bien s'est encore une fois substitué au devoir, le mécanisme à l'obligation.

Prenons garde toutefois; ici, comme tout à l'heure à propos de la théorie, cette vue n'est que superficielle. Tout d'abord, en ce qui concerne les données antérieures, il n'est pas exact que le sujet agissant rencontre partout une égale résistance à son effort. Il y a des différences et des degrés manifestes. Il peut employer à ses desseins les éléments matériels, et son industrie semble faire de la nature inorganique une esclave de jour en jour plus docile, la domestiquer pour ainsi dire à sa fantaisie; mais il en reste lui-même, en bien des cas, l'esclave brutalement traité. Il réussit seulement à combiner d'autre façon ces données, sans pouvoir en modifier la nature ni les lois, et ne fait que profiter des interstices de ces lois et du jeu qu'elles comportent; enfin, il ne réalise dans les plus heureuses de ses combinaisons que d'inertes machines. Du moins, s'il ne peut y reconnaître, puisqu'elles sont incapables d'initiative, une image de sa propre activité, il y retrouve un prolongement, une grossière imitation de son effort; car c'est son idée, son invention qui y reste présente, et qui s'y réalise chaque fois que les rouages sont de nouveau mis en branle.

Les êtres vivants semblent lui offrir plus de résistance, précisément parce qu'ils ont, avec une variété plus riche de déterminations, une spontanéité qui leur est propre. Mais d'une part, ils offrent à qui saisit le biais propice une prise plus facile que la nature brute; car cette spontanéité même semble, de ce côté, venir au-devant de la nôtre, et témoigner d'une mystérieuse mais évidente parenté avec elle. De l'autre, l'animal, et même la plante, une fois pliés et dressés par la volonté humaine, se plaisent à réaliser son idée, et d'eux mêmes s'efforcent, à travers les obstacles, de la faire triompher. Elle les a donc associés à son œuvre, ou mieux, elle se les est assimilés, elle a pris possession d'eux, possession d'autant plus durable qu'elle se retrouve en eux et reconnaît quelque chose de son initiative et de sa fécondité. De même que, théoriquement, le sujet pensant saisissait dans les êtres animés inférieurs une image affaiblie de sa pensée et réussissait à les comprendre en s'objectivant en eux; de même ici, pratiquement, le sujet agissant sait mettre à profit les instincts et désirs, grossières ébauches de volontés, et, faisant passer quelque chose de sa raison dans les êtres vivants, se projetant et se prolongeant en eux, leur impose déjà comme une imitation de la Moralité. Il n'est donc pas purement et simplement prisonnier de cette Nature assujettie au déterminisme. Il peut dans une certaine mesure s'affranchir d'elle; ou plutôt, en la façonnant, en la pénétrant de son effort, il la fait servir à la vie morale, comme le laboureur fait de la terre, à force de travail, sa légitime propriété. Il échappe ainsi, en les faisant siennes, au mécanisme de ces données extérieures; il en a besoin, mais il les surpasse. Au lieu d'être rivé à elles il semble plutôt les élever jusqu'à lui ; si sa volonté était infinie, il absorberait cette matière dans un acte pur.

On ne peut pas dire que le sujet moral fait servir à son œuvre d'autres hommes, quelles que soient dans bien des cas les apparences, parce qu'il manquerait à sa propre fonction en prenant comme simples instruments des volontés semblables à la sienne. Mais il n'est pas vrai non plus qu'il ne trouve dans leur société que des obstacles ou, ce qui pour nous reviendrait au même, les chaînes d'une asservissante solidarité. Ses efforts peuvent se heurter impuissants aux appétits, aux passions, à l'inertie de ses semblables ; mais il rencontre aussi les sentiments d'âmes généreuses qui le soutiennent, l'excitent à bien faire sans le contraindre, ni le dispenser d'agir ; mieux encore, il rencontre des volontés dont l'effort tout semblable s'ajoute ou plutôt s'associe au sien pour le multiplier ; étroite, puissante et vraiment surhumaine communion de personnes morales, où chacune incessamment vivifiée et comme rajeunie par les autres, paraît s'affranchir des liens du phénomène et se hausser jusqu'à une activité transcendante.

Enfin, quelle que soit l'étreinte de ce passé dont nous sommes solidaires, nous n'en sommes pas absolument prisonniers. Non seulement les accidents, l'imprévu, les contraintes extérieures, un besoin impatient de nouveauté peuvent nous arracher au mécanisme de la routine, mais en nous plaçant par l'imagination à l'origine de cette routine elle-même, en faisant, par un effort vraiment créateur revivre ce passé dans la conscience actuelle, nous assouplissons ces cadres rigides, nous sentons la relativité de cette habitude et redevenons capables, comme au point d'origine, d'en commencer une autre ; nous nous rajeunissons. Et, pour un instant, vraiment affranchis de la durée, nous absorbons une partie du passé dans le présent ; et nous pouvons comprendre qu'une volonté de plus en plus puissante en vivifierait une masse de plus en plus considérable et, à la limite, à l'idéal, tiendrait tout son passé dans son acte. N'est-ce pas ainsi que pourrait être conçue, je ne dis pas représentée, la condition de l'âme après la mort, et, par suite, la possibilité d'une sanction véritable ? Quoi qu'il en soit, il est clair que nous ne devons pas considérer comme absolue et rigide cette solidarité qui semble parfois, pour une analyse superficielle, rétrécir jusqu'à le rendre imperceptible le champ de la création morale. Elle n'asservit que celui qui se laisse aller ; mais l'initiative reste possible, et l'action bonne ne sera pas simplement la continuation régulière du mouvement commencé dans l'engrenage social ou individuel.

Il en est de même pour la conception de l'avenir qui intéresse directement les rapports du bien et du devoir. On oublie trop, en effet, que le bien, soit absolu, soit idéal, n'est pas par lui-même et à lui seul pratiquement efficace. On paraît croire qu'il suffit de le définir exactement et de le poser comme un but inerte, ou même, si on en fait une force, une puissance, il semble que la force de cet aimant, en conflit avec d'autres, sollicite par un jeu d'attraction toute mécanique tel ou tel de nos désirs. L'assimilation est fausse. Ce qui détermine une action morale, ce n'est pas une force extérieure dont le pouvoir serait du reste inintelligible si elle n'était qu'extérieure. C'est une idée du bien, présente dans le sujet, et cette idée même : 1° n'est réelle, vivante et efficace que si elle est l'œuvre, ou mieux l'effort actuel et déjà moral du sujet ; 2° n'est l'idée du bien que si elle est la conception d'un acte à venir, non d'un terme immobile qui serait la dernière borne de la route, ou d'un état de torpeur stérile.

Dans aucun cas, nous l'avons montré, le Bien ne peut être simplement un objet fixé une fois pour toutes et qui, antérieur au devoir, rendrait inutile peut-être ou impossible, incompréhensible à coup sûr l'acte moral du sujet qui est une initiative et une invention. De même que l'idée du Bien est déjà un effort du sujet, le Bien n'est que cet acte même transposé, achevé, idéalisé, mais non cristallisé en un fait. Le sujet se transporte au delà du moment présent, au-dessus de sa condition présente ; mais cela même est une création, et ce qu'il se représente, c'est lui-même encore, vivant, agissant, créant des pensées et des actions nouvelles. Il prend ainsi possession anticipée de l'avenir, non pas pour en faire, comme la science des phénomènes qu'elle prédit, un passé irrévocable, mais pour l'actualiser, l'absorber dans un présent qui dominerait les différences objectives du temps, le futur comme le passé. Et nous retrouvons la formule déjà appliquée à la raison théorique; nous nous faisons ainsi, pour un instant, éternels; nous tendons à cet acte pur où l'objet inerte et mort disparaîtrait dans l'effort éternellement créateur du sujet. Tout en restant indéfiniment impuissants à y atteindre, nous sommes pourtant indéfiniment supérieurs au pur phénomène, et capables d'échapper, en des éclaircies de liberté, à la contrainte de la durée extérieure.

Éternité réelle mais intermittente, si l'on osait s'exprimer ainsi, voilà la condition de ce sujet que l'on a tort d'identifier tantôt avec un pur objet phénoménal, tantôt avec un pur noumène extra-temporel. Il peut s'affranchir du temps et créer quelque chose ; il ne peut tout créer, il n'est pas l'Absolu, et sent à chaque instant ses limites. Et d'abord, il reconnaît qu'en raison des nécessités extérieures, matérielles, auxquelles il est lié, cette création n'est pas toujours possible, ni, si elle l'est, également facile. Les exigences ou les faiblesses de l'organisme physique le paralysent, l'entravent et l'avertissent ainsi de son impuissance relative, dont elles ne sont peut-être que les manifestations phénoménales ou les symboles. Il ne peut donc s'enfermer en soi, se suffire à soi-même ; il faut compter avec mille éléments inférieurs, conditions nécessaires sinon suffisantes de son activité. Lorsque libre de ces entraves, ou plutôt, comme on voudra l'entendre, soutenu par toutes ces forces élémentaires, il pourra vivre de la vie intérieure et morale, il lui fa lra, pour ses créations, se représenter des objets, prendre   s matériaux dans son expérience passée et poser un but ns l'avenir. Enfin, son initiative, une fois mise en train, rencontrera des obstacles, devra se plier aux circonstances, modifier ou accroître son effort, échouer peut-être dans son entreprise; et, quel que soit le mérite de son effort, le sujet doit se reconnaître pratiquement limité, incessamment exposé à la faute et à l'échec, comme il est dans la théorie exposé à l'erreur et condamné à l'ignorance. Toutefois la conscience même et l'aveu de cette faiblesse deviennent une force, dans l'ordre de la connaissance, c'est une condition de la science ; dans l'ordre pratique, c'est aussi une condition de la vertu. De plus, parmi ces données nécessaires, ou ces obstacles, l'agent moral doit apercevoir des différences. Nous l'avons déjà exposé ; il reste à dire comment, en y réfléchissant, il peut marquer les limites non plus empiriques mais idéales et rationnelles de son action sur chacun d'eux, en d'autres termes à indiquer les degrés de l'obligation morale, ou plutôt ici à déterminer la place qu'il doit rationnellement s'attribuer à lui-même dans le système des êtres et vis-à-vis de l'Absolu.

Ainsi que nous l'avons vu, il ne se représente et ne comprend les autres êtres qu'en s'efforçant de se mettre à leur place et de vivre un instant leur existence. Il y en a dont il ne peut méconnaître la réalité, mais dans lesquels il ne trouve que le minimum de ce qu'il sent ou connaît en soi-même ; d'autres lui apparaissent comme doués de vie, non de pensée ; d'autres enfin se présentent comme devant être de véritables sujets semblables à lui. Vis-à-vis de tous il doit reconnaître qu'il n'est pas l'absolu et, s'il se sert des êtres inférieurs, subordonner cet usage à sa propre dignité et à l'accroissement de la moralité ou de ses conditions. Mais vis-à-vis des derniers, il doit reconnaître qu'il n'est pas le seul être moral, le seul sujet doué d'initiative rationnelle ; et ainsi, cette raison même qu'il retrouve en eux comme en soi réclame pour chacun d'eux une place égale à la sienne dans le système idéal de leurs relations. Sans doute il ne constate par expérience que leurs œuvres fixées en des objets, résultats de leurs actions ; et certains de ces résultats sont tels que la cause n'en paraît pas spécialement respectable ni supérieure à une activité animale. Mais il a lui-même, et il le sait malgré sa bonne volonté actuelle, de semblables défaillances ; et il doit penser que dans les autres comme en lui, malgré le mécanisme des appétits, désirs, passions ou habitudes, un élan de l'initiative morale, un retour de vie intérieure et un effort de réflexion libre, puis de création, restent toujours possibles. Si faible que soit cette contingence, elle est réelle ; ce serait manquer de raison que de l'oublier et de ne pas attendre ou espérer, mieux encore solliciter et aider, au moindre symptôme, le réveil de cette initiative. Ce sera le fondement, et le seul rationnel, du droit, comme ensuite, de la charité véritable ; en effet, remarquons-le en passant, pour qui considère l'homme moral comme un pur automate, la force seule, individuelle ou sociale, matérielle ou mentale, détermine les relations entre ces machines qui se heurtent naturellement les unes les autres.

Ainsi, encore une fois, la réflexion normale, faisant passer la raison dans l'action, n'enferme pas l'individu en soi-même et n'engendre pas l'égoïsme, parce qu'elle comporte synthèse autant qu'analyse. L'égoïste peut être très réfléchi ; il n'y a même de véritable égoïste que celui qui réfléchit et calcule. Mais il a de parti pris, et dès le début, limité à son intérêt plus ou moins grossier le champ de cette réflexion; décidé à ne penser qu'à soi, posant comme principe qu'il est centre de l'univers, arrêtant tout élan de sentiment ou toute démarche de la raison qui l'entraînerait au dehors, il pousse sa passion jusqu'à la férocité dépravée, son raisonnement dont les prémisses sont fausses jusqu'à l'absurde : il ne fait donc pas sincèrement, loyalement acte de réflexion. Ou bien — c'est le cas du pessimiste — refoulé sur soi-même par les chocs et les déceptions de la vie, ayant peine à vivre pour soi, désespérant de trouver une synthèse satisfaisante a travers tant de conflits et de contradictions, il a lui aussi, à la longue, rétréci son horizon et s'est enfermé en soi-même. Mais ce n'est pas là non plus un exercice plein et normal de la réflexion : car celle-ci tend à faire entrer dans un système de représentations, puis d'actions, non seulement les déterminations internes du sujet mais encore, puisqu'il est limité, les multiples relations sans lesquelles elles ne peuvent être ni théoriquement expliquées ni pratiquement réalisées. En réfléchissant sur nous-même pour mettre en nous un ordre rationnel, nous sortons donc naturellement et nécessairement de nous ; il faut que notre synthèse d'idées ou d'actions tienne compte d'autres réalités et d'autres volontés.

C'est le sens rationnel des choses et des relations sociales; c'est par là que la raison rejoint le sentiment altruiste et l'instinct social. Ou plutôt ce sentiment et cet instinct ne sont que des formes plus confuses, mais plus concrètes et plus actives de la raison. Il s'y mêle sans doute des énergies inférieures qui en sont inséparables et qui tantôt assurent le succès de cet effort rationnel, tantôt se retournent contre lui, et nous précipitent comme en un vertige dans la passion brutale. Mais à quoi tient donc cette différence sinon à ce que, d'une part, ces forces naturelles dissociées et comme bouleversées tendent à tout dissocier et désorganiser autour d'elles, tandis que, de l'autre, elles sont, comme une raison instinctive et qui plongerait jusqu'aux racines de notre être, soumises à une concorde intérieure et avides d'une harmonie sociale? Mieux encore, s'il reste, jusque dans les égarements de la passion déchaînée et tout égoïste, quelque chose d'un instinct social et expansif, n'est-ce pas une invincible raison qui impose malgré tout sa loi à l'individu, et ne faut-il pas le reconnaître jusque-là, comme dans les sublimes emportements de l'amour maternel ou de la charité? Ainsi s'expliquent et la morale du sentiment et les transformations de la morale utilitaire. La raison paraissant trop froide et pratiquement impuissante, on se rejette vers un principe d'action plus efficace; mais ce que l'on y retrouve, c'est la raison encore, et chacune de ces théories devient nécessairement de plus en plus rationnelle. Car la raison, au lieu de nous rabattre sur nous-même, nous oblige à sortir de nous pour aller au devant d'autres sujets raisonnables et former avec eux un système toujours plus large de relations, une société toujours plus nombreuse et plus pacifique de personnes.

Il faut aller plus loin encore. Pris comme objet, chacun de ces êtres est limité, nous l'avons vu, et limité aussi l'ensemble, l'univers physique ou moral qu'ils constituent ; et le même acte de réflexion qui affirme ces limites affirme un au delà sans lequel l'idée même de limitation serait contradictoire ; le positivisme le plus orthodoxe ne peut se refuser à l'admettre. Pris comme sujet, aucun d'eux, non plus que leur Univers, n'atteint à l'acte parfait et éternel auquel tend l'effort de chacun d'eux, et peut-être, dirait un panthéisme tout hypothétique, l'effort de l'Univers lui-même. Enfin, car cela revient au même, ce qu'il y a de raison obscure dans les vivants et jusque dans le moindre atome, surtout ce qu'il y a de raison consciente dans les sujets qui pensent et agissent, tout cet esprit, dis-je, ne s'explique ni par soi-même, ni par des conditions inférieures qui n'en sont, au contraire, que des manifestations avortées. On alléguera sans doute, pour arrêter là ce raisonnement devenu banal, que la recherche même d'une explication est ici déplacée, illusoire et qu'elle implique contradiction. Expliquer, en effet, c'est établir un rapport entre des objets de représentation, c'est-à-dire entre des choses inertes, produits ou déchets d'une activité qui les a créés ; et cette explication même reste toujours pauvre et misérable, puisqu'on ne peut — sous peine de nier cette création en l'objectivant — saisir le rapport de la causalité véritable. Et surtout, ces sujets, ou ces consciences, si obscures qu'elles soient, ne sauraient être prises comme des objets et expliquées comme telles ; leur acte n'est pas représentable ; notre langage même ne peut que le dénaturer, et il faudrait je ne sais quel autre langage pour en parler ; disons mieux, il n'en faudrait pas parler ; l'acte d'un sujet est ineffable. Nous voilà au mysticisme dont nous avons déjà montré le défaut, et qui est lui-même intenable dès qu'il fait la moindre démarche logique pour s'exprimer, se déterminer, se communiquer. S'obstinera-t-on donc à s'enfermer en ce moi qui se ferait ainsi, faute de pouvoir s'objectiver, centre unique et absolu ? Mais, il faut le répéter, cela même est une position logique, une détermination de pensée, astreinte comme telle à des nécessités qui aussitôt connues deviennent objectives, ou même sont objectives par cela seul qu'elles sont des nécessités ; nous sortons ainsi de l'arbitraire mystique. Or, ce moi, ce sujet pensant, puisqu'il faut bien mettre la pensée au point de départ, ne saurait sans contradiction, sans déloyauté, s'affirmer comme absolu ; il n'est que relativement, et par fulgurations, éternel. Et si son acte est inexplicable, ineffable même en son principe, il ne peut pas, puisque tout au moins il le pense par la réflexion, ne pas le penser comme assujetti à des conditions et à des limites. Hors de là il n'y a ni théorie ni dialectique possible. Et cela une fois accordé, il faut bien affirmer au delà de ce sujet d'autres sujets, au delà encore et plus haut d'autres causes, d'autres activités, d'autres consciences qui nous dépasseraient comme nous dépassons les simples vivants, enfin un Sujet suprême qui serait la Conscience infinie et éternelle. Assurément on échouera à définir ses rapports avec les autres, comme à la définir elle-même ; toute espérance d'explication de cette causalité aussi bien que de représentation de l'absolu est illusoire. Assurément toute conception de cet absolu devra être symbolique et provisoire ; mais il faut affirmer l'Acte suprême et, à chaque instant, en essayer une conception ; sans quoi la pensée ni l'action n'auront pas où se fixer. Et cette affirmation une fois posée, il n'est pas logiquement possible qu'elle ne s'impose pas à l'action. Autrement dit, nous ne pouvons pas agir comme si nous ne reconnaissions pas cette suprême condition ; nous sommes rationnellement tenus de témoigner dans notre conduite cette certitude ou cette confiance. Ce n'est pas le contenu de nos actions qui sera changé ; l'Absolu, l'Acte pur n'a rien à recevoir de nous ; mais l'esprit de nos actions sera autre. D'un côté, nous aurons du devoir une certitude plus haute et plus ferme, nous reconnaîtrons, comme faisait Descartes, que ce n'est pas seulement une nécessité individuelle et peut-être relative à chaque sujet, mais une condition commune qui nous associe à tous les sujets moraux sous une loi unique. Entendons bien ceci : la loi morale ne devient pas ainsi un commandement extérieur, un ordre de tyran ; il reste assuré que cette loi a été trouvée au-dedans de nous, a jailli de notre conscience, que nous l'avons voulue aussitôt que reconnue, que nous ne pouvions pas ne pas la vouloir, puisque la volonté n'est que la raison agissante ; le sujet est donc toujours autonome. Mais affirmer cette loi même, dont nous prenions conscience, c'était la projeter hors du moi, lui reconnaître une autorité objective, c'est-à-dire valable pour tous les sujets semblables, de même que, affirmer l'évidence rationnelle de $2 + 2 = 4$ c'est la déclarer invinciblement valable. En nous demandant par une réflexion nouvelle si nous avons ce droit, si nous ne sommes pas isolés et comme abandonnés en un désert, nous ne détruisons pas notre première démarche ; dussions-nous penser que nous sommes seuls, nous ne pourrions pas affirmer que 2 et 2 font 5, ni vouloir qu'il n'y ait pas de loi pratique, parce que ce serait déraisonner avec la raison. Pour mieux dire, si notre raison était seule, elle serait l'absolu et absolument assurée d'elle même. Mais si cette réflexion nouvelle nous amène à affirmer, comme rationnellement nécessaire ou postulé, un Acte pur dont tous nos efforts ne seraient que des imitations, du même coup notre certitude sera non transformée mais élargie, garantie, légitimée ; comme si, jetant la sonde autour de nous du haut de notre étroit rocher, nous rencontrions, de toute part une résistance qui décidément nous rassure.

Ainsi la morale réclame un couronnement métaphysique, et elle peut se prolonger en une religion sans cesser d'être, en elle-même, la morale. Le système d'idées et de règles qu'elle édifie ne s'achèverait pas, le monument n'aurait pas son fronton si l'on n'y superposait la métaphysique, ou plutôt une métaphysique idéaliste, rationaliste qu'elle réclame; autrement dit, les notions morales n'auraient pas leur sens et leur valeur dans l'ensemble des objets de la pensée, si le principe suprême n'était un Infini de qualité, c'est-à-dire Dieu. Mais l'affirmation de ce principe est un postulat de la morale elle-même, au lieu d'en être la donnée initiale, le point de départ ; je ne pourrais pas rationnellement affirmer Dieu si je n'avais d'abord senti et connu l'obligation.

Il faut distinguer, en effet, deux sortes de postulats ou deux sens du mot. D'une part, on appelle ainsi comme en mathématiques, les conditions nécessaires et indémontrables qui s'imposent au point de départ d'une science, et qu'il faut réduire au minimum. De l'autre, nécessaires et indémontrables aussi, ce sont les conceptions qui dépassent le point d'arrivée de la science et qui sont réclamées, au delà des conclusions positives, par une exigence transcendantale de la raison. Quels que soient les rapports par lesquels se rejoignent peut-être les uns et les autres, nous n'avons pas le droit de supprimer la différence ni d'intervertir l'ordre de nos démarches.

Mais n'est-ce pas ici le lieu de rappeler la formule d'Aristote : que le premier dans l'ordre de la connaissance est le dernier dans l'ordre de l'essence? Et une pensée qui considère du dehors ces deux objets, la loi morale et Dieu, ne doit-elle pas comprendre que Dieu est le principe sans lequel la loi n'existerait pas, et que, pour mettre l'ordre des idées d'accord avec l'ordre des choses, il faut placer la métaphysique à la base de la morale? Non pas, car c'est justement ainsi qu'on serait infidèle à la formule d'Aristote; nous pouvons bien, le système des *objets* une fois constitué, la construction une fois achevée, l'envisager d'un autre point de vue, et, idéalement, renverser les termes. Nous pouvons et peut-être devons-nous, cherchant à saisir l'ordre des existences, affirmer d'abord le principe métaphysique et y suspendre tout le reste ; ou même, si l'on veut, nous penserons que la base de notre première construction reposait elle-même sur une base plus profonde ; nous édifierons alors, à la façon de Spinoza, un système qui pourra, une fois donné, paraître fort beau. Mais devons-nous oublier, par amour de l'art, que sa base ne nous a été donnée qu'après coup, et que présenter d'emblée les choses ainsi, c'est leur donner l'aspect d'une construction séduisante, mais peut-être fantaisiste, c'est laisser croire que cette base n'est peut-être qu'une fragile hypothèse? Car nous ne saurions atteindre du premier coup ce principe ; nous en croyons souvent avoir par le cœur une immédiate assurance, qui peut suffire à la pratique ou même être nécessaire au bonheur; mais rien ne garantit à qui veut raisonner et douter que ce ne soit pas une illusion ; et qui voudrait s'y tenir ou partir de là nierait par là même et la Métaphysique et la Morale, car c'est un parti pris mystique tout individuel, arbitraire, injustifiable. Si l'on veut user de sa raison, au contraire, et s'y fier pour se convaincre et convaincre les autres, on ne peut s'établir ainsi, d'un bond, dans l'arbitraire ; et il faut partir d'une nécessité primordiale. Or, ce n'est pas l'Absolu qui d'abord s'offre à l'homme, parce que l'homme n'a pas, comme dit Kant, un entendement intuitif. Il lui faut donc suivre le chemin que nous avons rappelé, et aller jusqu'au bout; une fois là, il aura le loisir de prendre l'absolu comme principe, mais la garantie de cette démarche nouvelle sera dans la certitude des démarches antérieures. Et s'il veut proposer aux autres ce principe, il ne pourra les convaincre qu'en les faisant passer à leur tour par le même chemin; autrement, sa déduction une fois achevée, il lui faudrait, au moindre soupçon de scepticisme, reprendre la critique du principe même, et présenter une déduction psychologique et morale comme garantie de sa Métaphysique. Et l'on ne peut compter que le postulat initial ne sera jamais mis en doute, ni prendre, surtout ici, comme suffisantes ces vérifications empiriques mal dissimulées qui ravivent à chaque instant l'intérêt d'une psychologie spinoziste. Pourtant, dira-t-on, le but des démarches de l'esprit, et de la science en particulier, n'est-il pas de représenter exactement le système du réel dans un système d'idées où il convient de prendre pour principe le principe du réel, afin que la pensée suive le mouvement naturel des choses? N'est-ce pas ce qu'on appelle comprendre? N'est-ce pas l'idéal des sciences de tout réduire à une mécanique rationnelle, qui imiterait et représenterait dans ses calculs les complications progressives des éléments et mouvements primordiaux? Acceptons, si l'on veut, cette conception fort hypothétique de la science : elle n'autorise pas l'analogie qu'on en veut tirer, et qui fait illusion à tant d'esprits. D'une part, tant que l'on reste dans la mathématique proprement dite, rien ne garantit que ce jeu de symboles représente la réalité ou y correspond; et, pour rejoindre l'être, il faut incessamment reprendre le contact de l'expérience ; sans quoi on risquerait de ne plus tenir qu'une séduisante et illusoire construction. Comment écarter ce risque si nous construisons la Morale sur une Métaphysique? Où trouverons-nous la garantie que tout à l'heure nous demandions à l'expérience? N'avons-nous pas vu, au contraire, qu'en prenant le parti de subordonner le devoir à une autorité extérieure, on ne réussit pas à rejoindre les notions morales empiriques ni les données rationnelles de la conscience? D'autre part, rien n'est plus faux que cette assimilation des principes mécaniques — éléments logiques ou éléments matériels qui seraient des minima de pensée ou d'être, à moins qu'ils ne fussent de purs symboles artificiels — avec un principe métaphysique infiniment riche, qui serait la plénitude de l'être et de la pensée. Le terme de principe est pris ici en deux sens très divers et sans doute opposés; il est manifeste que la déduction ne saurait être la même quand on fait dériver la Physique des Mathématiques ou quand on fait dériver la Morale de la Métaphysique. En réalité, ce sont deux opérations inverses l'une de l'autre, et l'assimilation est absolument illégitime.

Reste, il est vrai, au lieu de poser plus ou moins arbitrairement un principe de substance ou d'être, à remonter par une autre voie à ce principe pour redescendre ensuite à la Morale. N'est-ce pas précisément la marche de la pensée de Descartes dont nous avons invoqué l'exemple ? Et n'est-ce pas, avec toutes les différences individuelles des esprits, la marche du dogmatisme spiritualiste ? La difficulté n'est pas résolue pour autant. D'abord on retombe nécessairement sur ce grave défaut de compromettre, ou peut-être de supprimer l'autonomie du vouloir moral et le désintéressement de l'acte, car le Dieu tout-puissant qui commanderait l'acte, ne pourrait guère que l'imposer par sa puissance même. Ensuite — et ces deux raisons se tiennent — on ne voit pas comment on pourra, par cette théorie étrangère à toute morale, attribuer à Dieu une perfection et une souveraineté morales. De deux choses l'une, en effet. Ou bien, par une inconsciente pétition de principe, on prendra comme point de départ de sa démonstration des notions déjà morales, c'est-à-dire des données de la raison pratique (l'idée cartésienne de la perfection n'a-t-elle pas ce caractère); alors la Métaphysique ne sera qu'en apparence et illogiquement antérieure à la Morale. Ou bien on analysera des concepts purement logiques, comme les idées de cause, de substance ou d'être, et on ne voit pas comment on en fera sortir un principe du Bien qui puisse ensuite engendrer la Conscience et s'imposer à la Volonté. Pour ne prendre qu'un exemple, comment concevra-t-on la Cause suprême ? Sans doute, la raison théorique réclamera un principe dont la richesse suffise à tout produire et, par conséquent, dans une ontologie, à tout expliquer, à rendre intelligible l'univers et la pensée elle-même. Mais, en admettant pour un moment, malgré Kant, la légitimité de cette ontologie, et en admettant que nous ayons, sans la raison pratique, l'idée de cause, cette cause devra seulement contenir en soi, pour être capable de les créer, le mécanisme de l'univers et, à la rigueur, l'activité de sujets pensants, je veux dire de sujets devant se donner sans rien y changer le spectacle de cet univers, ou se jouer en de pures et stériles imaginations. Comment tirer de là une perfection et une autorité morales ! Pour réclamer une cause plus haute, il faudrait avoir reconnu dans l'Univers la présence de sujets moraux ; il faudrait donc que la raison eût déjà pris conscience de son pouvoir pratique et, par conséquent, de l'obligation qui y est invinciblement liée. Encore une fois, tout l'essentiel de la Morale serait déjà pris comme donné par cette Métaphysique dont elle apparaîtrait ensuite, par illusion, comme dérivée.

Revenons donc à nos conclusions. Celui qui, partant de sa propre conscience aura édifié un système d'idées morales, et reconnu par là même la nécessité d'une source infinie de Bien moral, pourra et devra rattacher ce système *déjà construit* à un principe supérieur et lui donner sa portée métaphysique ; mais c'est seulement alors qu'il le pourra ; la Morale ne sera pas transformée pour autant, mais transportée telle quelle dans une construction plus vaste dont elle aura réclamé et établi la nécessité. Ce n'est pas cette Métaphysique qui fera apparaître l'obligation, car l'obligation ne serait plus le devoir si elle dérivait d'un objet au lieu de jaillir d'un acte du sujet. Le sujet même pourra, seulement en mieux saisir le sens et en pressentir la fin mystérieuse ; mais il est bon qu'il ne pénètre pas tout le mystère, et son acte rationnel, que cette confiance religieuse peut seulement raviver, n'a de valeur que par sa témérité même ; ne faut-il pas qu'il soit l'effort de l'âme qui s'élance avec toute sa raison, mais sans calcul égoïste, sans arrière-pensée, vers un au delà qui n'est rien s'il n'est le règne des bonnes volontés ?

Vu et lu,
En Sorbonne, le 25 février 1896,
Par le Doyen de la Faculté des Lettres de Paris,
A. HIMLY.

Vu et permis d'imprimer,
Le Vice-Recteur de l'Académie de Paris,
GRÉARD.

TABLE DES MATIÈRES

PREMIÈRE PARTIE. — La forme de la Moralité . . 1

Chapitre premier. — Examen des principes objectifs de l'obligation 1
§ 1. Les principes religieux et métaphysiques . . 4
§ 2. L'Autorité sociale 19

Chapitre II. — Examen des principes subjectifs de l'obligation 26
§ 1. Les mobiles sensibles 26
§ 2. La Raison pratique 28

Chapitre III. — La Raison théorique et le principe logique de l'obligation 63

DEUXIÈME PARTIE. — Le contenu de la Moralité . 103

Chapitre premier. — Le Bien et l'Objet moral . . 103

Chapitre II. — L'Objet moral est-il l'Agréable ou l'Utile ? 121

Chapitre III. — L'Objet moral est-il le Vrai ? . . 143

Chapitre IV. — L'Objet moral est une forme du Beau. 178

Chapitre V. — Du véritable sens de l'Esthétique morale. 217

TROISIÈME PARTIE. — Rapport de la Morale et de la Métaphysique. Valeur et limites du sujet moral 253

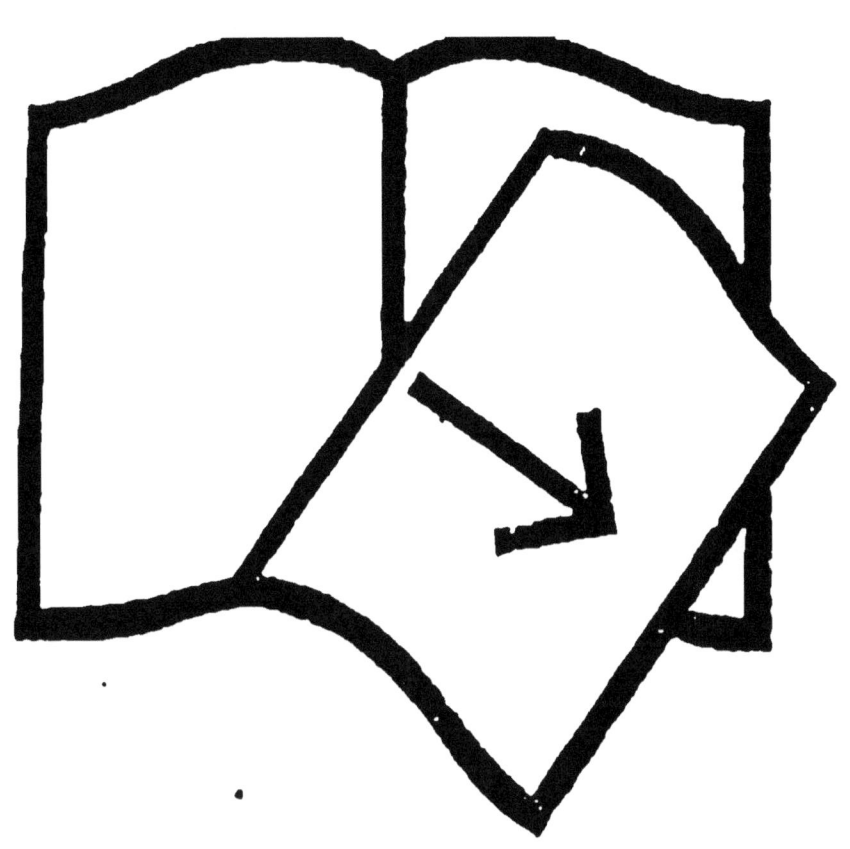

Documents manquants (pages, cahiers...)
NF Z 43-120-13

www.ingramcontent.com/pod-product-compliance
Lightning Source LLC
Chambersburg PA
CBHW071135160426
43196CB00011B/1898